HEYNE<

Das Buch

Wer würde nicht gerne den Stürmen des Lebens gelassen ins Auge blicken Unbeeinflusst von den kleinen und großen Sorgen des modernen Alltags den eigenen Geist zur Ruhe kommen lassen? Jeden einzelnen Augenblick ganz bewusst wahrnehmen und genießen?

Dieses Buch führt Sie ein in die faszinierende Lehre des Zen. Es ist ein Wegweiser zu innerer Ruhe, Zufriedenheit und dem Gefühl des Verbundenseins mit der ganzen Welt. Ganz praktisch erfahren Sie, wie Sie den Geist des Zen jeden Tag lebendig werden lassen können – sei es zu Hause, im Beruf, in der Partnerschaft oder in der Freizeit.

Die Autorinnen

Jacky Sach ist praktizierende Zen-Buddhistin. Ihr Lehrer Kankan Sensei unterwies sie in der Tradition des Rinzai Zen. Sie lebt in New Jersey, wo sie regelmäßig Sesshins (Zen-Meditationen) leitet.

Jessica Faust hat eine Vielzahl von Büchern veröffentlicht, zudem arbeitet sie erfolgreich als Literaturagentin. Heute lebt sie mit ihrem Mann Michael und ihrem Hund Sadie in New Jersey.

JACKY SACH
JESSICA FAUST

ZEN
ganz praktisch

Für ein Leben
in Ruhe, Kraft und
Zufriedenheit

Aus dem Englischen von Elisabeth Liebl

WILHELM HEYNE VERLAG
MÜNCHEN

Das vorliegende Buch ist sorgfältig erarbeitet worden.
Dennoch erfolgen alle Angaben ohne Gewähr.
Weder Autoren noch Verlag können für eventuelle Nachteile oder Schäden, die aus den im
Buch gemachten praktischen Hinweisen
resultieren, eine Haftung übernehmen.

Verlagsgruppe Random House FSC-DEU-0100
Das für dieses Buch verwendete FSC-zertifizierte Papier
Munken Print White liefert Arctic Paper Munkedals AB, Schweden

Taschenbucherstausgabe 08/2008

Copyright © 2003 by Adams Media Corporation
Copyright © 2004 für die deutsche Ausgabe by Lotos Verlag, München, in der
Verlagsgruppe Random House GmbH
Die Originalausgabe erschien 2003 unter dem Titel
»The Everything Zen Book« im
Verlag Adams Media Corporation, Avon, USA.
Printed in Germany 2008
Umschlaggestaltung: hilden_design, München
unter Verwendung eines Motivs von © Plush Studios/Getty Images
Herstellung: Helga Schörnig
Gesetzt aus der Galliard bei hilden_design, München
Druck und Bindung: GGP Media GmbH, Pößneck
ISBN 978-3-453-70095-6

http://www.heyne.de

Jacky Sach widmet dieses Buch
Philip H. Sach, der am Fluss sitzt und
Liebe in ihr Herz atmet.

Liebe Leserin, lieber Leser,

Zen kann Ihr Leben auf eine wundervolle Weise bereichern. Wenn Sie Zen praktizieren, treten Mitgefühl und Verständnis in Ihr Leben. Sie fühlen sich auf tröstliche, tief gehende Weise mit der Welt um Sie herum verbunden.

Aber Zen verlangt auch Zeit und Geduld. Ernsthaft Zen zu üben bedeutet Anstrengung, ja Opfer. Zen ist keine Zauberei! Wie alles, was der Mühe wert ist, verlangt es harte Arbeit und Hingabe, Schweiß und Tränen.

Natürlich ist es nicht immer erbaulich, sich selbst zu betrachten, Tag für Tag da zu sitzen und in das eigene Herz zu blicken. Doch wenn Sie durchhalten, wird dieses Herz sich Stück für Stück öffnen und tiefes Mitgefühl und Liebe werden sich darin ausbreiten. Möglicherweise wurden Ihnen oft in Ihrem Leben Ihre eigenen, angeblichen Mängel vorgehalten. Und vielleicht glauben Sie ja selbst daran. Die Zen-Praxis jedoch lehrt Sie, dass dieser Glaube der eigentliche Mangel ist. Denn in Wirklichkeit sind Sie absolut vollkommen. Seit jeher besitzen Sie alles, was Sie brauchen.

Mit diesem Buch laden wir Sie ein, die Welt des Zen zu betreten. Dort warten Lehrer auf Sie, die Ihnen eine andere Art zu leben zeigen werden. Praxis-Gruppen gibt es mittlerweile in jeder größeren Stadt. Wenn Sie wirklich wissen wollen, worum es im Zen geht, steht die Welt Ihnen offen. Sie wartet nur darauf, dass Sie erwachen und die Dinge so sehen, wie sie tatsächlich sind. Wenn Sie Zen üben, zeigt die Welt ihr strahlendes Herz. Sehen Sie selbst ...

Vorwort

INHALT

Vorwort	7
Zehn Perlen der Weisheit	14
Einleitung	16

Kapitel 1 – Die Welt des Zen   18

Was ist Zen?	19
Das Gesicht des Zen	23
Warum Zen?	23
Praxis schafft Praxis	25
Erleuchtung	26
Der Weg	28

Kapitel 2 – Ein Blick auf die Geschichte des Zen   30

Siddharta Gautama	31
Suche nach Wahrheit	35
Der erleuchtete Geist	36
Buddhismus nach dem Buddha	38
Von Indien nach China	38
Wie Zen nach Japan kam	41

Kapitel 3 – Zen erobert den Westen   44

Zen in Amerika	45
D. T. Suzuki	46
Shunryu Suzuki	49
Die Beat-Kultur	52
Zen-Literatur heute	53
Wo und wie praktiziere ich?	54

Kapitel 4 – Zen leben   58

Grundlagen des Zen	59
Die Ethik des Zen-Lebens	61
Die Fünf Regeln sittlichen Verhaltens	64
Die Fünf Regeln sittlichen Verhaltens und die Zehn Gebote	69
Der Tod in der Sicht des Zen	69
Zen und Sexualität	70
Schwierige Entscheidungen	70

Kapitel 5 – Sitzen: Zazen 72

Was ist Zazen? 73
Zazen und andere Meditationstechniken 73
Was man zum Zazen braucht 75
Was beim Zazen wichtig ist 76
Sitzhaltung 78
Die Atmung 80
Der leere Geist 81
Fehler 82
Mit der Angst umgehen 83

Kapitel 6 – Das Arbeiten mit Koans 86

Definition eines Koan 87
Zen-Geschichten alter Meister 87
Die Arbeit mit Koans 90
Was ist Mu? 92
Über Koans sprechen 94
Jeder Augenblick ist eine Gelegenheit zur Praxis 97

Kapitel 7 – Zen in Beziehungen 100

Respekt für andere Menschen 101
Zen und unser Verhältnis zu den Eltern 102
Zen und unser Verhältnis zu den Kindern 104
Freundliches Zen 106
Bindungen eingehen 107
Zen und die Ehe 109

Kapitel 8 – Die Funktion des Lehrers in der Zen-Praxis 112

Wer ist der Typ in dem komischen Gewand? 113
Einen Lehrer finden 114
Das Zusammenspiel mit dem Lehrer 115
Schmerz als Weg 118
Die Beziehung zwischen Lehrer und Schüler 120
Vertrauen Sie Ihrem Lehrer 122

Kapitel 9 – Erleuchtung finden 124
Den Weg erhellen 125
Das Große Geheimnis 128
Sitzen ist Erleuchtung 131
Ich bin erwacht: Was nun? 132
Der Pfad des Bodhisattva 133
Engagement in der Welt 135

Kapitel 10 – Zen in schweren Zeiten 138
Leiden 139
Sorgen 140
Krank und völlig fertig 142
Mit nahe stehenden Kranken umgehen 142
Im Angesicht des Todes 144
Vergänglichkeit 146
Leben mit Zen 149

Kapitel 11 – Ich, mir, meins 150
Wer bin ich? 151
Wo ist das Ich hin? 152
Wenn es kein »Ich« gibt, was ist dann mit dem »Du«? 155
Loslassen und akzeptieren 156
Was geschieht nach dem Tod? 159
Wiedergeburt 159

Kapitel 12 – Zen in den eigenen vier Wänden 162
Einen friedlichen Ort schaffen 163
Sauber machen, organisieren, vereinfachen 164
Friedlich sein 167
Hausarbeit ist Praxis 170
Der Gestank der Erleuchtung 172
Den Buddha in uns finden 172

Kapitel 13 – Willkommen im Zendo   174

Der erste Schritt ins Zendo   175
Der Altar   175
Der/die Älteste   177
Verhalten im Zendo   178
Zendo-Knigge   180
Gassho und Verbeugung   182
Das Zendo zuhause   182

Kapitel 14 – Praxis am Arbeitsplatz   186

Wo Sie auch hingehen, Sie werden dort sein   187
Zen im Arbeitsleben   188
Rechte Lebensführung   190
Leerer Geist   192
Stress im Job   194
Nur die Einstellung zählt   195
Gutes Betriebsklima   196

Kapitel 15 – Schöpferisch sein mit Zen   198

Kunst als Weg   199
Zen im Garten   200
Kalligrafie   204
Die Kunst des Blumensteckens   206
Die Dichtkunst   207
Grenzenlose Schöpferkraft   209

Kapitel 16 – Zen und Ihr Körper: Sport   212

Achten Sie Ihren Körper   213
Der Zen-Sportler   214
Der Flow   216
Zen im Wettkampf   218
Zen in den Kampfkünsten   219
Yoga   221

Inhalt

Kapitel 17 – Rückzug von der Welt: das Sesshin 226
Retreat 227
Vorbereitung aufs Sesshin 228
Erschöpfung 231
Dokusan 232
Kinhin 234
Essenspraxis 235
Arbeitspraxis 236
Was das Sesshin bringt 237

Kapitel 18 – Zen heute: westliche Zen-Meister 240
Philip Kapleau 241
Bernie Glassman 242
Robert Aitken 244
Richard Baker 245
Charlotte Joko Beck 246
Joan Halifax 248
John Daido Loori 249
Madeline Ko-i Bastis 250

Kapitel 19 – Achtsam sein 252
Achtsamkeit 253
Thich Nhat Hanh 254
Das Wunder der Achtsamkeit 256
Achtsamkeit Tag für Tag 257
Den Augenblick leben 260
Achtsamkeit und Frieden 261

Kapitel 20 – Zen im Alltag 264
Ein Tag im Leben eines Zen-Praktizierenden 265
Am Morgen 265
Das Frühstück und andere Mahlzeiten 267
Der Weg zur Arbeit 268
In der Arbeit 269
Feierabend 271
Am Abend 272
Eine Krankheit namens Isolation 273

Anhang A: Glossar 276
Anhang B: Quellen und Leseempfehlungen 281
Anhang C: Zen-Zentren in Deutschland 286
Dank 288

In diesem Buch finden Sie jede Menge Informationen und Anregungen zum Thema Zen. Zur schnellen Orientierung haben wir die wichtigsten Aspekte gekennzeichnet:

 PRAXIS — Tipps und Denkanstöße für Ihre Zen-Praxis

 FAKTEN — Wissenswertes rund um Zen

 FRAGE — Antworten auf konkrete Fragen

ZEHN PERLEN DER WEISHEIT, UM DIE ES IN DIESEM BUCH GEHT

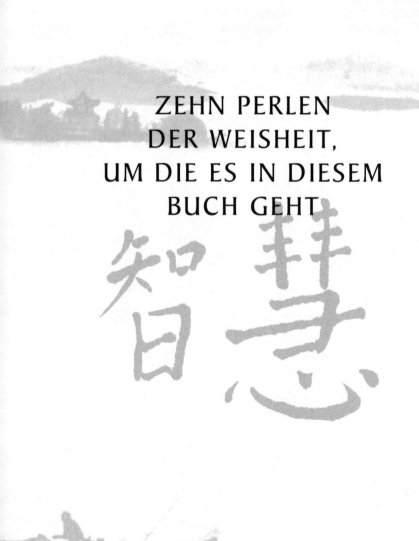

1. Die Lehre zu erforschen heißt, das Selbst zu erforschen. Das Selbst zu erforschen heißt, es zu vergessen. Das Selbst zu vergessen heißt, von den zehntausend Dingen erleuchtet zu werden.

Dogen

2. Ich-Losigkeit ist der Weg zu unserem Ziel, der Erleuchtung. Doch wenn wir den Weg um des Ziels willen beschreiten, entfernen wir uns schon von wahrer Ich-Losigkeit.

Shunryu Suzuki

3. Es gibt keine Pforte zur Hölle. Diese Tore errichten wir alle selbst.

Zen-Meister Hsuan Hua

4. Es gibt keine erleuchteten Menschen. Nur Erleuchtung.

Buddha

5. Wie zahlreich die Wesen auch seien, ich gelobe, sie alle zu retten. Wie zahlreich die Leidenschaften auch seien, ich gelobe, sie alle aufzugeben. Wie zahlreich die Worte des Dharma auch seien, ich gelobe, sie alle zu ergründen. Wie vollkommen ein Buddha auch sei, ich gelobe, ein solcher zu werden.

Die vier Gelübde des Bodhisattva (Shiguseiganmon)

6. Im Zen kann man die Rolle des Lehrers, der die Pfade dieser anstrengenden Reise bis ins Herz unseres Seins vermessen hat und sie in- und auswendig kennt, gar nicht hoch genug einschätzen.

Ruben Habito, Healing Breath

7. Was ist Erleuchtung für den Tautropfen auf dem Lotosblatt? Es ist der Moment, in dem er über den Rand des Blattes rollt, ins Wasser darunter fällt und begreift, dass er selbst Wasser ist.

Thich Nhat Hanh

8. Zeige Klarheit. Lebe Schlichtheit. Vermindere Selbstsucht. Wünsche wenig.

Laotse, Tao Te King

9. Alle Menschen wünschen für sich Frieden. Verzichten wir doch einfach auf »Ich«, das wünscht. Dann ist allüberall Frieden.

Satya Sai Baba

10. Es gibt nur einen richtigen Zeitpunkt zum Erwachen. Jetzt.

Buddha Shakyamuni

Zehn Perlen der Weisheit, um die es in diesem Buch geht

EINLEITUNG

Für die westliche Welt ist Zen längst kein Fremdwort mehr. Schon lange gilt es nicht mehr als geheimnisvolle, exotische Praxis, die von einem kleinen Kreis Erleuchteter geübt wird. Heute finden sich selbst in Kleinstädten schon Zen-Zentren, und wenn wir uns eines dieser Zentren genauer ansehen, stellen wir fest, dass Meister wie Schüler einen bunten Querschnitt durch die Bevölkerung repräsentieren.

Was also macht Zen so attraktiv? Warum zieht es so viele Menschen an? Warum finden sich in den Buchhandlungen Zen-Bücher, die fast alle Bereiche des Lebens abdecken, vom Golfen bis zum Programmieren, vom Gärtnern bis zur Geldanlage? Die Antwort liegt im Zen selbst begründet. Im Zen geht es letztlich um die Suche nach sich selbst. Wenn wir Zen praktizieren, richten wir unseren ewig forschenden Geist nach innen und stellen die uralte Frage: Wer bin ich?

Es gibt verschiedene Gründe, weshalb Menschen zum Zen finden. Vielleicht sind sie unzufrieden, depressiv, süchtig, spirituell auf der Suche oder einfach nur ruhelos ... um nur ein paar Motive zu nennen. Viele suchen Antworten auf Fragen, die sie selbst nicht einmal kennen. Andere sehnen sich nach Frieden und Gelassenheit und wissen nicht, wie sie dies sonst erlangen könnten. Was auch immer Ihre persönlichen Gründe sein mögen – wenn Sie zum Zen kommen, stellt Ihr Geist Fragen. Und genau dies ist der erste Schritt hin zu ihrer Beantwortung.

Zen ist einfach. Alles, was Sie zur Zen-Übung brauchen, ist ein ruhiger Raum und ein Kissen. Die Praxis selbst ist allerdings nicht ganz so leicht, trägt aber unendlich reiche Frucht. Sie kann uns Zufriedenheit und innere Ruhe schenken. Sie lehrt uns, das Glück in den einfachen Dingen des Lebens zu erkennen. Und am Ende unserer lebenslangen Suche stellen wir schließlich fest, dass jenes Glück, nach dem wir immer gesucht haben, bereits in uns wohnt. Vielleicht haben Sie ja versucht, die Leere in Ihrem Inneren mit Besitz, Liebe, Anerkennung und Achtung zu füllen. Möglicherweise fühlen Sie sich plötzlich vom Zen angezogen, ohne so recht zu wissen, weshalb. Hören Sie auf Ihre innere Stimme und treten Sie ein in die Welt der Zen-Praxis.

Die Übung des Zen lehrt Sie, wie Sie Ihr Leben jetzt führen können. Es geht dabei nicht um kluge Bücher, Videos, Kassetten, Wissen, Rätsel oder komplizierte Darlegungen der Natur der Wirklichkeit. Zen ist eine Sache der Erfahrung. Über Zen zu lesen heißt noch lange nicht, es zu praktizieren. Trotzdem kann ein Buch natürlich Hinweise geben, wo echtes Zen zu finden ist.

Wenn Sie das Gefühl haben, dass Ihre Gedanken, Ihr ständiges Grübeln über die Welt den Blick auf das wirkliche Leben verstellt, dann ist Zen für Sie die ideale Praxis. Es ist Zeit, mit dem Denken aufzuhören und einfach nur zu atmen. Zen wird Ihnen helfen, Ihren Geist und Ihr Leben zu entrümpeln, damit Sie die Dinge wieder so erleben können, wie sie sind ... und nicht so, wie sie Ihrer Meinung nach sein sollten. Wäre das nicht eine wunderbare Art zu leben?

Einleitung

KAPITEL 1
DIE WELT DES ZEN

Heutzutage stößt man an allen Ecken und Enden auf irgendetwas, das mit Zen zu tun hat. Man muss nur in die nächstbeste Buchhandlung gehen, um dort Unmengen von Titeln wie *Zen und die Kunst ein Motorrad zu warten, Zen Golf* oder *Wohnen und Zen* zu finden. Dieses Buch möchte Ihnen zeigen, wie Sie Zen sinnvoll in Ihr Leben einbauen. Denn was immer Sie auch tun mögen: Zen verändert die Art, wie Sie Ihrem Alltag begegnen. Die Praxis des Zen wird Ihr Leben verändern.

WAS IST ZEN?

Zen ist ein japanischer Begriff, der sich von dem chinesischen Wort *ch'an* ableitet. Dieses wiederum stammt vom Sanskritbegriff *dhyana* ab, was nichts anderes heißt als »Meditation«. Im Wesentlichen bedeutet Zen also »Meditation«. Meditation ist ein wichtiger Aspekt aller buddhistischen Traditionen. Sie gilt als Pfad zur Erleuchtung, was besonders im Zen von enormer Bedeutung ist. Dogen, der die Schule des Soto-Zen begründet hat, entwickelte eine Meditationstechnik, die man *Shikantaza* nennt. Das bedeutet: »Sitzen (in Meditation) *ist* Erleuchtung.« Anders als die meisten Menschen glauben, geht es in der Meditation nämlich nicht darum, die Erleuchtung erst zu *erringen,* sondern sich am erleuchteten Geist zu freuen.

> *Meditation kann überall praktiziert werden – im Sitzen, Gehen, Liegen, Stehen, sogar während der Arbeit oder beim Essen und Trinken. Sitzen ist nur einfach die bekannteste Form der Meditation.*
> *Thich Nhat Hanh*
> *Blooming of a Lotus*

Zen ist eine buddhistische Tradition. Es geht zurück auf Buddha, der vor 2500 Jahren an der Grenze zwischen Nordindien und dem südlichen Nepal lebte. Der Buddhismus ist die Frucht der Erleuchtungserfahrung Buddhas unter dem Bodhibaum. In jenem Moment erkannte der Buddha die wahre Natur der Wirklichkeit. Dann entschied er sich, andere Menschen in dem zu unterrichten, was er erkannt hatte. In den nächsten 40 Jahren teilte er sein Wissen mit allen, die seine Lehren hören wollten.

Es heißt, dass der Buddha sich eines Tages erhob und seinen Zuhörern wortlos eine Lotusblüte zeigte. Statt seine Lehre mit Begriffen zu erläutern, stand er einfach nur da und hielt die Blüte vor sich hin, sodass jeder sie sehen konnte. Mahakashyapa, einer von Buddhas Schülern, lächelte, weil er verstanden hatte. Er war der Erste, der eine Dharma-Übertragung von Geist zu Geist erhielt – jenseits der Sprache.

Mahakashyapa erfasste den Sinn in jener Geste des Buddha, der ihm auf diese Weise seine Lehre direkt übermittelte, ohne jede verbale Erklärung. Diese Übertragung von Geist zu Geist stellt den Beginn der Zen-Überlieferung dar. Als Buddha die Lotusblüte in die Höhe hielt, erkannte Mahakashyapa, dass alles, was ist, miteinander verknüpft ist. Er erwachte zur wahren Natur der Wirklichkeit.

Kapitel 1 – Die Welt des Zen

Selbst-Verwirklichung

Sinn der Zen-Praxis ist es, die Erleuchtung zu verwirklichen, wie der Buddha dies tat. Wenn wir Zen üben, dann versuchen wir, zur absoluten Wahrheit der Realität zu erwachen – Verwirklichung zu erlangen. Anders ausgedrückt versuchen wir zu begreifen, wie die Dinge wirklich sind – jenseits aller Interpretation durch die Filter unseres Ich, unserer Ängste und unserer Vorstellungen.

Ihr Leben lang haben Sie ein Bild von sich aufgebaut, das auf der Vorstellung beruht, die Sie von sich selbst haben. Wenn Sie sich fragen: »Wer bin ich?«, dann fallen Ihnen vielleicht Antworten ein wie: »Ich bin nett.«, »Ich bin ängstlich.«, »Ich bin ein Versager.«, »Ich bin Vater.« oder »Ich bin Tochter.«

Zen bedeutet, dass wir in dem Moment leben, in dem dieses »Ich-Konstrukt« nicht greift. Zen wird Ihnen zeigen, wie Sie einfach sein können, statt dauernd nach Ihrer Identität zu suchen.

Zen lehrt Sie, da zu *sein*. Auf diese Weise werden Sie zu Ihrem wahren Selbst erwachen – zu Ihrer Buddha-Natur.

FAKTEN

Ein anderes Wort für Erleuchtung ist Nirwana. Alle buddhistischen Schulen streben es an. Das Nirwana ist kein Ort, es liegt nicht außerhalb unser selbst. Das Nirwana ruht in jedem von uns. Nirwana bedeutet, dass wir uns aus dem Kreislauf des Leids gelöst und eine andere Form der Existenz gefunden haben. Es bedeutet, dass die Aktivitäten des Geistes sich in reiner Bewusstheit auflösen.

Zen wird häufig intuitiv erfahren. Der rationale Geist hilft uns dabei nicht im Geringsten. Es geht dabei nicht ums Denken. Tatsächlich ist es für die Praxis eher schädlich, wenn wir darüber nachdenken.

Wir haben unser Leben damit verbracht, unseren logischen Verstand zu schärfen. Die Zen-Praxis hilft uns, eben diesen Verstand endlich zur Ruhe zu bringen.

Im Augenblick leben

Das hört sich alles ziemlich kompliziert an. Doch das Schöne am Zen ist, dass es genau das nicht ist. Zen geschieht jetzt. Zen bedeutet, den gegenwärtigen Augenblick voll auszukosten und alles andere außen vor zu lassen. Wir lassen unser Ich los, unser Selbst, die Vergangenheit und die Zukunft. Im Zen gibt es keine Unterschiede: Das Erwachen ist jedem möglich, der nur intensiv ge-

Kapitel 1 – Die Welt des Zen

nug übt. Das macht Zen so attraktiv. Wenn Sie dieses Buch lesen, dann vielleicht aus dem Gefühl heraus, immer nach etwas gesucht zu haben, was nicht zu finden war. Vielleicht wenden Sie sich genau deshalb dem Zen zu.

Zen bedeutet auch das Ende des Leidens und das Ende des Zeitbegriffs, wie Sie ihn kennen. Wollte man einen Vergleich finden, den jeder, der sich je mit Sport oder Kunst befasst hat, versteht, dann müsste man wohl sagen, dass die Zen-Erfahrung dem ähnelt, was man »Flow« nennt – das absolute Eins-werden mit der Bewegung oder der künstlerischen Ausdrucksform. Genau das ist Zen: Sie haben sich und Ihr Leben vergessen, leben vollkommen im gegenwärtigen Moment. Wenn Sie auf Reisen jemals irgendwo hingekommen sind, ohne die leiseste Ahnung zu haben, was Sie wohl dahin geführt hat, dann wissen Sie, dass es Gehirnteile gibt, die funktionieren, ohne dass wir etwas dazu tun. Sie lassen Ihr Selbst los, Ihre Sorgen, Ihre Ängste, Ihre Gedanken, aber Ihr Leben ist damit nicht zu Ende. Das ist der »Flow«, in den Sie eingetaucht sind. Sie sind einfach nur drauflosgefahren, im Hier und Jetzt. Dies ist eine Zen-Erfahrung – das Loslassen des Selbst.

Wenn Sie Zen praktizieren, werden Sie bald merken, dass das Leben im gegenwärtigen Augenblick wie der Himmel auf Erden ist. Obwohl wir alle mit dem Augenblick umgehen könnten, den wir eben jetzt vor der Nase haben, leben wir doch höchst selten in eben diesem Augenblick. Wir haben vergessen, wie das geht. Schließlich wurden wir seit frühester Kindheit darauf trainiert, in der Zukunft oder Vergangenheit zu leben. Die Zen-Praxis aber lehrt uns, im Hier und Jetzt zu sein. Und diese einfache Übung befreit uns von den Leiden, die wir erfahren, wenn wir unserem Geist erlauben, hierhin und dorthin zu hüpfen. Sie werden auf eine Art und Weise frei sein, von der Sie niemals zu träumen wagten.

Den Geist beruhigen

Während Zen selbst also nicht besonders kompliziert ist, stellt das Verweilen im gegenwärtigen Augenblick gewisse Anforderungen an uns. Unser Geist ist wie ein kleiner Affe, der ständig von Ast zu Ast hüpft. Zuerst denken wir an dies, in der nächsten Sekunde schon wieder an etwas ganz anderes. Setzen Sie sich ruhig einmal für eine Minute hin und beobachten Sie, wie Ihr Geist von Gedanken zu Gedanken springt. Er kommt einfach nicht zur Ruhe. Ihr Geist tut nichts lieber, als vor der Gegenwart davonzulaufen. Er ist ihr schon zwei Wochen voraus, längst im Urlaub, oder hinkt ihr Jahre hinterher, wenn Sie an Ihre Schulzeit denken. Er hat Sie um fünf Minuten überholt, wenn Sie nachdenken,

Kapitel 1 – Die Welt des Zen

was es gleich zum Mittagessen gibt, oder ist fünf Minuten zu spät, wenn Sie sich fragen, was Ihr Chef wohl gerade gemeint haben mag.

Wie also können wir im gegenwärtigen Augenblick leben, wenn Ihr Geist nicht still sitzt? Eben darum geht es im Zen: wie wir den Geist beruhigen können. Das ist so ähnlich, als würden wir einem Kind beibringen, ruhig zu sein. Das ist nicht gerade einfach. Versuchen Sie mal, eine Dreijährige zum Stillsitzen zu bringen. Aber es ist keine Aufgabe, die sich nicht bewältigen lässt. Man fängt mit wenigen Minuten an und am Ende erscheint nicht einmal eine Stunde besonders lang.

FAKTEN

Dharma bedeutet »Lehre«, »die Lehren Buddhas« oder »die Wahrheit«. (Was im Buddhismus natürlich als ein und dasselbe betrachtet wird.) Denn Dharma ist alles – die Wahrheit, die Lehren, Ethik und Moral und alles, was sonst noch hilft, Nirwana zu erlangen.
Dharma ist also der Pfad zur Erleuchtung.

Ein weit verbreitetes Missverständnis ist, dass der Zen-Praktizierende quasi ein Vakuum anstrebt: keine Gedanken, keine Gefühle, keine Freude, kein Schmerz. Doch Zen zu üben heißt keineswegs, dass Sie nie wieder Empfindungen haben werden. Zen beruhigt nur den affenähnlichen Aspekt unseres Geistes. Es sorgt für Ordnung in unserem vollgestopften Kopf, sodass wir die Dinge auf einer anderen Ebene erleben als bisher.

Wir lehren den Affen, ruhig zu sitzen und nicht mehr herumzuspringen, und erfahren so zum ersten Mal im Leben den gegenwärtigen Augenblick. Wie viele Menschen leiden unter ihrer ununterbrochen laufenden Denkmaschine? Wie oft haben Sie schon gewünscht, nicht mehr ständig eine bestimmte Situation im Kopf durchzukauen? Wie häufig haben Sie sich danach gesehnt, einen immer wiederkehrenden Gedanken einfach aufgeben zu können? Zen-Praxis hilft Ihnen, Ihren Geist aus dem Teufelskreis des zwanghaften Denkens zu befreien, sodass er wieder ruhig und friedvoll wird.

Shunryu Suzuki zeigt uns in *Zen-Geist, Anfänger-Geist,* wie nützlich der Geist des Anfängers für die Zen-Praxis ist. Der Welt ohne vorgefasste Ideen zu begegnen und sich neuen Erfahrungen zu öffnen ist eine wirklich erstaunliche Fähigkeit. Wenn Sie je mit einem Kind in einen Vergnügungspark gegangen sind, wissen Sie, wie der Anfänger-Geist aussieht. Das Kind empfindet nur

Kapitel 1 – Die Welt des Zen

Freude, Aufregung und vielleicht ein klein wenig Angst. Es denkt nicht daran, dass es vielleicht irgendwo mit dem Kopf anstoßen und Schmerz empfinden oder dass das Karussell ihm Übelkeit verursachen könnte. Weil es ganz im Geist des Anfängers lebt, hat es keine Vorstellung davon, welche Nervenkitzel es auf der großen Achterbahn erwarten.

Wenn Sie Zen mit dem Geist des Anfängers üben, wird die Welt Ihnen auf eine Art und Weise begegnen, die Sie nie für möglich gehalten hätten. Und wenn Sie Augenblicke der Erleuchtung erfahren, werden Sie diese als etwas Vertrautes erkennen, auch wenn es Ihnen irgendwo auf Ihrem Lebensweg verloren gegangen war. Den erleuchteten Geist zu entdecken ist wie Heim-Kommen. Und die Zen-Praxis ist einer der Wege nach Hause.

DAS GESICHT DES ZEN

Der Buddhismus ist eine der Weltreligionen, und Zen ist eine der buddhistischen Traditionen. Allerdings gibt es immer wieder Diskussionen, ob Zen wirklich eine Religion ist. Letztlich ist es Ihre ganz persönliche Entscheidung, ob Sie Zen als Ihre Religion betrachten oder nicht. Zen kann sehr wohl auch vor dem Hintergrund anderer Religionen praktiziert werden. Wenn Sie

Zen üben, heißt das noch lange nicht, dass Sie eine andere Religion annehmen.

Wer also ist ein Zen-Praktizierender? Höchstwahrscheinlich würde nicht jeder, der sich für Zen interessiert, sich auch als Buddhisten bezeichnen. Im Westen üben viele Menschen Zen neben ihrer eigenen Religion. Häufig wird sogar zwischen Religion und Spiritualität im Allgemeinen unterschieden. Man kann Zen auch praktizieren, um seinem Gott näher zu kommen, wie auch immer dieser aussehen mag.

In einem Zen-Zentrum findet man Menschen jeden Glaubens. Einige üben schon seit Jahren Zen, andere wiederum kommen nur gelegentlich zu einer Sitzung.

WARUM ZEN?

Menschen im Westen praktizieren Zen aus den verschiedensten Gründen. Manche wenden sich nach einer Krankheit, bei Suchtproblemen oder nach einem persönlichen Verlust dem Zen zu, weil sie spirituelle Hilfe suchen. Andere wünschen ein Mittel zur Beendigung des Leidens oder sind enttäuscht von ihrer bisherigen religiösen Richtung. In der Meditation suchen sie einen Weg zu sich selbst und zu anderen Menschen.

Kapitel 1 – Die Welt des Zen

Sich selbst finden

Menschen suchen im Zen nach sich selbst. Ähnlich den Menschen, die man in Kirchen oder Synagogen trifft, findet sich so mancher Zen-Interessierte zum ersten Mal auf dem Meditationskissen wieder, weil er in irgendeiner Form unglücklich oder unzufrieden ist. Er sucht nach mehr, als der Alltag ihm bietet, nach einem befriedigenden Lebenssinn oder dem Ausweg aus dem Kummer, der ihn plagt.

Wie Kirchen und andere religiösen Zentren erleben auch Zen-Zentren immer wieder verstärkten Zulauf, wenn sich unsere Situation durch tragische Einschnitte verändert. Diese können sowohl das Leben des Einzelnen betreffen als auch das der Gemeinschaft, zum Beispiel der Tod eines geliebten Menschen, Terrorangst oder wirtschaftliche Krisen. Dann suchen Menschen einen Ort des Friedens, weil sie diesen in sich selbst oder in der Außenwelt vermissen.

FRAGE

Wie viele Menschen auf der Welt praktizieren Zen?
Man geht davon aus, dass etwa sechs Prozent der Weltbevölkerung dem Buddhismus anhängen. Von den buddhistischen Gläubigen wiederum praktizieren etwa vier Prozent Zen.

Selbsterkenntnis

Zen ist ein guter Weg, um herauszufinden, wer man wirklich ist. Menschen, die sich selbst so gut kennen, wie dies Zen-Übende tun, befinden sich auf dem Pfad zur Weisheit. Sich selbst zu lieben heißt ja schließlich nichts anderes, als Mitgefühl und Verständnis für sich selbst und die eigenen Schwächen zu haben. Dies ist der erste Schritt, um dieselben Gefühle auch für andere Wesen zu entwickeln. Man kann andere nicht lieben, wenn man sich selbst nicht mag.

Die Praxis des Stillsitzens ermöglicht uns die Selbsterforschung. In dieser Situation können wir uns vor unseren Gedanken, Gefühlen und Ideen nicht verstecken. Wir sitzen da und sehen zu, wie sie sich in unserem Geist tummeln. Wir versuchen, unseren Geist so weit zur Ruhe zu bringen, dass wir die Gedanken stoppen können, bevor sie überhaupt auftauchen. Doch wenn wir feststellen, dass uns das nicht gelingt, drängt

Kapitel 1 – Die Welt des Zen

sich automatisch die Frage auf, woher unsere Gedanken denn eigentlich kommen. Wenn wir selbst sie hervorbringen, weshalb können wir sie dann nicht kontrollieren? Also versuchen wir noch intensiver, den Gedankenstrom zum Stillstand zu bringen, der sich endlos aus unbekannten Quellen ergießt.

Es ist sehr tapfer und mutig, mit seinem eigenen Geist zu kämpfen. Allmählich erkennen wir, dass wir uns in nichts von anderen Menschen unterscheiden. Tatsächlich existieren gar keine Unterschiede, auch nicht zwischen den Dingen.

Alles ist eins, und alles ist miteinander verknüpft. Wir mühen uns, den Schmerz unseres kleinen Selbst abzustreifen. Aus diesem Bemühen entsteht großes Mitgefühl und Verständnis, gefolgt von einer tiefen und dauerhaften Liebe für alles sowie einer Weisheit, die bei weitem alles übersteigt, was wir uns je erträumt haben.

PRAXIS SCHAFFT PRAXIS

Worum geht es also bei der Zen-Übung? Im Zen beginnt man mit der Sitzmeditation. Was wir dabei lernen, übertragen wir schließlich auf den Alltag. Zen lässt sich zu Hause üben, im Büro, auf der Straße, in unserem Handwerk, beim Sport, auf dem Weg zur Arbeit und vor dem Einschlafen am Abend. Zen ist eine Rund-um-die-Uhr-Praxis. Je mehr Sie es in Ihren Alltag integrieren, desto bessere Resultate werden Sie erzielen.

Die Regeln

Zen-Buddhisten glauben, dass sie, um Erleuchtung bzw. das Nirwana zu erreichen, ein paar Regeln befolgen müssen. Diese Regeln stammen vom Buddha selbst. Jeder Zen-Praktizierende sollte sein Leben danach ausrichten. Die wichtigsten sind:

– Meditation
– Achtsamkeit
– Rechtes Handeln
– Rechtes Denken

Das Befolgen dieser Regeln ist Teil der Zen-Praxis. Wir werden das Prinzip, das dahinter steht, später erläutern. Für den Augenblick möchten wir nur eines klar herausstellen: Wie andere religiöse Systeme fordert auch Zen aktiven Einsatz. Wer Zen nicht täglich lebt, praktiziert es nicht.

Die Verwirklichung buddhistischer Lehren im Alltag ist gar nicht so einfach. Aus diesem Grund betrachten wir auch diesen Teil als Praxis. Es erfordert stetiges Bemühen, in jedem Augenblick präsent zu sein und zu

Kapitel 1 – Die Welt des Zen

bleiben, auch wenn dies nur für kurze Zeit gelingt. Üben Sie sich also immer weiter im Zen, denn die Praxis führt am Ende zu mehr Praxis. Und nur die Praxis, die wir zu unserer festen Gewohnheit gemacht haben, ist der Pfad zur Erleuchtung – der Pfad zu unserem wahren Selbst.

ERLEUCHTUNG

Was genau ist nun eigentlich Erleuchtung? Erleuchtung, auch bekannt als Nirwana, *Satori* oder *Daikensho* ist das Ende des Leidens. Für die Menschen im Westen ist Leid ein Gefühl, das auftaucht, wenn wir einen geliebten Menschen verlieren oder körperlichen Schmerz empfinden. Buddhisten hingegen glauben, dass Leid aus Begehren entsteht. Wir können Leid also vermeiden, indem wir lernen, dem Begehren aus dem Weg zu gehen.

Buddha zeigte uns, wie wir das Begehren verlöschen lassen können. Seine Belehrungen weisen den Pfad zur Erleuchtung. Im gegenwärtigen Momen zu leben bedeutet, frei von Verlangen zu sein. Wenn wir im Augenblick leben, wünschen wir uns nichts mehr, weil ja alles, was wir in dieser Sekunde brauchen, längst unser ist.

Wir wollen mehr und immer mehr. Statt das Feuer zu löschen, entfachen wir es ständig von neuem. Statt innerlich die Waffen zu strecken – was das einzig Sinnvolle wäre –, vervollkommnen wir unsere Eroberungsstrategien. Am Ende vergessen wir sogar zu prüfen, ob das, was wir erobert haben, überhaupt das ist, was wir ursprünglich wollten.

Dalai Lama

Das Begehren aufgeben

Unsere westliche Kultur ist im höchsten Maße vom Begehren geprägt. Wir wollen so viel im Leben: Gesundheit, Glück, Geld, eine Beförderung. Wir wünschen uns Liebe, Heiterkeit, das Abitur für unsere Kinder, ein neues Auto, ein Haus, gute Zähne, einen Hund, einen Schokoriegel.

Und wir glauben, dass das Denken an all unsere Wünsche uns glücklich macht, weil es uns motiviert. Unser Wunsch nach einem Haus veranlasst uns dazu, morgens aufzustehen und zur Arbeit zu gehen. Er hält uns davon ab, unseren Boss anzuschreien und uns im Büro wie Verrückte zu benehmen. Unser Wunsch, geliebt zu werden, hält uns auf dem Pfad der Tugend und macht uns zu netten, freundlichen Menschen. Manchmal wird unser Begehren sogar zur Abendunterhaltung, wenn wir zum

Beispiel mit Freunden zusammensitzen und uns fragen, was wir jetzt täten, hätten wir die berühmten drei Wünsche frei oder einen Geldsegen von der Lotterie zu gewärtigen. Immer wenn wir uns etwas wünschen und Pläne machen, um es zu erlangen, bewegen wir uns vom gegenwärtigen Moment weg und leben in der Zukunft. Sobald wir das tun, verpassen wir, was sich gerade jetzt unter unserer Nase abspielt. Und wir leiden.

PRAXIS

Geben wir unser Wünschen auf,
treten wir in den gegenwärtigen Augenblick ein.
In die Gegenwart einzutreten heißt,
den erleuchteten Geist zu leben.

Haben Sie je ein Video vom Auftritt Ihres Kindes beim Schultheater oder von der Hochzeit Ihrer Freundin gedreht? Versuchen Sie, sich daran zu erinnern. Was wissen Sie noch über die Szene, die Sie gefilmt haben? Wissen Sie noch, welchen Ausdruck Ihre Kleine auf dem Gesicht trug, als sie auf die Bühne kam? Erinnern Sie sich an das Gefühl, das in den Augen Ihrer Freundin lag, als sie ihren Bräutigam ansah? Oder waren Sie mehr damit beschäftigt, die richtige Einstellung Ihrer Kamera zu finden? Kämpften Sie mit Ton und Bildschärfe anstatt den wirklichen Augenblick wahrzunehmen? Wie häufig sehen Sie Ihr Leben aus der Perspektive des Kameramanns? Wie oft machen Sie sich Sorgen, was bei Ihren Bemühungen herauskommen wird statt sich am Lächeln Ihres Kindes zu erfreuen oder an der Liebe, die aus den Augen Ihrer Freundin spricht?

Das Heute genießen

Sekunden, Minuten, ganze Stunden unseres Lebens verstreichen unbemerkt, wenn wir mit unseren Gedanken in die Zukunft schweifen. Wenn wir damit beschäftigt sind, das Morgen zu planen, ist es schwierig, sich am Heute zu erfreuen. Das soll nicht heißen, dass Sie heute Ihre Altersvorsorge auf den Kopf hauen können, weil das Morgen ja nicht zählt. Oder dass Sie sich heute volllaufen lassen können, weil es ja egal ist, ob Sie morgen in der Arbeit aufkreuzen oder nicht. Es bedeutet, dass Sie sich um Ihre Zukunft kümmern, allerdings ohne jetzt schon darin zu

Kapitel 1 – Die Welt des Zen

leben. Sie leben in diesem Augenblick, mit allem, was Sie haben. Sie verpassen nicht einen einzigen Moment Ihres Lebens mehr. Sie leben jetzt.

DER WEG

Wenn Zen so simpel ist, warum dann dieses Buch? Wenn alles, was wirklich zählt, das Leben im gegenwärtigen Moment ist, warum fangen wir dann nicht einfach an, es auf diese Weise wahrzunehmen? Nun, Zen mag simpel sein, der Mensch ist es nicht. Wir neigen dazu, alles zu komplizieren. Und wirklich im Augenblick zu leben ist auch nicht so einfach, wie es sich anhört.

Daher haben Zen-Meister uns seit Tausenden von Jahren ihre Anweisungen hinterlassen und haben versucht, ihre Schüler darin zu unterstützen.

Zen-Gruppen

Sich im Zen zu üben ist schwierig, vor allem, wenn man auf sich allein gestellt ist. Daher ist es sinnvoll, sich einer Meditationsgruppe anzuschließen, einer Gruppe Gleichgesinnter, die Ihnen auf Ihrem Weg zur Erleuchtung helfen können. Am Ende dieses Buches finden Sie dazu nützliche Adressen. Suchen Sie sich eine Gruppe aus, sie wird Ihnen bei Ihren ersten Praxiserfahrungen zur Seite stehen.

Für nahezu jedes Problem gibt es Selbsthilfegruppen. Jeder scheint heutzutage irgendeiner Gruppe anzugehören, seien es die Anonymen Alkoholiker, die Gruppe allein erziehender Mütter, der Verein für frisch Vermählte oder der Erstsemester-Club an der Uni. Und das aus gutem Grund: Selbsthilfegruppen haben sich in mancherlei Hinsicht als sehr positiv erwiesen.

Weshalb also sollten wir Zen-Praktizierenden uns dieses System nicht ebenfalls zu Nutze machen und Unterstützung auf dem mitunter mühseligen Pfad zur Erleuchtung suchen? Mitunter rafft man sich allein aus dem Grund zur Meditation auf, weil man sich der Gruppe verpflichtet fühlt, und das ist gut so. Auf diese Weise wird die Praxis nicht unterbrochen. Das ist alles, was zählt.

Zen im Alltag

Zen in allen Lebensbereichen zu praktizieren ist eine wunderbare Art zu leben. Ihre Praxis, Ihr stetiges Streben nach Erleuchtung wird Ihnen grundlegende Einsichten nicht nur über sich selbst vermitteln, sondern auch über die Welt um Sie herum. Dinge, die man einst für wichtig hielt, scheinen plötzlich we-

Kapitel 1 – Die Welt des Zen

niger bedeutsam. Für alles, wofür Sie schon immer mehr Zeit haben wollten – sich selbst, Ihre Familie, Ihre Freunde –, ist mit einem Mal mehr Raum. Betrachten Sie dieses Buch als einen Freund, der Sie lehren will, Zen in allen Bereichen Ihres Lebens anzuwenden. Daher werden wir uns zuerst ein wenig mit der farbenprächtigen Geschichte des Zen beschäftigen, bevor wir zur Sitzmeditation kommen. Wir werden sehen, wie ein Zen-»Seminar« abläuft und einige berühmte Zen-Meister kennen lernen. Am Ende steht die Integration unseres Zen in den Alltag, vom Sport über die Arbeit bis

hin zur Familie. Lassen Sie Ihre Praxis in jeden Aspekt Ihres Lebens einfließen. Dann wird sich die Welt von innen heraus verändern.

*Sei in allen Dingen der Meister dessen, was du tust und sagst und denkst.
Sei frei.
Bist du ruhig? Lass deinen Körper
So still werden wie deinen Geist.
Erwecke dich selbst
Aus eigener Anstrengung.
Sieh hin und lebe glücklich!*

Dhammapada

Kapitel 1 – Die Welt des Zen

KAPITEL 2
EIN BLICK AUF DIE
GESCHICHTE DES ZEN

Der Buddhismus gehört mit Christentum, Islam, Judentum und Hinduismus zu den fünf Weltreligionen. Der Zen-Buddhismus ist ein Zweig des Buddhismus, der direkt auf den Buddha zurückgeht und aus dem Fernen Osten zu uns in den Westen gelangt ist. Zen wurde vom Buddha selbst gelehrt. Er gab seine Lehren weiter und so gelangten sie bis in unsere Zeit.

SIDDHARTA GAUTAMA

Etwa um 566 v. Chr. wurde einer königlichen Familie am Fuße des Himalaya, an der Grenze zwischen dem heutigen Nordindien und dem südlichen Nepal, ein Sohn geboren. Man nannte ihn Siddharta Gautama. Siddhartas Mutter war Königin Maja, sein Vater der König Suddhodhana.

Das königliche Paar war lange kinderlos geblieben, sodass die Geburt des Sohnes als Segen betrachtet wurde: Nun hatte das kleine, aber reiche Königreich endlich einen Erben. Bald nach Siddhartas Geburt gab sein Vater zu seinen Ehren ein Fest im Palast und lud einige hochgelehrte Brahmanen ein, die die Zukunft des Kindes vorhersagen sollten. Die Brahmanen waren sich einig: Der Junge würde entweder ein sehr mächtiger Herrscher oder ein Weiser werden. So wunderbar sich dies anhörte, so hatten die Brahmanen doch auch zu verstehen gegeben, dass Siddharta, sollte er den spirituellen Weg einschlagen, viele Härten würde erdulden müssen. Doch am Ende seines Weges würde er zum Buddha werden. Bliebe er jedoch innerhalb der Palastmauern, so würde er ein in aller Welt geschätzter Herrscher werden. Acht der Brahmanen waren der Ansicht, Siddharta stünden beide Wege offen. Nur einer meinte, dass er mit ziemlicher Sicherheit ein Buddha werden würde. Er sagte vorher, dass Siddharta vier Boten begegnen würden, die ihn vom Palast weg und auf den spirituellen Weg führen würden.

FAKTEN Im Kastensystem des alten Indien war ein Brahmane ein Mensch von hohem sozialem Rang – eine Art Priester. Brahmanen strebten nach Wissen. Man betrachtete sie als weise Männer, die in der Lage waren, die Zukunft vorherzusagen.

König Suddhodhana war wenig erfreut darüber, dass sein Sohn ein Buddha werden sollte. Er wünschte sich einfach nur einen Nachfolger, der einmal über viele Länder herrschen würde. Sein Sohn sollte der bedeutendste König sein, den die Welt je gesehen hatte. Daher unternahm er alles, um Siddharta vom vorhergesagten spirituellen Weg fern zu halten. Er ließ gewaltige Mauern um den Palast errichten und umgab seinen Sohn mit jedem nur erdenklichen Luxus, um keine grüblerischen Gedanken in ihm aufkommen zu lassen.

Kapitel 2 – Ein Blick auf die Geschichte des Zen

Luxusleben

König Suddhodhana versuchte, Siddharta mit aller Macht innerhalb der Palastmauern festzuhalten, indem er ihm alles gab, was er wollte. Lange Zeit ging das auch gut. Siddharta wurde von den besten Lehrern des Königreichs unterrichtet. Er war von Freunden und schönen Mädchen umringt. So wuchs er zu einem kräftigen jungen Mann heran, auf den sein Vater stolz war. Er war sportlich, intelligent, charmant. Siddhartas Zukunft als König schien gesichert.

Im Alter von 16 Jahren heiratete Siddharta die schönste Frau seines Königreiches, eine entfernte Verwandte namens Yasodhara. Und als Siddharta 29 wurde, sollte seine Frau ihr erstes Kind bekommen. Yasodhara wusste, dass sie ihren Mann nun für einige Zeit nicht angemessen würde unterhalten können, also bat sie ihn, doch außerhalb des Palastes Zerstreuung zu suchen, da sie selbstlos wünschte, den Prinzen glücklich und zufrieden zu sehen. Also verließ Siddharta zum ersten Mal den Besitz seines Vaters – auf der Suche nach dem Schönen, das außerhalb seines luxuriösen Zuhause liegen sollte und das er bislang nur vom Hörensagen kannte.

Die vier Boten

Bei seinen Ausflügen vor die Palastmauern entdeckte Siddharta eine Welt, von deren Existenz er nichts gewusst hatte. Als er eines Tages einen alten Mann mit weißem Haar und runzliger Haut sah, der sich auf einen Stock stützte, fragte der Prinz seinen treuen Begleiter Channa, was dies denn sei, was er da vor Augen habe. Channa erklärte ihm, dies sei ein alter Mann. Jeder Mensch auf Erden, ob reich oder arm, würde mit den Jahren altern und aussehen wie dieser Mann. Diese Enthüllung schockierte den jungen Prinzen, sodass er sich fragte, wie er je wieder glücklich sein konnte, wo er doch jetzt wusste, dass das Alter ihn und seine Lieben eines Tages unweigerlich einholen würde.

Doch die nächsten Ausflüge aus dem Palast hielten noch weitere beunruhigende Entdeckungen für Siddharta bereit. Eines Tages begegneten sie einem Verkrüppelten. Channa tröstete den Prinzen: Er sei gesund und wohl genährt. So ein Schicksal würde ihm nicht widerfahren.

Der dritte Bote aber erschütterte Siddharta am tiefsten: ein Leichnam, begleitet von einem Trauerzug. Channa erklärte ihm, dass der Tod unvermeidlich sei, sodass es sinnlos sei, wenn Siddharta sich deswegen Sorgen mache. Überwältigt von dem, was er vor sich sah, begann Siddharta sich zu fragen, wie er all das Leid in der Welt hatte übersehen können.

Während seines nächsten Ausflugs geschah etwas, das Siddharta veran-

Kapitel 2 – Ein Blick auf die Geschichte des Zen

PRAXIS

Die vier Begegnungen markierten einen Wendepunkt in Siddhartas Leben. Nach dem Zusammentreffen mit den ersten drei Boten erkannte er, dass alles Leben Alter, Krankheit und Tod unterworfen war. Doch erst der vierte Bote brachte Siddharta dazu, sein Heim zu verlassen, um für all das Leid eine Lösung zu suchen.

lasste, sein privilegiertes Leben ein für alle Mal in Frage zu stellen. Er und Channa trafen auf einen Mönch in gelben Roben mit geschorenem Haupt und einer leeren Schale in der Hand. Channa erwies dem Mönch höchste Ehrerbietung und erklärte dem Prinzen, dieser habe auf alle weltlichen Güter verzichtet.

Diese Begegnung machte Siddharta so nachdenklich, dass das Luxusleben im Palast seine Zweifel nicht mehr übertönen konnte. Tatsächlich war er tief berührt von dem, was er gesehen hatte. Wie der Brahmane vorhergesagt hatte, hatten die vier Boten einen unauslöschlichen Eindruck hinterlassen. Der Schleier des Reichtums war von seinen Augen gezogen worden und er erkannte, dass die Welt ein Ort des Leidens war.

Der Verzicht

Yasodhara schenkte Siddharta einen Sohn. Doch die vier Boten hatten ihm den Zyklus von Leben und Tod vor Augen geführt, der niemals aufzuhören schien, was den jungen Prinzen tief erschütterte. Obwohl er seine Familie und besonders seinen neugeborenen Sohn sehr liebte, entschied Siddharta sich, sein bisheriges Dasein aufzugeben und einen Weg zu suchen, um dem steten Spiel von Leben und Tod ein Ende zu setzen. Er verließ seine Familie und den Palast. Dann schor er sich den Kopf und legte die gelben Roben des Bettelmönchs an. Damit begann sein neues Leben.

Von dem Moment an, da Siddharta der Prophezeiung des letzten Brahmanen folgte, ging er den Pfad des Zen. Er suchte nach Erleuchtung. In den Augen der Menschen besaß er alles, was zum Glück nötig ist: Liebe, Ruhm, Macht, Geld, Familie, Gesundheit, Bildung, Erfolg. Er war weder Gefahren noch Krankheiten ausgesetzt. Er hatte eine wunderschöne Frau und einen Sohn.

Doch der junge Prinz hatte das Leid kennen gelernt, und allein die Erkenntnis, dass es existierte, machte es ihm unmöglich, das Leben, das er bis dahin geführt hatte, weiter zu genießen. Um Erleuchtung zu suchen, musste Siddharta all seine Güter hinter sich lassen, auch die Liebe seiner

Kapitel 2 – Ein Blick auf die Geschichte des Zen

Familie. Siddharta erkannte Alter, Krankheit, Tod und den endlosen Zyklus von Leben und Sterben als leidhaft und schwor, alle Wesen daraus zu erretten. Also zog er aus, um den ständigen Kreislauf des Leidens zu beenden. Das Bewusstsein von Duhkha, Leid, hatte den jungen Prinzen erfasst, was sein Leben für immer verändern sollte.

FAKTEN Im Buddhismus bedeutet Samsara das Gegenteil von Nirwana. Samsara ist die Welt, in der wir aktuell leben. Für Buddhisten ist dies eine Welt voller Illusion, Leidenschaft und Anhaftung an Menschen oder Dinge. Es ist die vielfältige Welt der Erscheinungen.

Ein »heiliges« Leben zu führen galt zu Siddhartas Zeiten als höchstes Ziel. Außerhalb von Suddhodhanas Palast gab es zahlreiche Sucher, die sich um dieses Ziel bemühten.

Siddharta mit seinem geschorenen Haupt und der gelben Robe gehörte nun zu den vielen Mönchen, die auf der Suche nach Erfüllung »in die Hauslosigkeit« gezogen waren. Auf seiner Wanderung durch die Ganges-Ebene begegnete Siddharta vielen Wahrheitssuchern, die wie er durch Askese, Meditation, Selbstkontrolle und Yoga nach dem höchsten Ziel strebten. Siddharta dachte, wenn er erst Samsara, den endlosen Zyklus von Leben und Tod, hinter sich gelassen hätte, würde er Erleuchtung finden – die Befreiung von der Wiedergeburt.

Gute Gesellschaft

Siddharta war noch nicht lange unterwegs, als er fünf Asketen traf, denen er sich anschloss. Gemeinsam übten sie sich in Entsagung, um Befreiung zu finden. Es war ihr Glaube, dass sie durch Erdulden von Schmerzen und Entsagung in diesem Leben in ihrer nächsten Existenz Erlösung fänden. In der Annahme, dass äußeres Leiden das innere auslösche, nahmen Siddharta und seine Gefährten extreme Entbehrungen auf sich. Sie trugen keine Kleider, schliefen bei jedem Wetter im Freien und hungerten. Zur Selbstkasteiung aßen sie sogar ihre eigenen Exkremente. Kein Wunder also, dass Siddharta bald lebensgefährlich krank wurde. Was ihn jedoch noch mehr erstaunte, war die Tatsache, dass er immer noch Gelüsten und

Wünschen unterworfen war, wie sehr er äußerlich auch leiden mochte. Schließlich wurde Siddharta klar, dass er auf diese Weise sein Ich nicht klären würde. Der Weg der Askese funktionierte nicht. Obwohl mittlerweile schwer erkrankt, war er immer noch derselbe wie zu Beginn seiner Übung. Wütend darüber, dass er fast gestorben wäre und die Erleuchtung trotzdem nicht erreicht hatte, erneuerte Siddharta sein Gelübde, den Weg zur Wahrheit zu finden.

SUCHE NACH WAHRHEIT

Er verließ die fünf Asketen und zog weiter seines Weges. Als er so dahinging, fiel ihm ein, wie er als Junge einmal einen Nachmittag unter einem Apfelbaum im Palastgarten verbracht hatte. Er erinnerte sich an den Augenblick vollkommener Freude, als sein Bewusstsein plötzlich leer geworden war. Sein Selbst war verschwunden und er konnte den gegenwärtigen Augenblick in seiner ganzen Fülle genießen.

In diesem Moment wurde ihm klar, dass Erleuchtung nicht durch Selbstbestrafung erlangt werden konnte. Der Weg zur Wahrheit konnte nicht durch extremes Verhalten gefunden werden – weder durch übermäßige Selbstkasteiung, noch durch übermäßigen Luxus. Der Pfad zur Erleuchtung lag irgendwo in der Mitte.

FAKTEN: Askese heißt, seine körperlichen oder seelischen Bedürfnisse zu verleugnen, um ein spirituelles Ziel zu erreichen. Die Legende berichtet, dass am Ende Siddhartas einzige Nahrung in einem Reiskorn täglich bestand, was ihn bis auf die Knochen abmagern ließ.

Langsam päppelte Siddharta sich wieder auf. Er legte an Gewicht zu, Körper und Geist gewannen allmählich an Kraft. Während dieser Zeit war er sich jeder Bewegung bewusst, die er machte, und spürte deren Auswirkungen auf seine Umwelt. Er achtete genau darauf, wie er auf seine Umgebung reagierte, und beobachtete jeden Gedanken, der seinen Geist durchzog. Mit der Zeit wurde Siddharta achtsam: Er wurde sich bereits im Moment des Entstehens jeder Geste, jedes Gedankens bewusst – beim Gehen, Essen, Schlafen oder Ausruhen. Erstaunt bemerkte Siddharta, wie schnell sich alles veränderte. Gelüste, Gedanken, Gefühle

Kapitel 2 – Ein Blick auf die Geschichte des Zen

kamen und gingen. Und Siddharta bemerkte, dass der Wandel ebenso unvermeidlich war wie der Verlust. Veränderung aber rief Angst hervor. Und mit der Angst kam das Leiden.

DER ERLEUCHTETE GEIST

Der frühere Prinz ließ sich also unter dem Bodhibaum nieder. In Meditationshaltung sitzend erkannte er, dass alle Dinge, kleine und große, untrennbar miteinander verflochten waren. Die Frucht, die am Baum hing, wurde von der Erde genährt, die ihre Nahrung wiederum vom Himmel erhielt, der uns Regen schenkt. Siddharta sah, dass Insekten und Tiere von der Erde und den Bäumen zehren, die ihrerseits vom Himmel genährt werden. Wie die Pflanzen und Tiere würde auch er eines Tages sterben. Ganz egal, wohin er ging und wie lange er suchte, überall war das Leben von Wandel und wechselseitiger Abhängigkeit geprägt. Er sah, dass nichts dauerhaft war. Doch er sah auch, dass dort, wo das einzelne Individuum verging, ein neues zur Welt kam.

FAKTEN: Der Bodhibaum ist auch unter dem Namen »bo tree« oder »Pagodenbaum« bekannt. Es handelt sich dabei um eine Feigenart (Ficus religiosa) aus Asien. Er verjüngt sich selbst ständig, indem er seine Äste in der Erde einwurzeln lässt. Ein Abkömmling des ursprünglichen Baumes steht auch heute noch in Bodhgaya in Indien. Zahlreiche buddhistische Zentren haben ihren eigenen Bodhibaum.

Schließlich erfuhr Siddharta nach langem Suchen einen Augenblick der Erleuchtung. Als er unter dem Bodhibaum saß und seine vorüberziehenden Gedanken beobachtete, löste sich für einen Moment sein Ich auf. Seine Gedanken hörten auf und er ruhte vollständig bewusst im Augenblick.

Die Ankunft Maras

Doch trotz dieses großen Moments waren Siddhartas Kämpfe noch lange nicht vorüber. Mara, ein böser Dämon, kam und versuchte, Siddharta von seinem Weg zum Nirwana abzubringen. Er sandte seine Töchter, die mit lüsternen Posen und schmeichelnden Worten den Stolz des jungen Prinzen anstacheln soll-

Kapitel 2 – Ein Blick auf die Geschichte des Zen

ten. Als dies fehlschlug, schickte Mara Ungeheuer, um in Siddharta Angst zu erwecken. Schließlich erschien Mara selbst auf dem Plan, um ihn mit seinen Fragen in Zweifel zu stürzen. Als auch dies nichts nützte, bot Mara all seine Kräfte auf, um Siddharta von seinem Sitz zu vertreiben.

Er schrie ihn an: »Erhebe dich von deinem Platz. Er gebührt mir, nicht dir.«

Doch Siddharta bewegte sich nicht. Maras Krieger und Dämonen stellten sich hinter ihren Meister und schworen als Zeugen, dass dieser Platz ihrem Meister gehöre. »Und wer ist dein Zeuge?«, brüllte Mara den immer noch unbeweglichen Siddharta an. Die Antwort des künftigen Buddha war eine Geste: Er streckte eine Hand aus und berührte die Erde, welche Mara entgegendonnerte: »Ich bin Zeuge!«

So wurde Mara besiegt und floh vor Siddhartas Antlitz.

Der innere Kampf

Der dämonische Mara steht als Symbol für die inneren Kämpfe, die Siddharta mit sich ausfocht, als er seinen Weg zur Erleuchtung suchte. Mara repräsentiert jenen Teil Siddhartas, den auch wir in uns tragen: Die charakterlichen Fehler, die uns auf unserem Weg zur Erleuchtung immer wieder Hindernisse in den

Weg legen. Siddharta hatte also mit denselben Schwierigkeiten zu kämpfen wie wir. Auch er war voller Lüste, Ängste, Stolz und Zweifel. Doch um sein Ego endgültig abzulegen, wandte er sich an die Erde, die für unser aller Verbindung zur Welt steht.

Die wahre Natur der Welt ist Liebe. Wer diese Wahrheit erkennt, ist mit der Erde, der wahren Essenz des Seins, verbunden. Wer nach Erleuchtung strebt, hat die wahre Natur der Welt und des Lebens begriffen, im Gegensatz zu dem, was uns die Befürworter von Gewalt und Eigennutz regelmäßig einzureden versuchen.

Siddhartas Erwachen

Siddharta hatte den erleuchteten Geist verwirklicht. Also saß an seiner Stelle jetzt der Buddha, der »vollkommen Erwachte« oder der »Erleuchtete«. Siddharta war zur wahren Natur der Welt erwacht, was eine höchst ungewöhnliche Erfahrung ist.

Wie sehr er ursprünglich auch geneigt gewesen sein mag, sich unter dem Bodhibaum für immer des erleuchteten Geistes zu erfreuen, so musste er diese Erfahrung doch anderen vermitteln. Es war seine Aufgabe, Menschen zu helfen, selbst die Erleuchtung zu verwirklichen.

Kapitel 2 – Ein Blick auf die Geschichte des Zen

FRAGE

Gibt es nur einen Buddha?
Nein, es gibt zwischen sieben und unzählige Buddhas, je nachdem, welche Quelle man heranzieht. Sie sollen zu verschiedenen Zeiten und an verschiedenen Orten gelebt haben. Siddharta gilt als »der Buddha« unseres Zeitalters. Viele Zeitalter kennen gar keinen Buddha, sodass wir uns als glücklich betrachten können, weil wir in diesem Zeitalter geboren sind. Wäre dies nicht so, könnten wir nicht Zen praktizieren.

BUDDHISMUS NACH DEM BUDDHA

Die Lehren Buddhas zogen immer größere Kreise. Er reiste durch Indien und zog zahlreiche Schüler an, die sich für seine Erfahrung interessierten. Als seine Schüler zum Erwachen fanden, verbreiteten sie seine Botschaft zunächst über ganz Indien, später kam sie auch nach China, Japan, Tibet, Korea, Birma, Sri Lanka, Thailand, Kambodscha, Laos und Indonesien. Weil jedes Land seine eigenen kulturellen Eigenheiten hinzufügte, veränderte sich der Buddhismus und wurde je nach Region unterschiedlich geprägt. Mit der Zeit bildeten sich drei Traditionen heraus.

– Theravada-Buddhismus
– Mahayana-Buddhismus
– Vajrayana-Buddhismus

Im Theravada-Buddhismus, der »Schule der Älteren«, wird viel Wert auf die Einhaltung der klösterlichen Diziplin gelegt. Er gilt als konservativste Strömung des Buddhismus. Man findet ihn vor allem in Sri Lanka, Birma, Thailand, Kambodscha, Laos und Indonesien.

Der Mahayana-Buddhismus hingegen breitete sich vor allem nach Norden aus, nach China, Japan und Tibet und Korea. Er gilt als liberale Form des Buddhismus. Im Mahayana nehmen Intuition und Meditationspraxis einen großen Stellenwert ein. Aus dem Mahayana-Buddhismus entwickelte sich die Strömung des Vajrayana, die man auch als tantrischen Buddhismus kennt. Sie ist vor allem in Tibet verbreitet. Zu dieser Tradition gehört der Zen-Buddhismus.

VON INDIEN NACH CHINA

Obwohl einzelne Gruppen buddhistischer Mönche schon 65 v. Chr. in Nordchina lebten, brauchte es noch etwa 500 Jahre, bis der Buddhismus in ganz China Fuß fasste.

Kapitel 2 – Ein Blick auf die Geschichte des Zen

Allgemein glaubt man, dass Bodhidharma dabei eine wichtige Rolle spielte. Auf jeden Fall gilt er als der Erste Zen-Patriarch Chinas.

FAKTEN: Obwohl es schon vor der Ankunft Bodhidharmas Zen-Übungen in China gab, unterschied sich Bodhidharmas Methode vor allem darin, dass sie »direkt auf den Geist zielte«, um die wahre Natur (auch als Buddha-Natur bekannt) zu enthüllen.

Bodhidharma

Bodhidharma war ein indischer Mönch, der etwa um 440 n. Chr. geboren wurde. Sein Lehrer schickte ihn nach China, um dort den Buddhismus zu lehren. Als Bodhidharma im Land eintraf, war die buddhistische Lehre schon weit verbreitet, es gab viele Klöster und Mönche. Schließlich wurde Bodhidharma vom großen Kaiser Wu eingeladen, der am Buddhismus sehr interessiert war. Kaiser Wus Aufstieg zur Macht war von Gewalt und Mord begleitet gewesen. Jetzt aber versuchte er, mit Hilfe des Buddhismus seine schrecklichen Taten zu sühnen. Er baute Tempel, übersetzte buddhistische Texte ins Chinesische und betrachtete sich selbst als höchst gelehrten Schüler Buddhas. Als er hörte, dass der berühmte buddhistische Mönch Bodhidharma sich in China aufhielt, bat er um ein Treffen. Er war begeistert von den wunderbaren Werken, die Bodhidharma im Namen des Buddhismus vollbracht hatte, und wollte wissen, wie viel Verdienst er durch seine Förderung des Buddhismus mittlerweile schon angesammelt hatte.

Kaiser Wu war schockiert zu hören, dass er überhaupt kein Verdienst erlangt habe. Man hatte den Kaiser gelehrt, dass er durch gute Taten große Verdienste ansammeln würde. Im Buddhismus glaubte man allgemein, dass gute Taten gesammelt werden können wie Punkte. Was also erzählte Bodhidharma da für einen Unsinn? Kaiser Wu wurde misstrauisch und wollte seinen Besucher prüfen.

Kapitel 2 – Ein Blick auf die Geschichte des Zen

FAKTEN

Bodhidharma gilt auch als Begründer der Kampfkünste. Er stellte ein körperliches Trainingsprogramm für die Mönche auf, das sie beweglich und bei Kräften hielt, dessen Bewegungen jedoch gleichzeitig zur Selbstverteidigung eingesetzt werden konnten. Dieses Trainingsprogramm wurde später zu einer selbstständigen Kampfsportart ausgebaut, die man heute unter dem Namen Kung Fu kennt.

»Was bedeutet Erleuchtung?«, fragte Kaiser Wu. »Leere und Weite, nichts von heilig«, antwortete Bodhidharma.

Auch dies verwirrte den großen Herrscher. Er fragte sich, was der Mönch wohl damit meinte. »Wer ist es, der mich auf diese Weise ansieht?«, fragte er Bodhidharma.

Und dieser gab zurück: »Ich weiß es nicht.«

Damit zeigte Bodhidharma dem Kaiser alles, was er über Zen wusste und somit die Natur der Wirklichkeit. Doch er war unfähig, im Kaiser Verständnis für diese Lehre zu erwecken, denn dieser begriff einfach nicht, was Bodhidharma ihm da mitteilte. Bodhidharma versuchte, Wu die Natur der Leerheit zu zeigen, die Tatsache, dass es zwischen den Erscheinungen keinen Unterschied gibt, die Abwesenheit eines Selbst und die wahre Natur der Dinge.

Und so zog Bodhidharma von dannen und ließ den Kaiser unzufrieden zurück. Er wanderte in die Berge, in die Nähe des berühmten Shaolin-Klosters. Dort suchte er eine kleine Höhle auf, setzte sich vor die Felswand und meditierte neun Jahre lang. Die Legende berichtet, dass er einmal einschlief und daraufhin so wütend auf sich selbst wurde, dass er mit einem scharfen Messer seine Augenlider abtrennte. Als er sie zu Boden warf, wuchs an dieser Stelle eine Teepflanze. Auf diese Weise kam der Tee nach China.

Hui'ko (Eka)

Zen wird vom Lehrer auf den Schüler übertragen, von Geist zu Geist. Bodhidharma übertrug sein Zen auf Hui'ko, der zum Zweiten Zen-Patriarchen Chinas wurde. Hui'ko war entschlossen, die Wahrheit zu finden. Er stellte sich vor Bodhidharmas Höhle in den Schnee und wartete. Er wollte ihn fragen, ob der Meister ihn als Schüler akzeptieren würde. Um seinen tiefen Ernst und seine aufrichtige innere Verpflichtung zu zeigen, soll Hui'ko sich den Arm abgehackt haben, während er vor der Höhle wartete.

Kapitel 2 – Ein Blick auf die Geschichte des Zen

PRAXIS

Zen-Anekdoten sind Geschichten, die die extreme Entschlossenheit unterstreichen, die nötig ist, um die Wahrheit zu verwirklichen – wie die Hui'kos, der sich seinen Arm abschnitt. Diese Geschichten spiegeln natürlich den kulturellen Hintergrund der damaligen Zeit. Heute würde sich wohl kein Mensch den Arm abhacken, um seine religiöse Entschlossenheit unter Beweis zu stellen. Wir sollten diese Anekdoten daher auch als Spiegelbild einer anderen Kultur betrachten.

Hui'ko war im Shaolin-Kloster lange Zeit Bodhidharmas Schüler. Bodhidharma führte Hui'ko in die Natur des erleuchteten Geistes ein. Die Lehrer der Zen-Tradition benutzen die unterschiedlichsten Methoden, um ihre Schüler zur Erleuchtung zu bringen. Die Erleuchtung gilt im Zen als etwas, das jeder erreichen kann, wenn er in die eigene Stille zurückkehrt. Ein Lehrer zeigt uns den Weg dorthin.

So wurde Zen in China von »Herz zu Herz« weitergegeben. Daraus entstanden allmählich fünf verschiedene Schulen. Diese Schulen oder »Fünf Häuser«, wie sie auch genannt werden, setzen auf unterschiedliche Lehrmethoden. Man nennt sie:

– die Guiyang-Schule
– die Kaodong-Schule
– die Linji-Schule
– die Yünmen-Schule
– die Fayen-Schule.

Drei dieser Schulen existieren heute nicht mehr. Die Guiyang-Schule kennt man heute in Japan als Soto-Zen, wohingegen die Linji-Schule – ebenfalls in Japan – heute als Rinzai-Schule bekannt ist. Dies sind die einzigen Schulen, die vom ursprünglichen System der Fünf Häuser übrig geblieben sind.

WIE ZEN NACH JAPAN KAM

Gegen Ende des 12. Jahrhunderts kam Zen nach Japan. Damals standen die Kriegertugenden der Samurai in hohen Ehren, sodass die Strenge der Zen-Schulung in Japan bald hoch geschätzt war. Die beiden Traditionen des Rinzai und des Soto verwurzelten sich und entwickelten sich zu blühenden Schulen. Es war der japanische Mönch Eisai, der die Traditionen der Linji-Schule nach Japan brachte. Sein Schüler Dogen wurde zum Begründer der Soto-Schule. Beide Schulen üben sich in der Sitzmeditation. Über die Jahrhunderte gewann die Soto-Schule immer mehr an Bedeutung. Heute zählt sie mehr als drei Mal so viele

Kapitel 2 – Ein Blick auf die Geschichte des Zen

Anhänger wie Rinzai, obwohl letztlich beide Schulen in hohem Ansehen stehen. Die strenge Disziplin in den Klöstern hielt viele Laienschüler davon ab, Zen zu praktizieren. Doch als Zen seinen Weg in den Westen nahm, fiel auch diese Bastion.

FAKTEN
Samurai waren japanische Krieger, die eine eigene »Kaste« bildeten. Ein Samurai stand auf der sozialen Stufenleiter ziemlich weit oben und erfreute sich zahlreicher Privilegien. Andererseits musste er den unteren Klassen ein Beispiel geben, indem er dem *bushido* folgte, dem Weg des Kriegers. Einige der wichtigsten Werte für einen Samurai waren absolute Treue zum Dienstherrn, Selbstdisziplin sowie respektvolles und ethisch einwandfreies Verhalten.

Die zwei Zen-Traditionen

Rinzai- und Soto-Zen unterscheiden sich vor allem durch ihre verschiedene Sicht der Erleuchtung. Die Anhänger des Rinzai glauben, die Erleuchtung geschehe einmal in einem unglaublichen Augenblick des Lebens, den man Satori nennt. Die Anhänger des Soto-Zen hingegen gehen davon aus, dass die Erleuchtung sich in kleinen Schritten, *Kensho* genannt, einstellt. Beide Traditionen verlangen viel von ihren Anhängern, auch wenn die Rinzai-Methodik vielleicht besser zu der dramatischen Ader des Samurai-Geistes passt. Die Rinzai-Praktizierenden sind bekannt dafür, dass sie den Schlaf meiden, weil sie glauben, dass dies den Geist offener mache. Im Soto-Zen wird meist stille Sitzmeditation betrieben, die Rinzai-Schüler hingegen erhalten auch Koans als Aufgabe. Dies sind Fragen, die der Verstand nicht lösen kann. Wenn man sich jedoch der Erleuchtung nähert, stellen sich auf nichtrationaler Ebene trotzdem Antworten auf diese Koans ein.

Die Lehre zu erforschen heißt, das Selbst zu erforschen.
Das Selbst zu erforschen heißt, es zu vergessen.
Das Selbst zu vergessen heißt, von den zehntausend Dingen erleuchtet zu werden.

Dogen

Von Japan aus gelangte der Buddhismus dann in den Westen, wo er vor allem in den Vereinigten Staaten fest Fuß fasste. Mittlerweile gibt es

Kapitel 2 – Ein Blick auf die Geschichte des Zen

auf der ganzen Welt Zen-Zentren. Auch wenn die ursprüngliche Lehre Buddhas sich mittlerweile weiterentwickelt hat, so ist Zen doch etwas äußerst Einfaches geblieben. Es geht weniger um Textstudium als um die scheinbar simple Übung des In-Meditation-Sitzens. Alle Zen-Lehrer empfehlen uns letztlich, dasselbe zu tun wie der Buddha selbst: Setz dich hin und enthülle selbst den erleuchteten Geist. Buddha war davon überzeugt, dass jeder für sich die Wahrheit finden müsse. Niemand kann sie uns zeigen. Wir können sie nur selbst entdecken.

KAPITEL 3
ZEN EROBERT DEN WESTEN

Zen fand seinen Weg in den Westen bereits in den letzten Jahren des 19. Jahrhunderts. Die Vereinigten Staaten waren damals offen für Emigranten aus aller Welt, die auf der Suche nach einem besseren Leben waren. Dadurch wurde das Land zum Schmelztiegel der unterschiedlichsten religiösen Bekenntnisse. Auch der Buddhismus schlug Wurzeln und breitete sich von dort in die restlichen Länder des Westens aus. Es war vor allem die Einfachheit des Zen, welche die Menschen besonders ansprach.

ZEN IN AMERIKA

Die Einladung

1893 fand in Chicago die erste offizielle Versammlung von Vertretern der Weltreligionen – sowohl östlicher wie westlicher Tradition – statt. Es war eine bedeutungsvolle Konferenz, der man den Namen »Weltparlament der Religionen« gab. Sie gilt heute als Markstein für den Beginn des Dialoges zwischen den großen Religionen. Man kann sich vorstellen, welch unglaubliche Atmosphäre entstand, als religiöse Würdenträger aller Traditionen zusammenkamen, um in einen geistigen Austausch zu treten und dem Facettenreichtum menschlicher Spiritualität Anerkennung zu zollen.

Auch Meister Soen Shaku, ein berühmter Rinzai-Meister sprach auf dieser Konferenz – die erste Belehrung eines Zen-Meisters im Westen. Bis zu diesem Zeitpunkt war Zen in der westlichen Welt nahezu unbekannt. Zu jener Zeit waren die spirituellen Traditionen des Ostens den wenigsten ein Begriff, sieht man von einer Handvoll Akademikern und Privatgelehrten einmal ab. Es fehlte auch an aussagekräftiger Literatur zu diesem Thema.

Tatsächlich fanden Bücher über Zen erst nach dem 2. Weltkrieg eine breitere Leserschaft.

FRAGE — *Tagt das »Weltparlament der Religionen« auch heute noch?* Heute gibt es einen Rat für ein Parlament der Weltreligionen (Council for a Parliament of the World's Religions – CPWR), der offiziell 1988 ins Leben gerufen wurde. Später beschlossen zwei Mönche der Vivekananda Vedanta Society von Chicago, eine Einhundertjahr-Feier zur Erinnerung an die Versammlung von 1893 auszurichten. Diese fand 1993 ebenfalls in Chicago statt und zählte stattliche 8000 Teilnehmer.

Nach der Rede Soen Shakus öffnete sich Amerika zusehends den Entwicklungsperspektiven, die Zen bot. Es entstanden die ersten Verbindungen zwischen Japan und den USA. Nachdem das »Parlament« zu Ende gegangen war, baten die Herausgeber des *Open Court,* einer Zeitschrift für ethische und religiöse Fragen, Soen Shaku, doch einen japanischen Zen-Gelehrten in die Vereinigten Staaten zu entsenden, um mit ihm arbeiten zu können. Auf diese Weise kam D. T. Suzuki in die USA, Soen Shakus Schüler. Ihm und seinen wundervollen Büchern ist es mehr als jedem anderen zu verdanken, dass Geist und Herz der westlichen Welt sich dem Zen öffneten. Suzuki vermittelte dem Westen den

Kapitel 3 – Zen erobert den Westen

Erfahrungsaspekt des Zen und wusste diese Praxis so darzustellen, dass in seinen Zuhörern der Hunger nach mehr entstand.

1910, siebzehn Jahre nach dem Besuch Soen Shans, gab es in den Vereinigten Staaten 3165 Buddhisten. Heute schwanken die Zahlen zwischen 2,45 und 3 oder gar 4 Millionen. In anderen westlichen Ländern verlief die Entwicklung ähnlich. Der Buddhismus hat sich fest in den Herzen der westlichen Menschen verwurzelt und es scheint, als würde das auch so bleiben. Die Zahl der Buddhisten unter den Zen-Praktizierenden, lässt sich jedoch schwer schätzen, da viele Zen-Schüler ihre Ursprungsreligion weiter pflegen, auch wenn sie regelmäßig Zen üben.

D.T. SUZUKI

Eine der einflussreichsten Figuren in der Vermittlung des Zen war zweifelsohne Daisetsu Teitaro (D.T.) Suzuki. Wie Christmas Humphries, der Begründer der *American Buddhist Society* von ihm sagt: »Für D.T. Suzuki haben die Menschen viele Umschreibungen gefunden, die alle richtig sind: der größte Zen-Schüler der Welt, ein großer buddhistischer Philosoph, ein brillanter religiöser Denker, der stundenlang über die östliche Philosophie sprechen konnte, und noch vieles mehr.«

Suzukis Einfluss auf das Zen im Westen kann gar nicht hoch genug eingeschätzt werden. Er verstand es, Zen so darzustellen, dass die Menschen im Westen davon ergriffen wurden. Um Zen üben zu können, muss man davon gepackt worden sein. Es muss in jede Faser unseres Körpers eindringen, damit es uns gelingt, uns durch das Labyrinth der Praxis bis zur Erleuchtung zu kämpfen. Wenn Zen nicht vollständig von uns Besitz ergreift, bringen wir nie die Hingabe auf, regelmäßig zu praktizieren und die Barrieren des westlichen Denkens zu durchbrechen, die wir über die Jahre aufgebaut haben.

FAKTEN: Die erste buddhistische Tradition, die den Weg nach Westen fand, war der Mahayana-Buddhismus in der Form des Zen. Die buddhistische Philosophie bezeichnet das Mahayana auch als das »Große Fahrzeug«, weil es im Mahayana die Vorstellung von der Rettung anderer Wesen gibt. Das bedeutet, dass Laien genauso wie Mönche Erleuchtung erlangen können, wenn ein hingebungsvoller Lehrer (oder Bodhisattva) sie anleitet.

Kapitel 3 – Zen erobert den Westen

Der Schüler

D. T. Suzuki kam 1869 in Japan als Sohn eines Arztes zur Welt. Seine Mutter war Hausfrau und Daisetsu war das jüngste ihrer fünf Kinder. Er interessierte sich schon als Junge für Zen-Buddhismus. Dies änderte sich auch auf dem Gymnasium und der Universität nicht. Damals wurde er in einem bekannten Zen-Kloster in Kamakura Schüler von Kosen Imakita. Da Kosen kurz darauf starb, setzte Suzuki seine Studien mit dessen Nachfolger, Soen Shaku, fort. Als Soen Shaku 1893 zum Weltparlament der Religionen eingeladen wurde, übersetzte Suzuki seine Rede ins Englische. Als Soen Shaku Suzuki den Auftrag gab, nach Amerika zu gehen, um dort Paul Carus, den Herausgeber des Open Court zu unterstützen, verdoppelte er seine Anstrengungen in der Praxis. Er war entschlossen, Erleuchtung zu erlangen, bevor er in die Vereinigten Staaten ging. Und so konnte er im Winter vor seiner Abreise sein Koan endlich lösen und erfuhr Befreiung.

In der Folge erhielt er von Soen Shaku seinen Zen-Namen, der bedeutet: »Große Einfachheit«.

PRAXIS

Sich im Zen zu üben heißt, das Wirkliche, das Konkrete zu studieren. Im Zen geht es nicht um die Welt der Ideen, auch wenn es manchmal so aussieht, als drehe sich alles um unlösbare Rätsel und sprachliche Spitzfindigkeiten. Zen zu verstehen bedeutet, die Welt zu erleben, wie sie wirklich ist. Wenn Sie beim Essen einfach nur essen und sich beim Anziehen nur anziehen, dann haben sie verwirklicht, was das Zen Ihnen zeigen will.

Der Lehrer

Suzuki war Gelehrter. Er wurde niemals Zen-Meister oder Mönch. Seine Schriften schlugen eine Brücke zwischen Ost und West. Er öffnete den Geist der westlichen Menschen für eine Art des Daseins, die ihnen völlig neu war. Er zeigte dem Westen, dass Zen eine Erfahrungstatsache ist, dass es nicht mit Worten oder Ideen erfasst, sondern nur erlebt werden kann. Körper, Verstand und Geist müssen es vollkommen erfahren, um es zu verstehen. Er war es, der deutlich machte, dass es im Zen immer um konkrete Tatsachen geht, um das, was real ist. Nicht um Verallgemeinerungen oder verschwommene Begriffe, sondern um den Wandel und das Faktum, dass wir sterblich sind. Um Zen zu verwirklichen, müssen wir massive Kämpfe bestehen. Kämpfe, die – wie Suzuki sagt – »sich manchmal sehr lange hinziehen und unsere dauernde Acht-

Kapitel 3 – Zen erobert den Westen

samkeit erfordern. Sich im Zen zu schulen ist keine leichte Aufgabe.«

D. T. Suzuki heiratete eine Amerikanerin und verbrachte zwölf Jahre in den USA. Dann ging er nach London und Paris, wo er zahllose alte Sutras und andere traditionelle Texte übersetzte. Schließlich kehrte er nach Japan zurück, wo er zuerst als Lehrbeauftragter, dann als Professor an der Universität tätig war. 1921 begann er zusammen mit seiner Frau *The Eastern Buddhist* herauszugeben, eine englischsprachige Zeitschrift, die hauptsächlich im Westen gelesen wurde. Suzuki reiste sein Leben lang viel. Er lehrte an der Universität von Hawaii und an der Columbia University in New York. Als er mit 96 Jahren starb, waren seine letzten Worte: »Sorgt euch nicht. Danke. Danke.« Damit hinterließ er ein Testament, das als lebendiges Zeugnis der wunderbaren Wirkung der Zen-Praxis gelten kann.

Das Erbe

Die biografischen Daten eines Menschenlebens werden so gut wie nie der Essenz dieses Daseins gerecht. D. T. Suzuki übte auf das Leben und das Herz vieler westlicher Menschen einen tief greifenden und dauerhaften Einfluss aus. Er machte dem Westen das Geschenk der Zen-Praxis und bereitete den Boden für eine Sichtweise, die stets einen frischen, lebendigen Blick auf dieses Dasein wirft und sich seiner Veränderlichkeit bewusst ist. Wie er in *The Sense of Zen* schreibt:

»Die Wahrheit des Zen enthüllt sich nicht, wenn man sie nicht mit der Kraft der ganzen Persönlichkeit sucht. Der Weg ist voller Disteln und Dornen, manchmal auch glatt und schlüpfrig. Zen zu üben ist kein einfacher Zeitvertreib, sondern eine sehr ernst zu nehmende Lebensaufgabe. Faulpelze werden sie niemals zu Ende bringen. Zen ist ein moralischer Amboss, auf dem unser Charakter immer wieder zurechtgehämmert wird. Auf die Frage, was Zen denn sei, gab ein Meister einmal folgende Antwort: ›Öl auf einem lodernden Feuer zu kochen.‹ Diese Erfahrung des Glühens müssen wir machen, bevor Zen uns zulächelt und sagt: ›Hier ist dein Heim.‹«

FAKTEN: D. T. Suzuki beeinflusste nicht zuletzt schöpferische Denker und Künstler wie John Cage, Allen Ginsberg, Martin Heidegger, Karen Horney, C. G. Jung, Aldous Huxley, Jack Kerouac, Thomas Merton, Allan Watts und Gary Snyder.

Kapitel 3 – Zen erobert den Westen

D. T. Suzuki legte den Grundstein für den westlichen Kanon an buddhistischer Literatur, weil er Mittel und Wege fand, das Unsagbare auszudrücken. Einige seiner wichtigsten Werke finden sich in den Buchtipps am Ende des Buches.

SHUNRYU SUZUKI

In der Geschichte des westlichen Zen gibt es noch einen weiteren, bedeutenden Zen-Lehrer mit dem Namen Suzuki, der auf die Entwicklung des Zen im Westen enormen Einfluss hatte. Shunryu Suzuki, der bekannte Autor von *Zen-Geist, Anfänger-Geist,* wurde zu einem der wichtigsten Lehrer des Westens. Er wurde 1904 als Sohn eines Zen-Priesters und seiner Frau in Japan geboren. An seinem 13. Geburtstag trat er als Novize in den Zen-Tempel eines kleinen japanischen Dorfes ein. Sein Leben im Tempel war hart, doch der Junge erledigte alles, was man ihm auftrug, mit gleich bleibender Hingabe. Mit ihm zusammen waren acht andere Jungen in den Tempel gekommen, doch am Ende war Shunryu der Einzige, der übrig blieb, weil der Lehrer so streng war. Dieser Lehrer, So-on, gab ihm den Spitznamen »Krumme Gurke« und sagte ihm, krumme Gurken seien absolut unnütz, weil niemand sie haben wolle. Außerdem würde er nie die

Fähigkeiten eines Lehrers entwickeln. Doch Shunryu bewies ihm das Gegenteil. Als er nach Amerika ging, wurde er zu einem der größten Zen-Lehrer, die der Westen je kennen lernen sollte.

Anfänger-Geist

Eine frühe Begegnung mit einem westlichen Menschen übte auf den jungen Shunryu erheblichen Einfluss aus. Dieser Mensch war Nona Ransom, seine Englischlehrerin an der Universität von Komazawa. Miss Ransom glaubte nämlich, Buddhisten seien wüste Götzenanbeter, die ihrer Mühe und ihrer Beachtung nicht wert seien. Jemand hatte ihr eine Buddhastatue geschenkt, die sie im Unterrichtsraum aufstellte, obwohl sie nicht müde wurde zu betonen, dass dies nur zu Dekorationszwecken geschehen war und sie der Statue keinerlei höhere Bedeutung beimaß. Shunryu aber verbeugte sich jedes Mal, wenn er den Raum betrat, in *Gassho* (mit zusammengelegten Händen) vor der Statue. So ging dies eine Zeit lang dahin. Miss Ransom zog ihn deswegen auf, doch Shunryu reagierte nicht auf ihre Sticheleien. Schließlich fragte sie ihn eines Tages über seinen Glauben aus.

Shunryu erklärte seiner Lehrerin, dass alle Menschen Buddhas seien. Wenn er sich also vor der Statue ver-

Kapitel 3 – Zen erobert den Westen

beuge, dann erweise er damit seiner eigenen Buddha-Natur Ehre, und damit der Natur all dessen, was ist. Des Weiteren erläuterte er ihr einige wesentliche buddhistische Lehren. Er sagte ihr aber auch, dass es beim Buddhismus nicht um Nachdenken oder Reden gehe. Dass man seine Essenz durch Meditation oder andere Techniken erfahren müsse. Der Buddhismus müsse im Körper erlebt werden – durch Handlung und Erfahrung.

Miss Ransom war erstaunt von der beredten Erklärung ihres Schülers und stellte von da an ihre sarkastischen Bemerkungen ein. Kurz danach bat sie ihn, sie doch in einigen der erwähnten Methoden des Zen zu unterweisen. Shunryu zeigte ihr, wie sie Zazen üben sollte und unterrichtete sie weiter in der buddhistischen Lehre. Er widmete ihr seine Zeit und wartete auf den richtigen Augenblick. Damit öffnete er ihr die Augen. Ihr Geist konnte sich entfalten. Dies war ein Wendepunkt im Leben des jungen Suzuki, da er erkannte, dass es gerade ihre mangelnde Vertrautheit mit der Materie – ihr Anfänger-Geist – war, der ihr half, sehr klar zu verstehen, worum es im Buddhismus geht. Daraus entstand in ihm der Wunsch, in den Westen zu gehen und den Menschen, die diesen Anfänger-Geist besaßen, Zen zu zeigen. Shunryu sagte später, dass es eben diese Erfahrung mit Miss Ransom war, die ihn dazu bewogen hatte, in die Vereinigten Staaten zu gehen.

FAKTEN David Chadwick erzählt in seiner Biografie über Shunryu Suzuki (Shunryu Suzuki oder die Kunst, ein Zen-Meister zu werden), dass dieser immer, wenn man ihn mit D. T. Suzuki verwechselte, zur Antwort gab: »O nein. Er ist der große Suzuki, ich bin der kleine.«

Im Westen

Suzuki kam 1959 nach Amerika, um in San Francisco als Vorsteher einer kleinen Gemeinschaft von Zen-Praktizierenden, hauptsächlich japanischstämmigen Amerikanern, zu dienen. Er war fest davon überzeugt, dass Zen sich im Westen stark ausbreiten würde, und hatte vollkommen Recht damit. Seine Einfachheit, Freundlichkeit und seine angenehme Art des menschlichen Umgangs machten ihn zu einem wunderbaren Lehrer für all jene, die das Glück hatten, ihm zu begegnen. 1962 gründete er das *San Francisco Zen Center*, heute eine der größten buddhistischen Gemeinschaften außerhalb Asiens. Das Zentrum besitzt drei Übungs-Orte, an denen Zen praktiziert wird: der *Beginner's Mind Temple* direkt in San Francisco, die *Green Gulch Farm* in Marin County und das *Tassajara Zen Mountain Center*, das erste traditionelle Zen-Kloster im Westen, in dem auch ausgebildet wird.

Über Shunryu Suzuki existieren eine Menge schöner Geschichten. Nicht wenige davon finden sich in David Chadwicks gelungener Biografie (siehe oben). So antwortete Suzuki einmal auf die Frage, wie viel Ego der Mensch brauche: »Eben so viel, dass Sie nicht in einen Bus laufen.« Als man ihn fragte, ob er den Buddhismus in einen Satz zusammenfassen könne, lachte er und wagte den Versuch tatsächlich. Lächelnd gab er zur Antwort: »Alles wandelt sich.« Seine Schüler liebten ihn, und er öffnete dem Westen die Augen für eine äußerst lebendige, spirituelle Tradition.

Die beiden Zen-Schulen

Shunryu Suzuki war ein Meister des Soto-Zen. D. T. Suzuki hingegen war aus der Rinzai-Schule hervorgegangen. Wie wir im vorherigen Kapitel sehen konnten, unterscheiden sich die beiden Traditionen durch ihre Sicht der Erleuchtung, was sich an den beiden hier vorgestellten Lehrerpersönlichkeiten zeigen lässt. D. T. Suzuki konzentrierte sich auf die Koan-Praxis und war der strengere, dramatischere Lehrer. Shunryu Suzuki hingegen war »alltäglicher«. Seiner Ansicht nach war Daikensho, also die letztendliche Erleuchtung, keineswegs der einzige Grund für die tägliche Praxis. Er betrachtete »Nur Sitzen«, also die Meditation selbst, bereits als Erleuchtung und nicht nur als Weg dorthin. Shunryu Suzuki lehrte, dass Sitzen schon Erleuchtung sei. Sobald wir uns in Meditationshaltung auf unserem Kissen niederlassen, ist die Erleuchtung präsent.

Ich-Losigkeit ist der Weg zu unserem Ziel, der Erleuchtung.
Doch wenn wir den Weg um des Ziels willen beschreiten, entfernen wir uns schon von wahrer Ich-Losigkeit.

Shunryu Suzuki

Bevor er 1971 starb, übertrug Shunryu Suzuki die Leitung des San Francisco Zen Center auf Richard Baker, seinen Schüler, den er sehr mochte. Baker war Leiter des Zentrums, bis 1983 ein Aufsehen erregender Sex-Skandal die Grundfesten von Shunryu Suzukis ehemaligem Zentrum erschütterte. Dieser Vorfall sollte uns als Mahnung dienen: Auch Menschen, die Zen prak-

tizieren und sogar Erleuchtung erfahren, sind immer noch Menschen.
Man kann also durchaus Erleuchtung
erreichen, obwohl einige schwer wie-
gende charakterliche Mängel noch
nicht ausgeräumt wurden. In der
Geschichte des Zen gab es immer
wieder Meister, die dem Alkohol
frönten, machthungrig waren und
sich sexueller Übergriffe schuldig
machten. Manchmal können Zen-
Meister sogar äußerst bösartig sein.
Nicht jedermann ist in der Lage,
seine Praxis auf jeden Aspekt seines
Lebens auszudehnen. Oder wie
Shunryu Suzuki einmal sagte:»Auch
ein Garten ist nie fertig.«

DIE BEAT-KULTUR

In den Jahren nach dem 2. Weltkrieg
war Zen im Westen immer noch
weitgehend unbekannt. Einige Aka-
demiker waren zwar mit östlicher
Spiritualität und buddhistischer Philosophie vertraut, doch was das Zen
betraf, besaßen auch sie meist keine
Kenntnis. Allmählich aber änderte
sich die Situation. Amerika zum Beispiel erlebte nach dem Krieg einen
beispielhaften wirtschaftlichen Auf-
schwung. Die Menschen hatten wieder mehr Geld, was zu mehr Unzufriedenheit führte. Man suchte nach
mehr als materiellem Reichtum.
Man wünschte sich auch Nahrung
für den Geist.

Eine Schicht der Bevölkerung, die
Zen mit offenen Armen aufnahm,
waren die Anhänger der Beat-Kultur
der 1950er und 1960er-Jahre. Tatsächlich war es die Beat-Generation,
die Amerikas Neigung zum Konsum
und zur geistigen Trägheit erstmals
heftig kritisierte. Figuren wie Jack
Kerouac, Allen Ginsberg, Gary Snyder und Phil Whalen suchten und
fanden Zen in den Bibliotheken,
Buchhandlungen, Vortragssälen und
Universitäten. Die Freiheit und
Spontaneität des Zen schlug in diesen Querdenkern eine verwandte
Saite an. Die Aussicht auf Erleuchtung wirkte wie eine Droge auf sie.
Hier war plötzlich ein anderer Weg,
um veränderte Bewusstseinszustän-
de zu erlangen, und viele der Dichter
und Musiker der Beat-Generation
übten sich im Zen.

Doch das Zen der Beat-Künstler
unterschied sich von der Übung in
den Klöstern und Meditationszentren ganz erheblich. Da ihre
Praxis stark in ihr künstlerisches
Schaffen eingebunden war, blieb es
nicht aus, dass sie von Alkohol und
Drogen beeinträchtigt wurde. Trotzdem entstanden daraus interessante
Bücher wie *The Dharma Bums* oder
Gedichte wie *How*, die zeigen, wie
sehr Zen ihre Autoren beeinflusst
hat. Der Großteil dieser Künstler war
nicht darauf erpicht, einen »mittleren Weg« zwischen den Extremen zu
finden. Doch ihr unkonventionelles
Verhalten und die offene Art, in der

Kapitel 3 – Zen erobert den Westen

sie für Zen eintraten, machte den Zen-Buddhismus einem weiteren Publikum bekannt.

Alan Watts ist eine der berühmten Gestalten, die aus der Beat-Generation hervorgingen. Obwohl er selbst nicht zur Szene gehörte, war er in San Francisco doch sehr bekannt. Watts übte nie regelmäßig Meditation. Für ihn war Zen eher von intellektuellem Interesse. Doch sein Buch *Zen: Tradition und lebendiger Weg* wurde damals viel gelesen und verkauft sich bis heute gut.

FAKTEN Der Begriff der »Beat-Generation« wurde von Jack Kerouac geprägt. Er fiel zum ersten Mal 1952, als Kerouacs Freund John Clellon Holmes einen Artikel mit der Überschrift »Dies ist die Beat-Generation« im New York Times Magazine veröffentlichte.

ZEN-LITERATUR HEUTE

Wenn Sie heute in eine beliebige Buchhandlung gehen, werden Sie eine Vielzahl von Büchern über Zen finden. Zen ist tief in unsere westliche Kultur eingedrungen, sodass der Leser heute nur noch die Qual der Wahl hat. Zeitschriften, Bücher und Vortragsmitschnitte lassen vermuten, dass Zen zu einem festen Bestandteil unseres Lebens geworden ist und dies auch bleiben wird.

Es gibt Bücher über Zen im Garten und Zen in der Psychotherapie, nicht zu vergessen die vielen leckeren Zen-Kochbücher und das berühmte *Zen und die Kunst ein Motorrad zu warten*.

Viele Zen-Meister, die heute in den USA leben, haben Bücher geschrieben, die sich als Dauer-Seller in den Buchhandlungen halten. Hier ist nur eine kleine Auswahl interessanter Autoren, denen Sie sich bedenkenlos anvertrauen können:

– Robert Aitken
– Paul Reps
– Shunryu Suzuki
– D. T. Suzuki
– Alan Watts
– Peter Matthiessen
– Thomas Merton
– Philip Kapleau
– Cheri Huber

Einige der größten amerikanischen Autoren schrieben über Themen, die dem Zen in gewisser Weise sehr nahe stehen. Dazu zählen vor allem Walt Whitman, Henry David Thoreau und Ralph Waldo Emerson.

Kapitel 3 – Zen erobert den Westen

WO UND WIE PRAKTIZIERE ICH?

Und wie geht es jetzt weiter? Wenn Sie sich entscheiden, Zen zu praktizieren und zu einem Teil Ihres Lebens zu machen, was können Sie dann tun? Nun, zuerst einmal sollten Sie wissen, dass die Praxis allein zu Hause eine einsame und frustrierende Angelegenheit sein kann. Manchmal scheinen die Schwierigkeiten unüberwindbar, vor allem am Anfang. Suchen Sie sich eine Gruppe, mit der Sie üben können. Das wäre ein schönes Geschenk an Sie selbst.

Der Ort

Im Anhang finden Sie eine Liste von Zen-Zentren bzw. Dachverbänden, bei denen Sie nachfragen können, ob es in Ihrer Gegend eine Meditationsgruppe gibt, was übrigens auch in kleineren Orten oft der Fall ist. Außerdem können Sie natürlich in der Lokalzeitung nach Hinweisen suchen. Auch das schwarze Brett in Ihrem Einkaufszentrum ist eine gute Wahl. Oder Sie fragen ein paar Freunde, die ähnliche Interessen haben wie Sie.

Auch das Internet kann hier nützliche Dienste erweisen. Gehen Sie auf die Seite einer populären Suchmaschine wie Google oder Yahoo und geben Sie im Suchfeld Ihren Ort und »Zen« oder »Meditation« ein. Wenn Sie also »Lüneburg« und »Zen« eingeben, spuckt Ihr Computer sofort ein paar Tipps aus. Unter www.dharma.de finden Sie die *Deutsche Buddhistische Union,* die auf ihrer Webseite unter dem Stichwort »Gruppen« eine »Gruppensuche« anbietet. Dort müssen Sie nur Ihren Ort eingeben und erhalten dann eine kleine Liste von buddhistischen Meditationsgruppen in Ihrem Heimatort.

Wenn Sie eine Gruppe gefunden haben, die Sie interessiert, sprechen Sie mit jemandem, der schon länger dabei ist, bei einem Zentrum mit jemandem, der sich um das Zentrum kümmert. Fragen Sie alles, was Sie gerne wissen möchten, bevor Sie selbst hingehen. Zum Beispiel:

- Welche Art von Leuten praktizieren dort (Alter, Mönche bzw. Nonnen oder Laienschüler)?
- Gibt es einen ständig anwesenden Lehrer? Wenn ja, welcher Tradition gehört er an?
- Wie lange lehrt er/sie schon?
- Gehört das Zentrum zu einer größeren Organisation, die landesweit oder sogar weltweit Zentren besitzt?
- Müssen Sie ein Kissen mitbringen oder gibt es dort welche?
- Wann wird praktiziert?
- Was zieht man zur Meditation an?

Kapitel 3 – Zen erobert den Westen

Da Sie ja sicher regelmäßig meditieren wollen, sollten die Sitzungen sich mit Ihrem Stundenplan vereinbaren lassen.

Kleidung

Haben Sie den passenden Ort gefunden, fragen Sie sich wahrscheinlich, was Sie am besten anziehen. Wenn Sie zum ersten Mal hingehen, achten Sie auf bequeme Kleidung in gedämpften Farben. Nichts Extravagantes und vor allem nichts Grelles! Das könnte die anderen ablenken. Wir empfehlen T-Shirts und Gymnastikhosen, wie man sie auch zu einer Yoga-Sitzung tragen würde. Achten Sie darauf, dass Ihre Hosen locker sitzen und eine möglichst dunkle Farbe haben. Wenn ein Zen-Lehrer die Gruppe leitet, ist es möglich, dass er während des Kurses die klassischen Roben trägt. Trotzdem sind die meisten Menschen dort eher lässig gekleidet – außer natürlich es handelt sich um Mönche.

PRAXIS Denken Sie daran: Dies ist eine meditative, ruhige Umgebung. Sicher möchten Sie nicht die ganze Aufmerksamkeit auf sich ziehen und andere von ihrer Praxis ablenken. Achten Sie also auch bei der Auswahl der Kleidung darauf.

Den Ort, an dem Sie meditieren, nennt man *Zendo*. Bevor man das Zendo betritt, zieht man die Schuhe aus. Denken Sie also daran, Socken anzuziehen, wenn es Ihnen unangenehm ist, barfuß einen Raum zu betreten. Normalerweise gibt es dafür vor dem Zendo einen besonderen Raum, wo man die Schuhe abstellt. Auch persönliche Sachen, wie Rucksäcke, Bücher, Wasser, Geldbörsen, Kameras oder andere Habseligkeiten nimmt man nicht mit in den Meditationsraum. Vermutlich wartet dort ein Meditationskissen auf Sie. Rufen Sie vorher an, wenn Sie dessen nicht sicher sind. Sie betreten einen Raum, in dem die Menschen bewusst versuchen, ihre Vorurteile loszulassen. Haben Sie also keine Angst, Fehler zu machen. Sie sind von einer Gruppe umgeben, die Sie unterstützen möchte.

Die Vorteile

Zen hat im Westen einen ganz eigenen Charakter angenommen. Daher sind wir den frühen Pionieren des

Kapitel 3 – Zen erobert den Westen

Zen dankbar. Sie haben Zen zu uns gebracht und uns die Möglichkeit gegeben, zu dem zu erwachen, was wirklich ist. Dank Menschen wie den beiden Suzukis haben wir die Chance herauszufinden, wer wir sind, und unser Leben zu wandeln. Wir können mehr Freundlichkeit entwickeln aber auch mehr innere Ruhe und Gelassenheit. Wir fühlen uns sicher und erfreuen uns bester geistiger Gesundheit. Wir lernen, mit Angst umzugehen. Wir werden uns bis in die letzte Faser unseres Seins bewusst, dass die Welt ein wunderbarer Ort ist, an dem wir uns nicht zu fürchten brauchen. Alles, was wir tun müssen, ist einen Ort zu finden, an dem wir sitzen können.

Kapitel 3 – Zen erobert den Westen

KAPITEL 4
ZEN LEBEN

Bisher haben wir einen Blick auf das Leben Buddhas und die frühe Geschichte des Zen geworfen. Wir haben erfahren, wie Zen in den Westen kam und dort zu dem wurde, was wir heute in den Meditationszentren vorfinden. Nun wissen Sie auch, wie Sie eine Gruppe finden, mit der Sie meditieren können. Was also kommt als Nächstes?

GRUNDLAGEN DES ZEN

Ihre Sitzübung macht 99 Prozent des Zen aus. Sobald Sie angefangen haben, Sitzmeditation zu praktizieren, werden Sie merken, wie diese Ihr Leben verändert. Diese Veränderungen mögen subtil sein, trotzdem sind sie fühlbar. Das Sitzen verändert Sie von innen heraus. Doch neben dem Sitzen gibt es noch einige wichtige Prinzipien, mit denen Sie sich vertraut machen sollten. Fangen wir also mit den Basics an.

PRAXIS

Wenn wir im Zen von Meditation sprechen, sprechen wir fast immer vom »Sitzen«.
Wenn Sie also jemanden fragen, wie seine Meditation lief, dann fragen Sie: »Wie war denn das Sitzen heute?«

Nachdem Buddha sich von seinem Platz unter dem Bodhibaum erhob, formulierte er die Vier Edlen Wahrheiten. Diese lauten:

1. Leben ist Leiden (Duhkha).
2. Die Wurzel des Leidens ist unser Begehren.
3. Dieses Begehren kann beendet werden.
4. Der Weg zur Auslöschung des Begehrens (und damit des Leidens) ist der Achtfache Pfad.

Leiden

Der Buddha war mitnichten ein pessimistischer Schwarzseher. Er wollte keineswegs sagen, dass das Leben schrecklich und unerträglich sei, sodass man besser gleich das Handtuch werfen sollte. Leider verstehen viele Menschen die erste der Vier Edlen Wahrheiten falsch und glauben, der Buddhismus pflege eine negative Weltsicht. Heißt »Leben ist Leiden« also, dass jeder krank, arm, zornig, ängstlich, schmerzerfüllt, hässlich oder in Schwierigkeiten ist und dass das auf immer so bleiben muss? Nein, denn das Leiden nimmt viele unterschiedliche Formen an. Der Buddha lehrt, dass sogar Glück eine Form des Leids sein kann.

Wenn Sie dies zum ersten Mal hören, antworten Sie vermutlich: »Also ich leide ganz sicher nicht. Die meiste Zeit bin ich ausgesprochen glücklich.« Nun, dann sehen wir uns die Erfahrung des Glücks doch einmal an. Worüber sind Sie glücklich? Vielleicht weil Sie heute Abend Ihr neues Auto abholen werden, um es

Kapitel 4 – Zen leben

auf Ihrem Klassentreffen vorzuführen. Sie können es gar nicht erwarten, mit Ihrem funkelnagelneuen Flitzer dort aufzukreuzen und jedermann zu zeigen, wie toll und erfolgreich Sie sind. Plötzlich klingelt das Telefon und am Apparat ist der Autoverkäufer. Es täte ihm sehr Leid, aber Ihr neues Auto wird erst Ende nächster Woche fertig sein. Und mit einem Mal sind Sie wütend und sauer. Anders ausgedrückt: *Sie leiden.*

Man kann die erste der Vier Edlen Wahrheiten auch noch anders formulieren: Alles ist *vergänglich* – die Blätter am Baum, Ihre Lieben, die Jahreszeiten, Ihr Job, Ihr Abendessen, Ihr Auto, Ihr ganzes Leben. Wir Menschen haben enorme Schwierigkeiten, die Vergänglichkeit zu akzeptieren. Wir wollen, dass alles immer gleich bleibt. Die Vergänglichkeit lässt uns leiden.

FRAGE *Was ist mit »Praxis« gemeint?* Wenn wir im Zen über Meditation sprechen, reden wir über unsere »Praxis«. Wir praktizieren die Prinzipien, Methoden, ja den Lebensstil des Zen. Sogar wenn wir Erleuchtung gefunden haben, geht unsere Praxis weiter.

Andererseits schenkt uns die Vergänglichkeit auch große Freiheit. Die Jahreszeiten verändern sich und wir mit ihnen. Unsere Freunde wandeln sich, die Tage, an denen wir so richtig mies aussehen, gehen vorüber. Der Wandel macht das Leben interessant. Wenn wir Wandel und Vergänglichkeit ganz akzeptieren können, hört unser Leiden mit einem Schlag auf. Doch wenn wir unser Leiden beenden wollen, müssen wir auf unsere Wünsche verzichten. Haben wir aufgehört, uns zu wünschen, dass alles immer gleich bleiben möge, hören wir auch auf zu leiden.

Begehren

Unsere Wünsche machen uns blind für die Wahrheit. Haben Sie je die Erfahrung gemacht, dass Sie sich etwas so sehr wünschen, dass dieser Wunsch jede Ihrer Handlungen, jeden Ihrer Gedanken beeinflusste? Wünschen ist eine Art Sucht. Es ist zerstörerisch. Ihre Wünsche übernehmen Ihr Leben und machen Sie blind für die Wahrheit. Doch nicht jeder Wunsch muss gleich Suchtcharakter aufweisen. Wenn man sich Erfolg, Liebe oder Glück wünscht, dann kann dies allerdings unser Denken und Handeln massiv beein-

Kapitel 4 – Zen leben

flussen und uns für die Wahrheit blind machen. Doch letztlich sind alle Wünsche schädlich, weil sie uns vom Leben im gegenwärtigen Moment ablenken, vom Leben hier und jetzt. Sie führen uns aus unserem erleuchteten, natürlichen Zustand, unserer Buddha-Natur, heraus. Wenn wir uns etwas wünschen, dann fressen die Gedanken darüber, wie wir an das Objekt unserer Begierde gelangen, uns beinahe auf. Wenn uns also das Begehren in seinen Klauen hat, sind wir vom Augenblick weit entfernt.

PRAXIS

Die Vier Edlen Wahrheiten sind wie die Diagnose einer Krankheit und das Rezept, das zu deren Heilung führt. Die Krankheit ist das Leiden (Duhkha), die Ursache ist das Begehren und die Arznei ist der Achtfache Pfad. Wenn wir dem Achtfachen Pfad folgen, werden wir uns bald erholen.

Wie aber können wir aufhören, uns etwas zu wünschen? Buddha hat hierfür die Lösung parat: Wir folgen dem Achtfachen Pfad. Der Achtfache Pfad ist der Pfad, der zur Beendigung des Leidens führt. Und das Ende des Leidens ist gleich bedeutend mit der Erleuchtung.

DIE ETHIK DES ZEN-LEBENS

Der Achtfache Pfad ist der Weg zur Erleuchtung, der Mittlere Weg. Die Ethik des Zen entspringt also unmittelbar der Lehre Buddhas. Der Buddha erkannte, dass Erleuchtung nicht durch eine extreme Lebenshaltung zu erlangen war. Der Achtfache Pfad ist der Weg des Maßhaltens. Exzesse in beiden Richtungen – Genuss und Kasteiung – werden vermieden. Buddha wies uns den Weg der Mäßigung, der direkt ins Nirwana führt. Der Achtfache Pfad besteht aus folgenden Faktoren:

1. Rechtes Verständnis
2. Rechtes Denken
3. Rechtes Sprechen
4. Rechtes Handeln
5. Rechte Lebensführung
6. Rechte Anstrengung
7. Rechte Achtsamkeit
8. Rechte Konzentration

Die acht Punkte werden hier zwar nacheinander dargestellt, was aber nicht bedeutet, dass sie auch nacheinander praktiziert werden sollten.

Sie bezeichnen eine Haltung, nach der wir ständig streben. Jeder Tag ist eine einmalige Gelegenheit, sie zu praktizieren. Wenn Sie sich die Vier Edlen Wahrheiten noch einmal betrachten, werden Sie feststellen, dass Sie keine Handlungsanweisungen enthalten. Der Achtfache Pfad hingegen sagt uns ganz konkret, was wir tun können.

Stellen Sie sich die einzelnen Faktoren des Achtfachen Pfades wie die Speichen eines Rades vor. Damit dieses Rad sich drehen kann, müssen alle Speichen bestimmte Voraussetzungen erfüllen. Sie müssen gerade und fest sein, die Nabe gut geölt. Wenn Sie die einzelnen Teile des Achtfachen Pfades verstehen, wenn sie intensiv und richtig geübt werden, sind sie wie die starken Speichen eines Rades, das Sie der Erleuchtung entgegenträgt.

Wie Ihnen vielleicht aufgefallen ist, ist jeder dieser Schritte mit dem Wort »rechtes« bzw. »rechte« verknüpft. Es steht für »angemessen«. Jeder dieser Schritte fällt in eine der drei folgenden Kategorien: Entwicklung von Weisheit, Ethik oder geistiger Disziplin.

FAKTEN Das Bild des Rades wird im Buddhismus des Öfteren benutzt. So spricht man zum Beispiel auch vom »Rad des Dharma«. Dharma bezeichnet hier die Lehre Buddhas, genauer gesagt, alles, was uns die wahre Natur der Wirklichkeit erhellt. Als der Buddha anfing, die Vier Edlen Wahrheiten und den Achtfachen Pfad zu lehren, setzte er das »Rad der Lehre« in Bewegung.

Weisheit und der Achtfache Pfad

Zur Entwicklung von Weisheit auf dem Achtfachen Pfad gehört, dass wir uns in rechtem Verständnis und rechtem Denken üben. Was aber ist damit gemeint? Vielleicht verstehen wir diese Punkte besser, wenn wir den Begriff »rechtes« durch »angemessenes« ersetzen.

Rechtes Verständnis und rechtes Denken gehören mit zu den härtesten Übungen auf dem Achtfachen Pfad, denn Weisheit entsteht nicht durch das Lesen von Büchern oder das Hören von Vorträgen, sondern einzig und allein aus Zeit und Erfahrung. Sie erlangen Weisheit durch Einsicht, welche Ihnen aus der Praxis erwächst. Rechtes Verständnis heißt, dass wir die Dinge nicht durch unsere unterschiedlich gefärbten Brillen sehen, sondern so, wie sie tatsächlich sind. Diese Fähigkeit wächst Ihnen nur durch Meditation zu. Rechtes Denken hingegen bezieht sich auf

Kapitel 4 – Zen leben

unsere Absichten. Wollen wir uns im rechten Denken üben, müssen wir untersuchen, in welchem Geiste wir an eine Sache herangehen. Güte, Mitgefühl und Liebenswürdigkeit unseren Mitwesen gegenüber hilft uns, das Ego abzubauen. Und zwar so lange, bis wir ein Leben führen, in dem unser Denken und Handeln nicht mehr vom Ich geprägt, sondern zutiefst selbstlos ist. Dann leben Sie, um anderen zu nützen, und zwar nicht, weil Sie selbst daraus Befriedigung ziehen, sondern weil es eben so ist. Anders gesagt: Sie retten den verletzten Vogel nicht, weil Sie danach ein gutes Gefühl haben, sondern weil es einfach richtig ist.

Die Ethik des Achtfachen Pfades

Zur Entwicklung einer buddhistischen Ethik gehören: rechtes Sprechen, rechtes Handeln und rechte Lebensführung. Buddhistische Ethik entsteht aus Mitgefühl heraus – aus unserer liebenden Güte. Sie drückt sich in unserem unmittelbaren Tun und Reden ebenso aus wie in unserem Verhalten in Beruf oder Partnerschaft. Rechtes Sprechen bedeutet, dass wir nicht lügen, fluchen, andere nicht verleumden oder grobe Worte benutzen. Wir erheben unsere Stimme nicht unnötig, werfen anderen keine Beleidigungen an den Kopf. Wir reden weder zu lange, noch zu laut.

Wir setzen keine Gerüchte in Umlauf und säen mit unseren Worten keine Zwietracht.

Rechtes Handeln bedeutet, dass wir alles unterlassen, was anderen schaden könnte. Wir stehlen nicht. Wir handeln auch auf sexuellem Gebiet nicht unverantwortlich. Wir nehmen anderen Wesen nicht das Leben, zerstören ihren Besitz nicht und gehen anderen auch nicht bewusst auf die Nerven. Außerdem verwöhnen wir uns nicht allzu sehr, sondern streben nach Mäßigung in allen Lebensbereichen. Das bedeutet auch, dass wir uns von Alkohol und Drogen fern halten. Rechte Lebensführung bedeutet, dass wir überprüfen, womit wir unseren Lebensunterhalt verdienen. Schaden wir damit anderen Wesen? Es gibt einige Berufe, die mit rechter Lebensführung nicht zu vereinbaren sind, doch geht die Bedeutung dieser Verhaltensregel noch viel weiter. Wir versuchen, in allem, was wir tun, die Welt positiv zu beeinflussen. Letztlich heißt das, dass wir ein ordentliches Leben führen.

Geistige Disziplin und der Achtfache Pfad

Die restlichen Punkte »rechte Anstrengung«, »rechte Achtsamkeit« und »rechte Konzentration« fallen unter die Kategorie »geistige Disziplin«. Um sie zu entwickeln, meditieren wir über diese drei Faktoren.

Kapitel 4 – Zen leben

Der Wunsch, uns in rechter Anstrengung zu üben, stellt uns vor die Frage, ob wir uns auch genug anstrengen, um das Leben unserer Wahl zu führen. Wir sollten weder zu eifrig noch zu träge, weder süchtig nach Arbeit, noch faul sein. Rechte Anstrengung heißt auch, dass wir unangemessene Einstellungen loslassen. Wir streben also danach, unproduktive und unkluge Gedanken sein zu lassen, und bemühen uns stattdessen um Harmonie.

PRAXIS

Achtsam zu sein bedeutet, im gegenwärtigen Augenblick präsent zu sein. Achtsamkeit spielt sich ganz im Hier und Jetzt ab.
Wenn Sie gerade an Ihren Lehrer in der dritten Klasse denken, dann ist das eine Erinnerung. Wird Ihnen jedoch bewusst, dass Sie gedanklich bei einer Erinnerung verweilen, dann ist das Achtsamkeit.
Denken Sie dann: »O, ich habe eine Erinnerung«, dann schaffen Sie aus dem ganzen Vorgang einen neuen Gedanken.

Rechte Achtsamkeit heißt, dass wir unser Leben im Jetzt leben und uns dessen bewusst sind, was wir tun. Wenn wir den Abwasch erledigen, tun wir nur dies und nichts sonst. Wenn wir putzen, konzentrieren wir uns auf die Aufgabe, die vor uns liegt. Wenn wir den Tisch polieren, gehen wir geistig nicht unseren letzten Arbeitstag durch, sondern lassen unsere Hand über die Tischplatte kreisen. Wie sieht das Holz aus? Wie riecht das Wachs? Wie bewegt sich Ihre Hand? Seien Sie in jedem Moment Ihres Lebens voll anwesend. Denken Sie nicht an den Urlaub, den Sie erst in drei Wochen antreten werden. Und versinken Sie nicht in der Vergangenheit, indem Sie wieder und wieder Ihre Kindheitstraumata aufwärmen.

Der Weg zu rechter Achtsamkeit ist rechte Konzentration. Wenn wir uns tatsächlich auf unsere Meditation konzentrieren, lernen wir rechte Achtsamkeit und kommen der Erleuchtung immer näher.

DIE FÜNF REGELN SITTLICHEN VERHALTENS

Im Buddhismus gibt es Regeln, die den Geboten der christlichen Glaubenstradition ähneln. Sie beinhalten die ethischen Voraussetzungen für ein gutes Leben. Diese Regeln stellen quasi die Mindestanforderungen dar, mit Hilfe derer wir den negativen Aspekten unseres Charakters be-

Kapitel 4 – Zen leben

gegnen. Die Fünf Regeln sittlichen Verhaltens lauten:
- Keine Zerstörung von Leben.
- Nicht stehlen.
- Kein sexuelles Fehlverhalten.
- Nicht lügen.
- Keine Rauschmittel zu sich nehmen.

Wer diese fünf Regeln einhält, kann sich als Buddhist betrachten. Im Buddhismus gibt es nämlich kein absolut verpflichtendes »Aufnahmeverfahren«. Traditionell gilt man als Buddhist, wenn man dauerhaft seine Zuflucht zu den Drei Juwelen nimmt und die Fünf Regeln einhält, die wir uns in der Folge genauer ansehen werden.

FAKTEN

Die Drei Juwelen des Buddhimus sind Buddha, Dharma und Sangha. Der Sangha ist die Gruppe der Menschen, mit denen man praktiziert. Dharma ist, wie wir bereits gehört haben, die Lehre des Buddha.
Buddha, Dharma und Sangha sind die Grundpfeiler des buddhistischen Glaubens.

Keine Zerstörung von Leben

Vielleicht glauben wir, dass diese Anweisung ziemlich leicht einzuhalten ist. Du sollst nicht töten. Tatsächlich geht es jedoch um mehr, als nur keine Morde an Mitmenschen zu begehen. Im Buddhismus bezieht diese Vorschrift sich nämlich auf alle lebenden Wesen. Sehr viele Zen-Praktizierende sind Vegetarier, weil sie das Leben im Allgemeinen schützen wollen, sei es nun menschlich oder tierisch. Manche Menschen beziehen diese Regel auch auf Insekten wie zum Beispiel Motten. Vielen Leuten geht das ein bisschen zu weit.

Was sollen wir denn tun, wenn Wespen sich ihr Nest in unserem Hof bauen oder ein Moskito sich an unserem Blut gütlich tut?

Wenn man die Regel also so weit fasst, kann man sie dann immer noch befolgen? Die Antwort ist ein klares Ja. Wir können darauf achten, das Töten von Lebewesen grundsätzlich zu vermeiden. Sollten wir doch dazu gezwungen sein, müssen wir auf unsere Absicht dabei achten. Töten zur Unterhaltung oder als Sport wie es zum Beispiel beim Stierkampf oder bei der Jagd geschieht, würde dieses Gebot brechen.

Es ist wichtig, sich allen Lebewesen mit Güte und Mitgefühl zu nähern

Kapitel 4 – Zen leben

statt Hass, Zorn und Gier unser Handeln bestimmen zu lassen. Eine der schönsten Seiten am Zen ist, dass es einzig und allein an uns liegt, wie wir es praktizieren. So könnten Sie zum Beispiel Produkte von Firmen, die Tierversuche durchführen, boykottieren, aber trotzdem Lederschuhe tragen.

Und wenn Sie nicht auf Ihr Frühstücksei mit Speck verzichten wollen, können Sie doch immer noch Eier und Fleisch aus artgerechter Tierhaltung kaufen, statt mit Ihren Einkäufen die tierquälerische Massenhaltung zu fördern. Wo Sie die Grenze ziehen, ist Ihre Sache.

Es gibt keine Pforte zur Hölle. Diese Tore schaffen wir alle selbst.

Zen-Meister Hsuan Hua

Wir sollten auch nicht übersehen, dass Leben zu zerstören nicht immer gleich bedeutend ist mit töten.

So können Sie ein Leben auch zerstören, indem Sie den Betroffenen nicht mit Achtung behandeln. Menschen brauchen Raum für ihre eigenen Gedanken. Sie brauchen Ruhe und ein »Zimmer für sich allein«.

Denken Sie also auch an Ihre Umwelt, wenn Sie laute Musik machen, herumschreien oder an die Wände trommeln möchten.

Nicht stehlen

Auch diese Vorschrift ist scheinbar leicht zu befolgen. Schließlich haben wir schon als Kinder gelernt, nicht zu stehlen. In der Zen-Tradition allerdings geht es um mehr als einen Radiergummi, einen Kugelschreiber oder die Klamotten unserer Freundin, die wir ausgeliehen und nicht zurückgegeben haben. Auch Ungreifbares wie Ideen, Zeit oder Energie ist damit gemeint. Die zweite Regel sittlichen Verhaltens meint, dass wir von anderen nichts nehmen, was sie uns nicht freiwillig geben. Aus diesem Grund entwickeln wir Großzügigkeit gegenüber anderen Menschen und respektieren ihr Eigentum und ihren persönlichen Raum.

Es ist nur allzu menschlich, mehr haben zu wollen, als uns zusteht, ob es nun um Geld, Essen oder Liebe geht. Viele Menschen glauben, sie hätten zwei bis drei Autos verdient. Oder die etra große Portion Pommes. Oder die Liebe aller Menschen in Ihrer Umgebung. Üben Sie sich in Großzügigkeit, indem Sie auf Konsum verzichten. Bestellen Sie nicht den Riesen-Eisbecher, wenn das mehr ist, als Sie im Moment brauchen. Denken Sie nach, bevor Sie noch einen Pullover kaufen. Brauchen Sie ihn wirklich oder wollen Sie ihn einfach nur haben? Und wenn Sie ihn kaufen, könnten Sie dann nicht einen alten Pulli verschenken, sodass ein Bedürftiger davon profitiert?

Kapitel 4 – Zen leben

FAKTEN Ein Asket glaubt, spirituelles Wachstum durch extreme Selbstverleugnung und den Verzicht auf alle weltlichen Freuden herbeiführen zu können. Asketen üben sich in Armut, Hunger und/oder Selbsterniedrigung. Zu Lebzeiten des Buddha war dies ein häufig eingeschlagener spiritueller Pfad. Auch der Buddha lebte eine gewisse Zeit als Asket.

Denken Sie daran, dass Sie die Mitte jenseits der Extreme suchen, bevor Sie noch eine Lampe anmachen oder sich beim Abendessen noch einen Nachschlag holen.

Wenn wir jenseits der Extreme leben wollen, sollten wir uns an die Erfahrungen des Buddha mit dem Asketentum erinnern. Mehr zu haben als man braucht, ist genauso unsinnig wie alles wegzugeben, was man besitzt. Im Zen streben wir nach einer sinnvollen, ausgeglichenen Existenz.

Kein sexuelles Fehlverhalten

Die dritte Regel dreht sich um ein Leben, das sich selbst und anderen auch auf sexuellem Gebiet Achtung entgegenbringt. Ob Sie nun einen Lebenspartner haben oder nicht, Ihr Sexualleben sollte keinesfalls von Leichtfertigkeit geprägt sein.

Betrügen Sie Ihren Partner nicht. Schlafen Sie nicht wahllos mit jedermann/jederfrau. Flirten Sie nicht herum, was das Zeug hält. Vor allem sollten Sie die Finger von Prostitution lassen. Inzest oder Vergewaltigung sind für Buddhisten ebenso tabu wie sexuelle Belästigung, lästiges Nachpfeifen oder dämliche, sexuell gefärbte Kommentare. Unsere Kultur ist vom Sex besessen. Mit Sex verkauft man Unterwäsche, Mundwasser, Lebensmittel. Sex tritt uns im Fernsehen entgegen, im Film, in Zeitschriften und auf Plakattafeln. Doch der erste Schritt zur Veränderung der Verhältnisse ist der Wandel im eigenen Leben. Ist unser Handeln von Achtung getragen, verhalten wir uns verantwortungsvoll; unsere Beziehungen werden von mehr Nähe getragen, sodass aus ihnen ein echtes Band der Liebe, Harmonie, Sicherheit und Freude entsteht.

Nicht lügen oder betrügen

Dieser Punkt deckt sich weit gehend mit dem Streben nach rechtem Sprechen, das Teil des Achtfachen Pfades ist. Wir lügen nicht, verleumden niemanden und verhalten uns auch sonst nicht unehrenhaft. Dabei werden als Lügen nicht nur offenkundige »Falschaussagen« betrachtet. Manchmal muss man gar nicht rich-

Kapitel 4 – Zen leben

tiggehend lügen, um jemanden an der Nase herumzuführen. Mangelnde Ernsthaftigkeit, absichtliche Falschheit, das bewusste Weitergeben von verdrehten Informationen oder schlicht und einfach bösartiger Klatsch sind keineswegs besser als echte Lügen. Wie wir unsere Worte bewusst wählen sollten, so sollten wir auch unser Verhalten überprüfen. Denn auch unser Verhalten kann unehrlich sein. Bleiben Sie bei der Wahrheit in allem, was Sie tun oder sagen, dann wird Ihr Leben von Liebe und Güte erfüllt sein.

Keine Rauschmittel zu sich nehmen

Durch den konsequenten Verzicht auf Rauschmittel wie Alkohol, Drogen, Koffein und Tabak wird unser Geist klar und frei von Verwirrung. Mitunter wird diese Vorschrift nicht nur auf Rauschmittel bezogen, sondern auf alles, was dem Körper schadet. Wenn wir uns in Achtsamkeit üben, können wir Ablenkung nicht gebrauchen und nichts lenkt stärker ab als ein mit Giftstoffen belasteter Körper. Sogar kleine Mengen von Rauschmitteln wirken störend auf unser Bewusstsein. Es ist sehr schwierig, voll im Augenblick zu leben, wenn man betrunken, high oder von Kaffee aufgeputscht ist. Achtsamkeit, Konzentration und angemessene Anstrengung sind es, die uns zur Erleuchtung bringen. Vergiften wir unseren Geist mit Rauschmitteln, hält uns das nur vom Ziel fern.

PRAXIS

Machen Sie sich über die Fünf Regeln sittlichen Verhaltens nicht allzu viele Gedanken. Wenn Sie regelmäßig Sitzmeditation praktizieren, werden Sie feststellen, dass Sie diese Regeln ohne Mühe von selbst einhalten.
Die Sitzmeditation macht uns bewusst, dass alles miteinander vernetzt ist. Vor diesem Hintergrund ist es einfach unnatürlich, anderen Wesen zu schaden, weil man sich damit letztlich nur selbst verletzt.

Die Fünf Regeln helfen uns zu erkennen, wie unser bisheriges Leben ausgesehen hat, und schlechte Gewohnheiten abzulegen. Haben Sie zum Beispiel all Ihre Kugelschreiber aus dem Büro mitgenommen, wird Ihnen vielleicht beim Lesen dieses Abschnitts bewusst, dass Sie dieses Verhalten ändern sollten. Wenn Sie damit aufhören, werden Sie zu einem verlässlicheren Menschen. Auf diese Weise erkennen Sie Schritt für Schritt, welche Vorteile es bringt, wenn Sie in jedem Aspekt Ihres Lebens die

Kapitel 4 – Zen leben

Wahrheit pflegen. Sie werden immer vertrauenswürdiger. Folgen Sie den Regeln, dann merken Sie auch, wie sehr Ihr Verhalten auf andere wirkt. Wenn Sie statt Negativität Frieden ausstrahlen, üben Sie einen positiven Einfluss auf die Welt aus.

DIE FÜNF REGELN SITT-LICHEN VERHALTENS UND DIE ZEHN GEBOTE

Vermutlich ist Ihnen aufgefallen, dass die Fünf Regeln und die Zehn Gebote viel gemeinsam haben. Die meisten großen Weltreligionen teilen ähnliche ethische Grundlagen, ob es sich nun um Christen, Juden, Hindus, Muslime, Buddhisten, um Anhänger des Bahaismus, des Zoroastrismus oder um Wicca-Gläubige handelt. Sie alle akzeptieren mehr oder weniger die Goldene Regel: Behandle andere Wesen so, wie du selbst behandelt werden möchtest.

Die Fünf Regeln und die Zehn Gebote sind ethische Verhaltensvorschriften. Sie beruhen auf Mitgefühl und fördern unsere Achtung für Familie und Nachbarn. Sie ermutigen uns, nicht zu stehlen, zu fluchen, zu lügen, zu betrügen oder Dinge zu begehren, die uns nicht zustehen. Insofern ähneln sich beide Systeme. Unterschiede tauchen dort auf, wo es um höhere Mächte geht. Der Buddhismus kennt keine höhere Gewalt.

Wenn wir als Christen die Gebote brechen, müssen wir mit dem Zorn Gottes rechnen. Befolgen wir als Buddhisten die Fünf Regeln nicht, dann führt dies zu vermehrtem Leid. Wir sind also selbst für unser Leiden verantwortlich und können uns deshalb auch selbst die Hölle auf Erden bereiten.

DER TOD IN DER SICHT DES ZEN

Unsere Gesellschaft hat bis heute keinen positiven Umgang mit dem Tod entwickelt. Das zeigt sich schon daran, dass sich um das Sterben des Menschen nicht annähernd so viele Rituale ranken wie um seine Geburt oder Heirat. Unser Leben lang sind wir von Vergänglichkeit umgeben, doch wenn der Tod an unsere Tür klopft, reagieren wir mit ungläubigem Erstaunen, weil wir irgendwie doch immer dachten, sterben würden nur die anderen.

Obwohl Massenvernichtungswaffen ein beliebtes Thema in Filmen sind, obwohl wir in den TV-Nachrichten täglich mit Blut und Gewalt konfrontiert werden, sind wir wie vom Donner gerührt, wenn der Tod sich plötzlich in unserer näheren Umgebung zeigt. Aber gerade in unserer Zeit sind wir gezwungen, uns mit dem Tod auseinander zu setzen. Ob Bomben oder Hecken-

Kapitel 4 – Zen leben

schützen, irgendwo sterben immer Menschen in mehr oder minder großer Zahl. Doch am Tod ist nichts, was wir fürchten müssten. Und unsere Praxis kann uns helfen, mit unseren Ängsten fertig zu werden.

Zen kann uns dabei unterstützen, uns mit Gelassenheit und Gleichmut auf den Tod vorzubereiten. Im Zen sterben wir auf unserem Kissen tausend Tode, bevor wir anfangen, die Vergänglichkeit zu akzeptieren. So gibt es im Zen ein Sprichwort, das lautet: »Stirb, bevor du stirbst.«

Durch Sitzen, durch lebenslange Meditation üben wir uns im Sterben, noch bevor der Tod eintritt. Wir geben unser Ich auf und sind so in der Lage, uns ohne Panik der eigenen Vergänglichkeit zu stellen.

FAKTEN

Zen-Meister Suzuki Shosan machte das Wort »Tod« zu seinem Koan. Wenn man ihn fragte, ob er Angst vor dem Sterben habe, antwortete er: »Natürlich habe ich Angst vor dem Sterben. Deshalb habe ich den Tod zum Koan gemacht.«

ZEN UND SEXUALITÄT

Häufig fragen interessierte Menschen, wie Zen zur Homosexualität stehe. Was ein angemessener Lebensstil ist, ist ja meist eine Frage der Interpretation. Doch wenn man die Fünf Regeln befolgt und niemandem schadet, kann man davon ausgehen, die rechte Lebensführung zu pflegen.

Es gibt viele Zen-Gruppen, in denen sich nur Homosexuelle treffen. Wenn Sie regelmäßig Sitzmeditation betreiben, wird Ihre sexuelle Neigung nur dann zum Problem, wenn Sie sie dazu machen. Zen ist ein sehr persönlicher Pfad, der viele Wege erlaubt. Folgen Sie Ihrem Herzen.

Wenn Sie Sitzmeditation üben, werden Sie sich selbst wirklich kennen lernen. Und das bedeutet, dass Sie sich schätzen lernen – sich selbst und den Rest der Welt.

SCHWIERIGE ENTSCHEIDUNGEN

Themen wie Abtreibung und Sterbehilfe werden natürlich auch in buddhistischen Gruppen häufig diskutiert. Wie bei anderen schwierigen Entscheidungen kann man auch hier raten, sich auf das Kissen zu setzen und zu praktizieren. Die Antworten auf die Fragen, die Sie bedrängen, werden unweigerlich kommen. Oder die Frage verliert ihre Bedeutung für Sie. Natürlich kann man argumentieren, dass die Fünf Regeln sittlichen Verhaltens das Töten von anderen Wesen verbieten, egal unter welchen Umständen. Oder Sie stellen sich auf den Standpunkt, dass es die Absicht ist, die in letzter Konsequenz zählt.

Wenn das Leben zu nehmen – das eines noch nicht geborenen Menschen oder das eines Schwerkranken – das geringere von zwei Übeln ist, dann kann diese Entscheidung für Sie richtig sein. Im Falle einer Abtreibung ist das Leid auf beiden Seiten wichtig – das des Fötus und das der Mutter.

PRAXIS
Oft wissen wir nicht, was in einer bestimmten Situation richtig ist, aber wenn wir auf unsere innere Stimme hören, können wir zumindest herausfinden, was falsch ist. Hören Sie auf Ihr Inneres. Es ist Ihre Buddha-Natur, die sich hier bemerkbar macht.

Im *Complete Idiot's Guide to Understanding Buddhism* heißt es, Zen-Meister Robert Aitken habe über die Abtreibung Folgendes gesagt: »[Der Fötus] erhält posthum einen buddhistischen Namen. So wird er als Individuum identifiziert, auch wenn er noch kein richtiger Mensch war. Auf diese Weise kann man sich von ihm verabschieden. Mit solch einer Zeremonie tritt die betroffene Frau in Kontakt mit Leben und Sterben, wie sie ihr Dasein durchziehen. Sie erkennt, dass diese Veränderungen auf der Oberfläche des Ozeans der wahren ungeborenen und unvergänglichen Natur nur eine Welle sind.« Der Buddha gab uns einige Hinweise, wie wir unser Leben angemessen führen können. Er wies uns den Weg zu Erleuchtung, dem wir folgen können. Folgen Sie dem Achtfachen Pfad: Halten Sie sich an die Fünf Regeln und praktizieren Sie Zazen. So finden Sie nach Hause.

Jetzt, wo Sie die Regeln eines Lebens auf der Grundlage des Achtfachen Pfades kennen, können Sie anfangen, Ihr Dasein Schritt für Schritt zu verbessern. Im nächsten Kapitel werden wir uns ausführlich mit der Zen-Meditation beschäftigen. Denn wie wir bereits gesagt haben: Wenn Sie regelmäßig praktizieren, stellt der Wunsch nach einer angemessenen Lebensführung sich ganz von selbst ein.

Kapitel 4 – Zen leben

KAPITEL 5
SITZEN: ZAZEN

Das Herz des Zen ist Zazen, die Sitzmeditation. Zazen heißt einfach nur
Sitzen. Vielleicht fragen Sie sich, was
es zum Thema Sitzen schon Interes-
santes zu sagen gibt, doch tatsächlich wurden darüber etliche Bücher
geschrieben. Wenn wir Zazen üben,
heißt das nicht, dass wir träumen oder
unsere Gedanken herumwandern lassen, wie immer es ihnen gefällt. Unser Ziel ist es, das wilde, haarige Biest,
das wir den Geist nennen, zu zähmen.

WAS IST ZAZEN?

Zazen ist Meditation. »Za« heißt »sitzen« und »Zen« bedeutet »Meditation«. Zazen ist eine der kraftvollsten Übungen, die Sie machen können. Es verändert Sie von innen heraus. Zazen verwandelt Ihren Blick – auf sich selbst, die Welt und Ihre Rolle darin. Wenn Sie es ernsthaft praktizieren, werden Sie bald lernen, den Müll in Ihrem Kopf zu entsorgen. Sie werden sich selbst wirklich gut kennen lernen. Genauso wie Sie die Welt und die Menschen darin besser begreifen werden. Sie werden – vielleicht zum ersten Mal im Leben – Gelassenheit erlangen. Zazen bringt unzählige Vorteile. Es ist ein machtvoller Prozess, der unser Leben von Grund auf verändert.

Im Zazen versuchen wir, das Subjektive – das Selbst und den unterscheidenden, Begriffe bildenden Geist – gehen zu lassen und die Welt direkt zu erleben. Im Zazen schmilzt die Distanz zwischen uns und der Welt. Es gibt keinen Unterschied.

Sie müssen überhaupt nichts über Buddhismus wissen, um Zazen praktizieren zu können. Sie müssen die Fünf Regeln sittlichen Verhaltens nicht kennen und die Vier Edlen Wahrheiten nicht verstehen. Sie müssen nur sitzen und einigen einfachen Anweisungen folgen. Wie bereits erwähnt, ist es gut, einen Lehrer zu haben oder eine Gruppe Gleichgesinnter, mit denen man praktizieren kann, denn allein zu praktizieren ist sehr viel schwieriger als in der Gruppe. Die menschliche Natur ist nun einmal so eingerichtet, dass ihr das, was immer sie auch anstreben mag, leichter fällt, wenn sie von anderen unterstützt wird, die dasselbe Ziel verfolgen. Letztlich aber ist zur Praxis nur eines nötig: die Bereitschaft zu sitzen.

ZAZEN UND ANDERE MEDITATIONS-TECHNIKEN

Es gibt viele verschiedene Arten zu meditieren. Einige wollen wir noch kurz vorstellen, bevor wir uns dem Zazen zuwenden.

Westliche Praktiken

Die meisten Meditationsformen, die im Westen bekannt sind, arbeiten mit Sprache. Man konzentriert sich zum Beispiel auf eine Stelle aus der Bibel, die man mit geschlossenen Augen ständig wiederholt. Der Meditierende taucht ein in die Worte, in den Sinn dahinter. Er spürt den inneren Verbindungen zwischen den Ideen und Worten nach. Zazen hingegen geht über Worte und Ideen hinaus.

Kapitel 5 – Sitzen: Zazen

Im Zazen lassen wir unsere festen Vorstellungen fallen und versuchen, die Wirklichkeit so wahrzunehmen, wie sie ist – ohne den Ballast, den wir mit uns herumschleppen. Unsere persönliche Interpretation der Wirklichkeit geht nämlich im Normalfall meilenweit daneben. Trotzdem benutzen andere buddhistische Schulen auch »verbale« oder »konzeptuelle« Formen der Meditation.

Mantras

So konzentriert man sich dort zum Beispiel auf Mantras. Mantras sind mystische Anrufungen. Die Wiederholung des Mantras sorgt für eine tiefinnere spirituelle Verbindung. Mit Mantras können wir den Geist klären, die Rede reinigen und Kontakt mit dem Reich des Spirituellen aufnehmen. Die Konzentration auf das gesprochene Mantra soll den erleuchteten Geist erwecken.

FAKTEN: Das vermutlich berühmteste Mantra ist »Om Mani Padme Hum«. Es entstand in Indien und breitete sich später bis nach Tibet aus. Buddhisten tibetischer Tradition glauben, dass man mit diesem Mantra Chenresig, die Verkörperung des erleuchteten Mitgefühls, anrufen kann.

Kreative Visualisierung

Eine andere Form der Meditation ist das kreative Visualisieren. Bei dieser Meditation konzentriert der Übende sich direkt und ganz auf das innere Bild, das er hervorruft. Alle anderen Empfindungen, Gedanken und Erfahrungen werden als Ablenkung ausgeblendet.

Gehmeditation

Die Gehmeditation, auch *Kinhin* genannt, ist eine gute Ergänzung zum Zazen. Sie bietet einen Ausgleich zu den langen Perioden des Sitzens. Der Körper kann sich erholen, die Muskeln werden aus ihrer einseitigen Haltung befreit und gedehnt, denn nach stundenlangem Sitzen werden Muskeln und Gelenke manchmal ganz schön steif. Daher werden wir uns mit Kinhin später noch näher befassen.

Mandala-Meditation

In manchen buddhistischen Schulen wird die so genannte Mandala-Meditation geübt. Ein Mandala ist eine symbolische Darstellung der spiritu-

Kapitel 5 – Sitzen: Zazen

ellen Welt. Normalerweise werden Mandalas als Bild oder als geometrisches Muster dargestellt. Meist bestehen sie aus einem Kreis mit verschiedenen Formen darin, die für die Wohnstatt des Buddha oder anderer Meditationsgottheiten stehen. Mandalas sollen unser spirituelles Potenzial erwecken. Während der Sitzmeditation konzentriert sich der Übende voll und ganz auf dieses Bild.

Es gibt unzählige Bücher über all diese Meditationsformen. Vielleicht sollten Sie zuerst ein paar Techniken durchprobieren, bevor Sie sich definitiv für eine bestimmte entscheiden. Die meisten Zen-Schüler allerdings berichten, dass Zen sie von Anfang an magisch angezogen habe. Der Ruf des Kissens eben!

WAS MAN ZUM ZAZEN BRAUCHT

Zum Zazen-Üben brauchen Sie eigentlich nichts – außer vielleicht einer Uhr, um den Beginn und das Ende einer Sitzung festlegen zu können. Trotzdem gibt es ein paar Dinge, welche die Übung etwas bequemer machen. Dazu gehören zum Beispiel:

– ein Kissen *(Zafu* genannt)
– eine Uhr
– eine Matte *(Zabuton* genannt)
– eine Buddhastatue
– bequeme Kleidung
– Blumen
– eine Kerze
– Schale für Räucherwerk
– Räucherstäbchen
– einen Behälter für das Räucherwerk
– Zündhölzer
– eine Glocke

Normalerweise sitzen wir im Zen auf einem Zafu. Das ist ein rundes Meditationskissen. Damit die Füße nicht auf dem Boden aufliegen, was manchmal unbequem sein kann, liegt das Kissen auf einer rechteckigen Matte. Die Matte liegt vor dem Altar, wenn Sie denn einen solchen haben. Dann legt man das Zafu in die Mitte der Matte und schiebt es an den hinteren Rand. So sitzen Sie bequem.

PRAXIS

Wenn Sie kein Kissen und keine Matte kaufen wollen, benutzen Sie eine gefaltete Decke als Matte und ein einmal gefaltetes Kissen als Zafu.
Praktizieren Sie jedoch über längere Zeit, dann sollten Sie wirklich ein eigenes Kissen haben.

Kapitel 5 – Sitzen: Zazen

Der Altar

Die meisten Zen-Praktizierenden haben einen Altar. Sie können ihn wie folgt ausstatten: mit einer Altardecke, einer Glocke, Räucherwerk und allem, was dazu gehört, Blumen in einer Vase, einer Buddhastatue, einer Kerze und natürlich Zündhölzern. Die Blumen auf dem Altar sollen uns an die Vergänglichkeit aller Dinge erinnern. Auch Opfergaben sind in Ordnung, zum Beispiel eine Schale mit Reiskörnern oder ein wenig Tee. Die Kerze wird angezündet, bevor wir uns zur Meditation hinsetzen. Sie steht für das Licht der Wahrheit, das die Dunkelheit aus unserem Geist vertreibt. Zünden Sie das Räucherwerk dann mit der Kerze an und legen Sie es in die dafür vorgesehene Schale.

PRAXIS Wenn Sie schon viel Räucherwerk verbrannt haben, können Sie die Asche zum Halten der Räucherstäbchen oder -kegel verwenden. Bis es so weit ist, können Sie trockene Reiskörner benutzen.

Einen Altar zu haben kann sehr hilfreich sein: Gewohnheit ist ein wichtiger Teil der Meditation. Der Altar erinnert uns ganz konkret an unsere Übung und steht symbolisch für unseren Glauben an die Praxis.

WAS BEIM ZAZEN WICHTIG IST

Einsteiger fragen oft, wann und wo sie am besten Zazen üben sollen. Es ist wunderbar, wenn man jeden Tag üben kann, doch wenn das nicht der Fall ist, sollten Sie einfach so oft üben, wie Sie können. Dann entwickelt sich daraus langsam eine tägliche Praxis. Am besten beginnen Sie mit zehnminütigen Sitzungen. Anfangs wird Ihnen das ohnehin recht lang vorkommen. Steigern Sie die Länge der einzelnen Sitzung dann so, wie es für Sie richtig scheint, bis Sie so lange sitzen, wie dies für Sie täglich vertretbar ist.

Viele Übende berichten, dass sie es leichter finden zu praktizieren, wenn sie gleich am Morgen üben, weil es da noch keine Ausreden gibt, die Meditation ausfallen zu lassen. Stehen Sie einfach eine halbe Stunde früher auf, um Zeit für Ihre Zazen-Übung zu finden. So beschenken Sie sich gleich am Morgen selbst. Wenn dann tagsüber alles schief läuft, dann hatten Sie wenigstens Ihre Meditation.

Reservieren Sie sich einen besonderen Raum für die Praxis. Wenn Sie kein eigenes Meditationszimmer haben, dann behalten Sie wenigstens eine Ecke des Raumes nur der Meditation vor. Es sollte dort möglichst ruhig und angenehm sein. Sorgen Sie dafür, dass Sie von anderen nicht gestört werden, wenn Sie dort sitzen. Ablenkungen gehören zum Leben. In der Praxis lernen wir, damit umzugehen, doch wenn Sie für so viel Ruhe sorgen können, wie eben möglich, dann ist dies gerade am Anfang durchaus eine Erleichterung.

PRAXIS

Zazen ist schwierig. Körperlich ist das Sitzen eine echte Herausforderung. Die Beine werden taub, man bekommt Rückenschmerzen oder sogar Muskelkrämpfe. Doch die körperlichen Probleme sind nichts im Vergleich zu der Schwierigkeit, den »Anfänger-Geist« zu bewahren – also eine offene Geisteshaltung, frei von gewohnheitsmäßigem Denken.

Darüber hinaus ist es sehr nützlich, immer zur selben Zeit und am selben Ort zu meditieren. Wenn Sie sich regelmäßig mit einer Gruppe zum Meditieren treffen, ist auch hier schon ein gewisser Rhythmus vorgegeben, falls Sie diesen zu Hause nicht einhalten können. Wenn Sie sich mit Ihrer Gruppe einmal pro Woche oder einmal pro Monat treffen, finden Sie nicht nur Inspiration und Gesellschaft. Auf diese Weise schaffen Sie einen Rahmen für Ihre Praxis, den Sie alleine unter Umständen nicht hinbekommen.

Ein paar Worte zur Kleidung

Die Kleidung im Zazen sollte sehr bequem sein. Tragen Sie nichts, was Sie einengt wie Jeans oder eng anliegende Röcke. Jeans sind aus relativ steifem Material gefertigt, das den Blutfluss in den Beinen behindert. Außerdem fällt es mit engen Hosen schwer, die nötige Sitzhaltung einzunehmen. Frauen können ruhig Röcke tragen, sofern diese weit geschnitten sind und die Beine bedecken. Eine lockere Bluse oder ein T-Shirt als Oberteil ist in Ordnung.

Achten Sie darauf, dass Sie es warm haben und auch das Oberteil bequem sitzt. In Gruppensitzungen sind auch dunkle Farben angenehm. So lenken Sie Ihre Freunde nicht durch grelle Muster oder Töne ab. Zazen ist eine spirituelle, religiöse Übung. Ihre Kleidung sollte dies widerspiegeln. Natürlich können Sie auch traditionelle japanische Meditationskleidung kaufen.

SITZHALTUNG

Die Haltung ist im Zazen von großer Wichtigkeit. Wie Shunryu Suzuki sagte: »Wenn Sie diese Körperhaltung einnehmen, haben Sie automatisch den richtigen Geisteszustand. Wir streben nicht nach einer besonderen Art des Bewusstseins.«

Der Lotus-Sitz

Traditionell wird Zazen in der Lotushaltung geübt. Nehmen Sie also die Lotus- oder Halblotus-Position ein, wenn Sie dazu in der Lage sind. Das geht so: Sie sitzen mit nach vorne ausgestreckten Füßen auf der Meditationsmatte. Nun legen Sie Ihren rechten Fuß auf den linken Oberschenkel, sodass die Sohle nach oben zeigt. Ihr rechtes Knie bleibt dabei am Boden. Nun nehmen Sie den linken Fuß und legen ihn nahe an der Leistengegend auf den rechten Oberschenkel. Auch hier sollte die Sohle nach oben zeigen. Das linke Knie ruht auf dem Boden. Das mag zu Anfang ein wenig schwierig sein, doch mit der Zeit gewöhnen sich die Beine daran und können sich in dieser Haltung trotzdem entspannen.

Nun schieben Sie das Meditationskissen unters Steißbein. Sie sitzen nur ein klein wenig auf dem Kissen. Auf diese Weise wird das Becken nach vorne gekippt, und die Knie liegen gut auf dem Boden auf. Achten Sie darauf, dass Ihre Füße dabei auf den Oberschenkeln bleiben und nicht etwa auf die Knie oder Unterschenkel abrutschen.

PRAXIS: Manche Menschen empfinden die Lotusposition als extrem unbequem. Sie sollten trotzdem versuchen, sie durchzuhalten. In der Lotusposition fällt es am leichtesten, die Wirbelsäule gerade zu halten. Da es für den Rücken extrem schwierig ist, über längere Zeit still zu sitzen, ist dies eine sehr empfehlenswerte Haltung. Um Beine und Leistengegend zu lockern, können Sie sich des Öfteren mit geöffneten Beinen in heißes Wasser setzen.

Dann bewegen Sie den Oberkörper ganz leicht vor und zurück, nach rechts und nach links, um sicherzustellen, dass Sie wirklich gut ausbalanciert sind.

Andere Haltungen

Sie können auch die Halblotus-Stellung ausprobieren. Dabei legen Sie nur einen Fuß auf den Oberschenkel des anderen Beines, während der andere Fuß am Boden bleibt. Behagt Ihnen keine der beiden Stellungen, dann sitzen Sie doch »birmanisch». Dabei bleiben beide Beine und Füße am Boden. Sie nehmen das Kissen zwischen die Beine. Der Hauptteil Ihres Gewichts ruht auf dem Kissen, sodass Ihre Beine nicht einschlafen. Die meisten Einsteiger finden diese Haltung sehr bequem. Wenn auch das nicht geht, dann suchen Sie sich einen Stuhl mit gerader Lehne und achten Sie darauf, dass Ihre Fußsohlen schön flach auf dem Boden aufliegen.

Ihr Rückgrat halten Sie so gerade wie möglich. Der Scheitel sollte immer zur Decke zeigen. Die Hände legen Sie in den Schoß, und zwar so, dass die linke in der rechten ruht und die Fingerspitzen der beiden Daumen sich leicht berühren. Sie können beide Hände auch auf den Oberschenkeln ablegen. Die Handinnenfläche kann dabei nach oben oder unten zeigen, wie es sich für Sie besser anfühlt. Der Mund ist geschlossen, die Lippen berühren sich leicht. Die Zunge halten wir sanft an den Gaumen gedrückt. Sie sollten so entspannt als möglich sein: Die Schultern fallen locker nach unten. Ob Sie die Augen offen oder geschlossen halten, bleibt ebenfalls Ihnen überlassen. Wenn Sie sie öffnen wollen, achten Sie darauf, dass der Blick nicht verkrampft nur eine Sache fixiert.

Nun können Sie für die von Ihnen gewählte Zeit den Kurzzeitwecker stellen. Wenn das Signal anzeigt, dass Ihre Meditationssitzung vorüber ist, sollten Sie sich nicht zu schnell erheben. Häufig schlafen gerade zu Anfang die Beine ein. Wenn Sie dann zu schnell aufstehen, könnten Sie stürzen. Nehmen Sie sich Zeit. Schütteln Sie die Beine etwas aus und stehen Sie langsam auf. Dann verbeugen Sie sich vor dem Kissen.

PRAXIS — Mit einer Verbeugung bezeugen Sie Ihren Respekt. Wir verneigen uns vor der Buddha-Natur. Im Zen verbeugen wir uns immer mit der Geste des *Gassho*. Wir legen die Handflächen aneinander und verbeugen uns vor dem Kissen und vor dem Altar. Dasselbe können Sie auch vor Beginn der Sitzung tun. Die Verneigung fördert die Demut und vermindert das Ego. Aus diesem Grund gilt sie als gute Praxis.

Welche Position Sie auch immer wählen, Sie sollten nicht vergessen, dass der Schmerz schnell vorbei geht, wenn die Sitzung erst einmal beendet ist. Wenn Sie ein bisschen auf und ab gehen, werden Ihre Beine wieder ganz normal. Am Zazen ist noch keiner gestorben!

DIE ATMUNG

Gerade zu Anfang sollten Sie auf die Atmung achten. Atmen Sie durch die Nase ein und aus. Außerdem sollten Sie nach Möglichkeit aus dem Hara heraus atmen und nicht mit den Muskeln des Oberbauches.

Konzentrieren Sie sich auf das Hara

Das *Hara* befindet sich etwa fünf Zentimeter unter dem Nabel. Dort liegt der Körperschwerpunkt, das spirituelle Zentrum des Körpers. Richten Sie Ihre gesamte Aufmerksamkeit dorthin. Je mehr Sie üben, desto besser werden Sie sich des Hara als der Körpermitte bewusst. Atmen Sie ganz natürlich ein und aus. Auch wenn es zu Anfang schwierig scheint: Versuchen Sie nicht, Ihren Atem zu kontrollieren.

Zählen

Sobald Sie also schön durch die Nase und mit Hilfe des Hara atmen, können Sie anfangen, Ihre Atemzüge zu zählen. Sie atmen ein und aus – und zählen »eins«. Sie atmen ein und aus – und zählen »zwei«. Atmen und zählen Sie weiter, bis Sie feststellen, dass Sie sich nicht mehr aufs Zählen konzentrieren, sondern mit Ihren Gedanken längst ganz woanders sind. Mit einem Mal scheint das Zählen ganz normal und Sie denken über das Abendessen nach oder über Ihre Familie oder was Sie heute Nachmittag tun werden.

Nehmen Sie sich nun Zeit, sich diese Abschweifung bewusst zu machen. Dann lassen Sie sie gehen und bringen Ihren Geist zum Atmen und Zählen zurück. Ein und aus – eins. Ein und aus – zwei. Machen Sie so lange weiter, bis das Signal ertönt. Sie werden bald feststellen, wie schwierig es ist, die Gedanken nicht herumschweifen zu lassen und stattdessen beim Zählen zu bleiben. Unser Geist ist agil wie ein Äffchen. Das Sitzen hilft uns, den Affen zu dressieren und ruhig werden zu lassen.

Folgen Sie dem Atem

Wenn Sie Zazen praktizieren, folgt Ihr Geist dem Atem. Denken Sie nicht ans Atmen, atmen Sie einfach. Wenn wir denken: »Ich atme«, dann

Kapitel 5 – Sitzen: Zazen

arbeiten wir mit eben jenem begrifflichen Denken, von dem wir loskommen möchten. Allein »ich« zu denken, setzt schon ein »Nicht-Ich« voraus. Dieses Denken geht aus dem unterscheidenden Geist hervor. Wir versuchen aber, die Unterscheidungen und Kategorisierungen gehen zu lassen. Nur atmen. Ein ... aus. Wenn ein Gedanke aufsteigt, über die Uhrzeit zum Beispiel, lassen wir ihn los. Es gibt keine Zeit. Es gibt nur das Sitzen. Nur das Hier und Jetzt.

Kommen Sie immer wieder zurück zum Atem. Lassen Sie Ihre Gedanken dahingleiten. Schließlich werden Sie eine Pause am Ende des Atmens bemerken, eine stille Leere. Diese Leere ist es, die wir anstreben. Mit der Zeit werden Sie sich wenigstens für eine Sekunde in diese Leere versenken können. Üben Sie weiter.

Körper und Geist fallen weg und dein ursprüngliches Antlitz scheint auf.
Wenn du die So-heit erlangen willst, solltest du sie ohne Zögern praktizieren.

Dogen über Zazen

Alles in dieser Welt ist miteinander vernetzt. Blüten brauchen Wurzeln, Wurzeln Erde, Erde braucht das Wasser vom Himmel. Dieser wiederum ist das Heim der Sonne, welche die Blüte bescheint. Nichts existiert unabhängig. Auch wir sind keine unabhängigen Wesen. Unabhängig-

keit ist pure Illusion. Zazen hilft uns, das dualistische Denken abzubauen, das uns glauben lässt, für uns allein zu existieren.

DER LEERE GEIST

Auf den ersten Blick mag ein leerer Geist unmöglich scheinen, denn Gedanken sind für uns etwas ganz Natürliches. Sie hören niemals völlig auf. Trotzdem können wir lernen, unseren Geist zu trainieren, so wie wir es im Sport mit dem Körper tun. Wir können dem Geist beibringen, nicht hinter jedem Gedanken herzurennen, der ihm gerade interessant vorkommt. Die meisten von uns fühlen sich mitunter als Opfer ihres »Kopfes«, also des Denkens. Uns ist nicht bewusst, dass wir zwanghaftes Nach- und Im-Kreis-Denken stoppen können. Zazen hilft uns, unseren Geist zu kontrollieren.

Wenn Sie am frühen Morgen in Meditation sitzen, hören Sie vielleicht sogar die Vögel singen. Ihr Geist wird registrieren, dass sie singen. Dann denken die meisten von uns gewohnheitsmäßig: »O, die Vögel singen.« Und fügen an: »Das ist wunderschön.« Vielleicht gehen wir noch weiter und denken: »Das erinnert mich an meine letzten Ferien in Florida, wo diese exotischen Vögel so unglaublich schön gesungen haben. Und dieser tolle Fisch zum

Kapitel 5 – Sitzen: Zazen

Abendessen ...« Und so weiter. Und so fort. Wenn Sie das nächste Mal einen Vogel hören, wäre es gut, wenn Sie Ihre Gedanken noch abfangen könnten, bevor sie sich auf die Reise in die Erinnerung aufmachen. Wenn uns das gelingt, hören wir den Vogel und denken nur: »O, die Vögel singen. Ist das schön!« Und schließlich denken wir nur noch: »O, die Vögel singen.« Und am Ende hören wir nur noch die Vögel. Das ist der leere Geist.

Jeder Augenblick des menschlichen Erlebens kann in drei Teile zergliedert werden. Zuerst geschieht etwas. *(Die Vögel singen.)* Dann wird uns diese Tatsache bewusst. *(Wir denken, dass die Vögel singen.)* Schließlich beurteilen wir das Ereignis. *(Wir finden es schön.)* Im Zazen geht es darum, möglichst im ersten Teil des Erlebens zu bleiben. Dann leben wir wirklich im Augenblick. Wir erfahren die Welt, wie sie tatsächlich ist, und nicht, wie wir sie wahrzunehmen gelernt haben. Wir sind Teil des Augenblicks, vollkommen Teil dieser Erfahrung. Wenn wir den Augenblick beurteilen, entfernen wir uns davon. Wir trennen uns und das Erlebte. So entsteht dualistisches Denken. Alles Leiden im Leben kommt aus dieser Art der Wahrnehmung.

FEHLER

Mit Zazen kann man immer und jederzeit von vorne beginnen. Gehen Sie immer wieder zum Anfang zurück. Es gibt keine Fehler. Es gibt nur Möglichkeiten der Praxis. Wenn Sie sich bewegen, versuchen Sie eben, sich nicht zu bewegen. Sie werden feststellen, dass das Bedürfnis, sich zu bewegen, stärker wird, wenn Sie ihm erst einmal nachgegeben haben. Dann kann es Sie richtig plagen. Still zu sitzen ist einfacher als sich zu bewegen. Sie werden die Sitzung überleben. Sitzen Sie den Schmerz einfach aus. Wenn Sie Ihre Position verändern, werden Sie danach noch unbequemer sitzen.

PRAXIS

Wenn Sie in einem Meditationszentrum Zazen üben, sollten Sie nicht auf dem Kissen zappeln und herumwetzen: Sie bewegen sich und stören Ihren Nebenmann in der Konzentration. Daher sollte jeder in einem Zendo sich bemühen, so still zu sein, wie er nur kann.

Kapitel 5 – Sitzen: Zazen

Sesshin

Tatsächlich ist der körperliche Schmerz, den man während des Zazen erlebt, sogar hilfreich. Er dient als Ansporn, über den Schmerz hinauszuwachsen. Viele Menschen, die Zazen praktizieren, machen auch Sesshins mit. Ein Sesshin ist eine Zeit, in der man sich von der Welt zurückzieht, um den größten Teil des Tages Zazen zu üben. Es kann uns in unserer Praxis weit voranbringen. Natürlich ist der körperliche Schmerz dabei mitunter extrem, doch eben dadurch fällt es uns leichter, ihn hinter uns zu lassen und den Geist leer zu machen. Sie leeren Ihren Geist und mit einem Mal hört der Schmerz auf. Also sitzen Sie still! Der Schmerz ist gut für Sie. Und schließlich ist es ja nur Schmerz ...

FRAGE *Was tue ich, wenn mir während der Übung die Beine einschlafen?*
Ihre Beine schlafen dann ein, wenn Sie beim Sitzen nicht im Gleichgewicht sind. Dann ruht zu viel Druck auf Ihren Beinen. Versuchen Sie, die Muskeln anzuspannen und wieder loszulassen, um das Gefühl in die Beine zurückzubringen.
Wenn das nicht funktioniert, sitzen Sie einfach weiter.

MIT DER ANGST UMGEHEN

Wir alle haben Ängste. Unsere Ängste betreffen die unterschiedlichsten Bereiche unserer Erfahrung. Wir fürchten uns vor Erfolg oder Versagen, vor Dunkelheit oder Krankheit, vor Fremden, dem Alter, der Einsamkeit und so weiter. Häufig verhindern unsere Ängste, dass wir das Leben führen, das wir eigentlich möchten.

Angst ist eine stark motivierende Kraft – im guten wie im schlechten Sinne. Sie hält uns vielleicht davon ab, unseren Chef um eine Gehaltserhöhung zu bitten. Aber sie lässt uns auch das Reifenprofil am Auto überprüfen oder einen Rauchmelder fürs Schlafzimmer kaufen.

Im Zazen werden Sie mit Ihren Ängsten konfrontiert. Vollkommen still zu sitzen ist Furcht einflößend. Manche Menschen empfinden dabei schreckliche Furcht. Für sie ist es ein schlimmes Erlebnis, ohne jede Bewegung still zu sitzen. Nur wenige Menschen lassen sich gerne auf ihre Gefühle ein. Wir rasen durchs Leben, putzen, arbeiten, reden, lieben, trinken, rauchen, tun irgendetwas, nur um unseren Gefühlen aus dem Weg zu gehen. Still zu sitzen kann der Tod sein.

Im Zazen geht es nicht darum, unsere Gefühle Stück um Stück hervorzuholen und unters Mikroskop zu legen. Doch dass wir einfach still sitzen sollen, erzeugt genau diese Furcht in uns. Machen Sie sich eines bewusst: Kein Mensch auf der ganzen, weiten Welt ist je an seinen Gefühlen gestorben. Und am Stillsitzen schon gar nicht. Manchmal haben wir das Gefühl, als öffne sich vor uns eine grenzenlose Leere, wenn wir uns aufs Kissen fallen lassen. Doch sobald wir mit leerem Geist und der Atemmeditation dieses Gefühl durchgearbeitet haben, werden wir feststellen, wie sicher diese Welt letztlich für uns ist. Es gibt nichts, wovor man sich fürchten müsste. Für den Zazen-Übenden eröffnet die Praxis eine Welt unendlicher Freiheit. Sobald Sie Ihrem Geist von Angesicht zu Angesicht gegenüber stehen, blicken Sie Ihren ärgsten Dämonen ins Auge. Haben Sie jedoch erst einmal die Wirklichkeit des leeren Geistes erkannt, wissen Sie, dass Sie sich die ganze Zeit vor einem Nichts gefürchtet haben.

Die Praxis des Zen-Geistes ist der Anfänger-Geist. Für unsere Zen-Praxis brauchen wir einen Geist, der unbelastet fragt »Wer bin ich?«

Der Geist des Anfängers ist leer, frei von den Gewohnheiten des Experten, bereit anzunehmen, zu zweifeln – offen für alle Möglichkeiten.

Zen-Meister Richard Baker

KAPITEL 6
DAS ARBEITEN
MIT KOANS

Im Westen beginnt die Trennlinie
zwischen Rinzai- und Soto-Zen sich
allmählich zu verwischen. Viele Lehrer integrieren Elemente beider
Schulen in ihre Praxis. Koans stammen eigentlich aus der Rinzai-Schule, die häufig als die strengere galt.
Heute jedoch weiß fast jeder Mensch
im Westen, was ein Koan ist. Sie sind
neben der Sitzmeditation das vielleicht bekannteste Element des Zen.

DEFINITION EINES KOAN

Was, so fragen Sie sich jetzt vermutlich, ist ein Koan? Ein Koan ist eine Art Rätsel, eine scheinbar unlösbare Geschichte, welche die wahre Natur der Wirklichkeit enthüllen soll. Koans werden von Zen-Schülern benutzt, um ihr kleines Ich – ihr gewohnheitsmäßiges Denken, die Verhaltensmuster des Ego – hinter sich zu lassen und sich mit ihrer Hilfe auf unbekanntes Terrain zu wagen. Zen zielt ja darauf ab, dass der Schüler sein Selbst loslässt und sich über das, was er kennt und als wirklich betrachtet, hinaus begibt.

FAKTEN

Ein klassisches Koan ist: »Wie klingt das Klatschen einer Hand?« Oder: »Was ist dein ursprüngliches Antlitz, jenes, das du vor deiner Geburt hattest?« Die Antwort auf ein Koan ist so individuell wie der Mensch, der sie sucht. Die Zen-Praxis hilft uns, sie zu finden.

Der Zen-Schüler arbeitet bei jeder sich bietenden Gelegenheit mit seinem Koan. Er versucht, das Koan zu werden. Die Antwort kommt nicht aus dem Verstand und steht auch nicht in Büchern. Wenn Sie einen beliebigen Zen-Chatroom im Internet aufsuchen, werden Sie dort lebhafte Diskussionen über einzelne Koans finden. Doch auch wenn Sie dort lesen, wie jemand anderer Ihr Koan beantwortet hat, heißt das nicht, dass Sie damit auch eine eigene Lösung haben. Ihr Zen-Lehrer wird Sie wissen lassen, wenn Sie die Antwort gefunden haben. Er wird Ihnen helfen, Ihren Weg durch das Labyrinth zu finden, bis Sie Ihre persönliche Lösung auf das Koan entdeckt haben.

Wie aber sieht ein Koan aus? Gewöhnlich handelt es sich um einen kurzen Text, meist in Dialogform, der von der Begegnung zweier Zen-Praktizierender erzählt. Es gibt Koan-Sammlungen, die schon viele hundert Jahre alt sind. In *Zu den Quellen des Zen,* einem Kommentar zum *Mumonkan,* schreibt Zenkei Shibayama: »Etymologisch betrachtet bedeutet Koan ›Ort der Wahrheit‹«.

ZEN-GESCHICHTEN ALTER MEISTER

Zen-Meister haben sich Jahrhunderte lang um immer neue Wege bemüht, ihre Schüler zur Wahrheit zu führen. Koans gibt es, seit es Zen gibt, doch sie wurden erst sehr viel später in der Form gebraucht, die wir heute kennen. Koans boten sich auf Grund ihrer kontroversen Natur wie von selbst als Lehrmittel an. Und so wurden Koans bald zum Werkzeug, um Schülern die Wahrheit zu enthüllen.

Die Koans, die wir heute kennen, wurden uns von Zen-Meistern übermittelt, die wahre Wissenschaftler des Geistes waren. Sie ersannen Wege, um die Praxis der Schüler zu vertiefen, den Griff des Egos, um den Geist zu lockern, sodass dieser sich öffnen konnte wie eine Lotusblüte. Obwohl diese »Rätsel« auf den ersten Blick höchst geheimnisvoll und jeder Lösung unzugänglich scheinen, werden sie doch seit Jahrhunderten von den Schülern gelöst. Wenn er eifrig übt, ist der Schüler in der Lage, die scheinbar undurchdringliche Mauer um das Koan aufzubrechen. Er muss dazu nur sein Selbst loslassen.

Manche Koan-Sammlungen werden seit Jahrhunderten von Generation zu Generation weitergegeben und sind auch heute noch in Gebrauch. Die bekanntesten sind wohl *Die Niederschrift vom blauen Berg,* die im 12. Jahrhundert von Hsüeh-tou angefertigt wurde und 102 Koans enhält, sowie das *Mumonkan* (Die torlose Schranke), das 1229 von Meister Wu-men zusammengetragen wurde und 48 Koans enthält. Diese Sammlungen gelangten von China nach Japan, wo sie von Lehrer zu Lehrer weitergereicht wurden und so die Jahrhunderte überlebten. Mit der Zeit hatte die Koan-Praxis an Kraft verloren, bis Meister Hakuin sie im Japan des 18. Jahrhunderts wieder aufleben ließ. Hakuin ordnete die Koans zu einem »Stufenweg« an, der dem Schüler erlaubte, systematisch ein Koan nach dem anderen zu lösen. Mit dem Fortschreiten des Schülers von Koan zu Koan vertieft sich auch seine Koan-Praxis.

PRAXIS

Meister Wu-men nannte seine Sammlung *Mumonkan,* was wörtlich bedeutet »Das torlose Tor« oder »Die torlose Schranke«. Der Titel stammt aus einem seiner Gedichte. Gemeint ist, dass es im Zen keine Schranken gibt. Es gibt keine zu öffnenden Tore, keine Schranken, die man passieren müsste. Alles, was uns daran hindert, unsere wahre Natur zu erkennen, ist unser eigenes Selbst.

Kapitel 6 – Das Arbeiten mit Koans

Ein altes chinesisches Sprichwort heißt: »Was durch das Tor hereinkommt, kann kein Familienerbstück sein.« Was bedeutet dieses seltsame Sprichwort nun? Ein Familienerbstück gehört uns bereits. Es ist schon da und kommt nicht von außen zu uns. Jemand außerhalb der Familie kann uns kein Familienerbstück überlassen.

Zenkei Shibayama schreibt dazu: »Was wir von anderen bekommen, ist niemals wirklich gut.« Erleuchtung erhält man nicht von einem Lehrer. Man findet sie nicht in Büchern. Der wahre Familienschatz liegt in uns. Oder wie das Sprichwort sagt: »Der Fisch weiß nicht, dass er im Wasser lebt.«

Wir wissen nicht, dass wir bereits unsere wahre Natur leben. Wie aber können wir zu unserer wahren Natur »erwachen«? Das Koan ist einer der vielen Wege dorthin.

Ziel der Koan-Übung

Das Koan soll den Schüler in die wahre Natur der Wirklichkeit einführen: wie sie in der Welt funktioniert, wie wir unser Kleben an Worten und Begriffen lockern und die Tiefgründigkeit der scheinbar dualen Natur des Universums begreifen können. Die verschiedenen Schulen im Zen nutzen jeweils eine unterschiedliche Zahl von Koans. Je nachdem, zu welcher Schule Sie gehören, müssen Sie eine bestimmte Anzahl von Koans lösen. Doch lassen Sie sich nicht täuschen: Es ist nicht die Anzahl der Koans, die Ihnen die Erleuchtung »sichert«. Koans sind ein Werkzeug. Der Schüler sollte also keineswegs stolz darauf sein, wenn er seine Koans gelöst hat. Sollte dies der Fall sein, so müsste er noch härter arbeiten, um auch den Stolz loszuwerden und sich stärker in die Praxis zu vertiefen. Stolz ist Anhaftung, die – wie wir mittlerweile wissen – zu Leiden führt.

PRAXIS

Wir sollten immer daran denken, dass Erleuchtung nicht aus Geschichten oder klugen Dialogen kommt. Unsere wahre Natur liegt nicht in einer überlieferten Anekdote, in ein paar Sätzen, die das Verhalten eines Zen-Meisters beschreiben, der vor mehr als tausend Jahren lebte. Ihre wahre Natur liegt in Ihnen. Sie haben bereits alles, was Sie brauchen. Sie benötigen nur ein bisschen Hilfe, um es wieder zu finden.

Koan-Praxis ist als Mittel gedacht, das Sie bei der Entdeckung Ihres wahren Selbst unterstützen soll. Es ist ein Mittel zum Zweck, nicht der

Zweck selbst. Sobald Sie ein Koan gelöst haben, sollten Sie es loslassen. Ein berühmter Zen-Spruch lautet: »Wenn du den Buddha triffst, töte ihn.« Anders ausgedrückt bedeutet dies, dass wir an nichts hängen sollen. Anhaftung führt uns nicht zur Erleuchtung. Lassen Sie das Koan, den Lehrer, ja überhaupt alles hinter sich, sobald Sie verstanden haben, was es zu lernen gibt. Eben dies wollte der Buddha uns mit folgender Geschichte zu verstehen geben:

Ein Mann muss einen breiten Strom überqueren, um seine Reise am anderen Ufer fortsetzen zu können. Er baut sich aus herumliegenden Ästen ein Floss und setzt mit diesem über die reißenden Fluten. Sicher kommt er am anderen Ufer an und empfindet dem Fahrzeug gegenüber, das ihn dorthin brachte, Dankbarkeit. Nun ist es Zeit, weiterzuziehen. Wird er nun das Floss auf seinen Rücken binden und damit seinen Weg verfolgen? Oder sollte er es nicht besser zurücklassen, dankbar für seine Dienste, aber im Bewusstsein dessen, dass es ihm nicht mehr länger von Nutzen sein kann?

Dasselbe gilt für die Lehren, die wir erhalten. Sobald wir unsere Lektion gelernt haben, wird es Zeit, sie gehen zu lassen.

DIE ARBEIT MIT KOANS

Für westliche Menschen sind Koans eine sehr frustrierende Aufgabe, weil sie gewöhnt sind, sich auf ihr logisches Denken zu verlassen und eindeutige Antworten auf alle Fragen zu suchen. Menschen, die so denken, haben häufig Schwierigkeiten, Antworten zu akzeptieren, die nun einmal nicht klar, definitiv und rational begründbar scheinen. Daher kann die Beschäftigung mit einem Koan im Schüler tiefe Verzweiflung hervorrufen. Zen ist ein Erfahrungsweg, Koans müssen aktiv erfahren werden. Es hat keinen Sinn, darüber zu sprechen oder nachzudenken. Wir müssen sie in die Tat umsetzen. Wenn Sie also mit einem Koan arbeiten, sollten Sie nicht darüber sprechen oder sie zum Gegenstand spöttischen Geplänkels machen.

PRAXIS Bisweilen gibt der Lehrer erläuternde Hinweise zum Koan, die vom Schüler jedoch vollkommen verkehrt interpretiert werden. So schlägt er einen Pfad ein, der ihn nie und nimmer zur Wahrheit führen kann. Behalten Sie also stets im Hinterkopf, dass alles, was nun folgt, nur ein Versuch ist, jene Wahrheit zu beschreiben, die sich hinter dem Koan auftut. Es ist nicht die Wahrheit selbst.

Kapitel 6 – Das Arbeiten mit Koans

Eintritt in Samadhi

Um tatsächlich mit Koans arbeiten zu können, muss der Schüler voll und ganz vom Zen durchdrungen sein. Zen ruft seinen Schüler, und der Schüler ist bereit, seine gesamte Existenz für die Erkenntnis seiner wahren Natur in die Waagschale zu werfen. Sie werden für Ihre Praxis alles geben, was Sie aufbieten können. Stürzen Sie sich mit dem Mut der Verzweiflung auf Ihr Koan. Rufen Sie es aus der Fülle Ihres Herzens.

Die Arbeit mit dem Koan gleicht der Übung von Zazen. Atmen Sie ein. Im Ausatmen rufen Sie Ihr Koan mit jeder Faser Ihres Seins. Verebbt der ausströmende Atem, tut sich leerer Raum auf. Hier liegt die Antwort auf Ihr Koan. Treten Sie ein in diesen leeren Raum.

Wenn Sie von der Atemmeditation zu Ihrem ersten Koan übergehen, wird Ihre Praxis stärker werden. Anfangs machen Sie mit Hilfe der Atemmeditation die Erfahrung, dass Sie Ihren Gedankenstrom zur Ruhe bringen können. Ihr Geist wird ruhig, und Sie sind sich des gegenwärtigen Augenblicks voll bewusst. Sie sind in der Lage, Ihren herumwandernden Geist an die Leine zu nehmen und in Samadhi einzutreten. Samadhi ist ein Zustand tiefer Konzentration. Ein meditativer Zustand, in dem wir uns jedes Details bewusst und trotzdem tief in Meditation versunken sind. In diesem Zustand werden Sie mit Ihrem Koan arbeiten. Wenn sich Ihr Samadhi zu einem stabilen Zustand entwickelt hat, sind Sie in der Lage, mit der Koan-Praxis zu beginnen.

Wenn Sie mit einem Koan arbeiten, wollen Sie das Koan essen, schlafen, träumen, leben. Sie werden eins mit Ihrem Koan. Rufen Sie es also mit jeder Faser Ihres Seins. Es heißt, man solle auf dem Kissen sterben. Denn Sie werden wiedergeboren in ein Leben, das eine ganz neue Bedeutung hat.

Das Nicht-Selbst verwirklichen

Werfen wir also einmal einen Blick auf ein klassisches Koan, damit Sie eine Vorstellung von dem Weg bekommen, der noch vor Ihnen liegt.

In einem Kloster gab es zwei verschiedene Mönchshäuser. Deren Bewohner stritten sich eines Tages über eine Katze. Da kam Nansen, der Abt, aus seinen Räumen. Er packte die Katze, hob sie hoch und zog sein Schwert. Dann sagte er zu den Mönchen: »Mönche, wenn ihr jetzt ein Zen-Wort sagen könnt, werde ich ihr Leben schonen. Könnt ihr das nicht, werde ich die Katze töten!«

Die Mönche blieben stumm. Da holte Nansen mit seinem Schwert aus und hieb die Katze in zwei Teile. An diesem Abend kam Joshu ins Kloster

zurück und besuchte Nansen. Dieser er-
zählte ihm die Geschichte. Da nahm
Joshu eine seiner Sandalen ab, legte sie
auf seinen Kopf und ging weg.

Daraufhin sagte Nansen:»Wäre Jo-
shu hier gewesen, wäre die Katze noch
am Leben.«

Was ist der Sinn dieser Geschichte,
die für die meisten Menschen nach
blankem Unsinn klingt? Joshu war in
der Lage, Nansen etwas von seinem
Zen zu zeigen. Mit unserem Verstand können wir uns auf diese Geschichte keinen Reim machen. Wenn
wir uns aber näher damit beschäftigen, wird unser begrenztes Verständnis sich ausweiten.

Von den vielen Tricks, die das Ego
benutzt, um seine Existenz zu
schützen, ist die Sprache einer
der mächtigsten. Die westlichen
Sprachen sind so beschaffen, dass
man kaum ohne das Fürwort
»ich« auskommt. Das verlangt
die Grammatik und sorgt für
klare Verhältnisse. Diese Eigen-
heit kommt unserem Ego natür-
lich recht gelegen. Denn je mehr
wir die Regeln der Sprache verin-
nerlichen, desto stärker sind wir
auch den niemals endenden Wün-
schen unseres Egos ausgesetzt.
Zen-Meister Philip Kapleau

Nansen und Joshu waren beide große Zen-Meister. Nansen verlangt von
uns, ihm eine Antwort zu geben,

welche die Katze rettet. Wie wir aus
der Beschäftigung mit den Fünf Regeln wissen, gilt Töten auch im Zen
als negative Handlung. Wenn Nansen also bereit ist, eine Katze zu töten, muss er den Mönchen eine
ziemlich wichtige Botschaft zu verkünden haben. Um diese zu verdeut-
lichen, ist er bereit, etwas absolut Ab-
scheuliches zu tun. Er wartet, weil er
sehen möchte, ob einer der Mönche
etwas vom Zen begriffen hat. Dann
tötet er die Katze. Die Frage ist also.
Wie können Sie die Katze retten?

Diese Frage können Sie nur beantworten, wenn Sie das Selbst getötet
und das Nicht-Selbst verwirklicht haben. Die Mönche hafteten weiter an
ihrem kleinen Ich. Sie hatten Angst,
ihre Chance wahrzunehmen, etwas
zu sagen und von anderen verurteilt
zu werden. Das Ich herrschte dort
vor. Kein Mönch konnte ein lebendiges Beispiel des Nicht-Selbst lie-
fern. Wenn wir verstehen wollen,
weshalb Joshu den Schuh auf den
Kopf setzte und Nansen auf diese
Weise authentisches Zen zeigte, müssen wir mit dem Koan arbeiten und
unser ganzes Selbst darin einfließen
lassen.

WAS IST MU?

Mu ist gewöhnlich das erste Koan,
das Schüler erhalten. Mu gilt als das
»torlose Tor« selbst. Wenn Sie das

Koan Mu lösen, werden Sie erkennen, was zahllose Zen-Meister vor Ihnen erkannt haben.

Ein Mönch fragte Meiser Joshu: »Hat ein Hund Buddha-Natur oder nicht?« Meister Joshu antwortete: »Mu!«

Dies ist ein sehr kurzes und daher sehr wertvolles Koan. Eben aus diesem Grund ist es häufig das erste Koan, das ein Schüler erhält, wenn er die Atemmeditation meistert. Ein Mönch fragt Joshu, ob alle Wesen Buddha-Natur besitzen, sogar Hunde. Ein einfaches Ja oder Nein ist aber keine Antwort auf dieses Koan. Joshu zeigt sein Zen-Verständnis. Daher ist es seine Buddha-Natur, die dem Mönch antwortet.

Ja oder Nein zu sagen, hieße, die Antwort dem dualistischen Denken zu überlassen. Doch Joshu wirft ihm die Antwort »Mu!« hin. Buddha-Natur ist Mu. Joshu ist Mu. Alles ist Mu.

PRAXIS

Wenn Sie eine Antwort auf Mu geben wollen, müssen Sie dem Lehrer zeigen, was Mu ist. Was ist Mu? Sie finden die Antwort, indem Sie mit aller Kraft Mu rufen. Atmen Sie ein, beobachten sie Ihren Atem. Beim Ausatmen rufen Sie »Mu!«. Sie werden Mu. Es gibt Sie gar nicht mehr, nur noch Mu.

Meister Wu-men sagte von diesem Koan: »Du willst die Schranke durchschreiten? Dann konzentriere dich auf ›Mu‹ mit deinen 360 Knochen und deinen 84 000 Poren. Lass deinen Körper eins mit der Frage werden. Arbeite Tag und Nacht eifrig daran. Versuch dich nicht an dualistischen oder nihilistischen Interpretationen. Es ist, als hättest du eine glühend heiße Eisenkugel verschluckt. Du versuchst, sie auszuspucken, aber das geht nicht.«

Die Frage »Was ist Mu?« hat auf der intellektuellen Ebene überhaupt keinen Sinn. Wir können uns unter »Mu« einfach nichts vorstellen, wie sehr wir es auch versuchen mögen. Wir können zu unserem Lehrer gehen und ihm sagen, dass Mu nichts ist, dass es keinen Unterschied zwischen dem Schüler und dem Hund gibt, dem Hund und dem Fußboden, dem Schüler und dem Fußboden. Doch wenn der Schüler dies dem Lehrer nicht tatsächlich zeigen kann, gilt das Koan als nicht gelöst. Wenn Ihr Lehrer Sie fragt: »Hat ein Hund Buddha-Natur?«, und Sie antworten wie Joshu mit »Mu!«, dann

Kapitel 6 – Das Arbeiten mit Koans

heißt das noch lange nicht, dass Sie die Antwort gefunden haben. Und der Lehrer weiß das.

Mu werden

Die meisten Menschen gehen durchs Leben, ohne ihr wahres Potenzial zu verwirklichen.

In uns dehnen sich weite Bereiche, die wir noch gar nicht kennen gelernt haben. Im Alltag nutzen wir nur einen Bruchteil unserer Gehirnkapazität. Wie sonst sollte es möglich sein, dass Menschen über glühende Kohlen laufen oder auf einem Nagelbett schlafen können? Was aber geschieht mit dem ungenutzten Rest unserer Fähigkeiten?

Wenn wir mit dem Koan Mu üben, erschließen wir uns Teile dieses reichen Potenzials. Nehmen Sie das Mu tief in Ihr Hara auf und lassen Sie es mit dem Ausatmen los. Muuuuuu ... Halten Sie daran fest, bis alles verschwunden ist, bis Sie zur Essenz von Mu geworden sind. Sie sind Mu. Das Universum ist Mu. Der Mond, die Sterne, der grenzenlose Himmel werden zu Mu. Oder wie Zen-Meister Wu-men es ausdrückte: Wir schieben unseren unterscheidenden Geist beiseite und schließen uns den alten Meistern an.

Mu zu verstehen heißt, das Nicht-Selbst zu verstehen und gleichzeitig die zehntausend Dinge zu umarmen. Dazwischen gibt es keine Trennung.

In diesem Moment erkennen Sie die wahre Natur aller Dinge.

ÜBER KOANS SPRECHEN

Wir haben zwar gesagt, dass Koans gelebt und nicht analysiert werden sollten. Trotzdem spricht man darüber. Dies dient jedoch allein dem Zweck, den Schülern Hinweise zu geben, die sie zu größeren Zielen führen.

Traditionell gibt es folgende vier Gelegenheiten, bei denen Erläuterungen zu den Koans gegeben werden:

- beim Dokusan
- beim Teisho
- bei Dharma-Streitgesprächen
- während der Frage-und-Antwort-Stunde.

Mit seinen Unterweisungen versucht der Lehrer, den Schüler in seiner Praxis weiter zu bringen und ihm eine direkte Übertragung der wahren Natur der Wirklichkeit von Geist zu Geist zu geben. Wenn Koans Gegenstand von Erläuterungen sind, dann einzig und allein, um den Schüler zu unterstützen.

Die Lehre zu erforschen heißt, das Selbst zu erforschen. Das Selbst zu erforschen heißt, es zu vergessen.

Kapitel 6 – Das Arbeiten mit Koans

Das Selbst zu vergessen heißt, von den zehntausend Dingen erleuchtet zu werden.

Dogen

Dokusan

Beim *Dokusan* treffen Schüler und Lehrer unter vier Augen zusammen. Bei dieser Gelegenheit versucht der Schüler beispielsweise, ein Koan zu beantworten. Der Lehrer wird ihn dann wissen lassen, ob die Antwort »richtig« war oder ob er es weiter versuchen soll.

Wenn es für den Schüler Zeit ist, ins Dokusan zu gehen, betritt er einen Raum, in dem der Lehrer auf ihn wartet. Dort verneigt er sich vor dem Altar und vor dem Lehrer. Dann nimmt er auf einem Meditationskissen vor diesem Platz. Der Schüler gibt seine Antwort auf das Koan.

Manchmal muss man den Lehrer davon informieren, mit welchem Koan man arbeitet. Dann sagt man: »Mein Koan ist Mu.« Dann weiß der Lehrer, der gewöhnlich mehrere Hundert Schüler hat, womit man sich beschäftigt.

Dann versuchen Sie, das Koan nach bestem Wissen und Gewissen zu beantworten. Dies muss nicht unbedingt mit Worten geschehen. Zeigen Sie Ihrem Lehrer, dass Sie das Koan verstanden haben. Wenn Sie die richtige Antwort haben, wird diese Sie nicht mehr loslassen. Sie werden auf ganz besondere Weise von dieser Antwort angezogen.

Im Dokusan wird nicht über das Koan debattiert. Wenn Sie hineingehen und versuchen, Ihre Lösung zu erklären, wird der Lehrer vermutlich nach der Glocke greifen und Sie bitten zu gehen. In der Koan-Praxis ist der Verstand unnütz. Versuchen Sie, alles Rationale beiseite zu lassen und die Weiten Ihres Geistes zu nutzen.

Anfangs ist der Lehrer meist sehr verständnisvoll. Er spricht uns Mut zu. Die ersten Begegnungen im Dokusan verlaufen meist recht positiv. Wenn Sie sich jedoch intensiver mit dem Koan befassen und der Lehrer spürt, dass Sie ernsthaft versuchen, Fortschritte zu machen, wird der Ton rauer. Er wird Sie vorwärts treiben, immer tiefer in die Frustration hinein, bis Sie Grenze um Grenze hinter sich lassen.

Wenn Sie im Dokusan auf eine Wand stoßen, die Sie scheinbar nicht überwinden können, versuchen Sie es einfach nochmals. Immer und immer wieder. Versuchen Sie es, bis der Frust Sie völlig überrollt, sodass Sie sich richtig klein vorkommen – zwei Finger hoch mit Hut!

Erst wenn Sie auf Ihrem Kissen den Tod erleiden und aufgeben, wird die Antwort zu Ihnen kommen.

Kapitel 6 – Das Arbeiten mit Koans

PRAXIS

Außerhalb eines Sesshins mit Koans zu arbeiten ist schwierig. Im Sesshin, einer Art »Zen-Exerzitien«, wird 15 Stunden täglich oder mehr Zen-Praxis geübt. Da sämtliche äußeren Ablenkungen wegfallen, kommt man dort in der Koan-Praxis meist weiter.

Hatten Sie jemals Schwierigkeiten, ein Problem zu lösen? Sie denken darüber nach, immer und immer wieder, doch die Antwort finden Sie trotzdem nicht. Das frustriert Sie. Sie verbringen Stunden, Tage, Wochen damit, eine Lösung zu suchen. Am Ende geben Sie auf, weil es Ihnen jetzt wirklich reicht. Sie lassen das Ganze sein und tun etwas Angenehmes. Und schwupp ist die Lösung da! Die Antwort zeigt sich plötzlich im Geist, als sei sie schon immer da gewesen. Das liegt daran, dass Sie die Lösung des Problems den tieferen Schichten Ihres Selbst übertragen haben. Lassen Sie es von der Oberfläche des Geistes immer tiefer hinabsinken, dorthin, wo es unbehelligt von den Ablenkungen des Bewusstseins gelöst werden kann.

Teisho

Teisho ist eine Dharma-Belehrung, bei der der Lehrer versucht, dem Schüler die Wahrheit nahe zu bringen, indem er das Koan kommentiert. Teishos erhalten alle Schüler gemeinsam. Viele moderne Zen-Bücher sind Abschriften von Teishos. Zum Teisho versammeln sich alle Schüler im Meditationsraum und sitzen still auf ihren Kissen. Vielleicht eröffnet der Lehrer seinen Dharma-Vortrag mit der Rezitation einiger Sutras. Dann wird ein Koan aus einer der Sammlungen vorgestellt, und der Lehrer erklärt den Schülern, wie er dieses Koan versteht. Der Lehrer geht davon aus, dass vor ihm lauter erleuchtete Wesen sitzen. Um das Teisho verstehen zu können, müssen die Schüler ihre Aufmerksamkeit umpolen und auf eine ganz neue Weise zuhören.

Dharma-Streitgespräche

In Dharma-Streitgesprächen, *Shosan* genannt, versucht der Lehrer, seine Schüler weiter zu bringen, indem er sie in Disputen mit der Gemeinschaft der Praktizierenden ihr Verständnis demonstrieren lässt. Der Lehrer präsentiert der Gemeinschaft ein Koan und ermutigt die Schüler zu testen, ob sie das Koan begriffen haben und ihrerseits Fragen zu stellen. Solche Streitgespräche finden auch zwischen altgedienten Schülern oder zwischen Zen-Meistern statt. Hier ein Beispiel eines Shosans zwischen zwei Zen-Meistern:

Anfang der 1970er-Jahre trafen sich zwei hohe buddhistische Meister in Cambridge, Massachusetts.

Es handelte sich um den hoch verwirklichten tibetischen Meister Kalu Rinpoche und den berühmten koreanischen Zen-Meister Seung Sahn. In höchster Spannung erwartete das Publikum den Beginn des Streitgesprächs.

Seung Sahn hob eine Orange hoch und stellte – wie es im Zen üblich ist – die Frage: »Was ist das?«

Kalu Rinpoche starrte ihn verblüfft an.

Seung Sahn aber hob wieder die Orange hoch und fragte: »Was ist das?«

Da wandte sich Kalu Rinpoche ungläubig seinem Übersetzer zu und fragte: »Kennt man in Korea denn keine Orangen?«

Mondo

Auch in der *Mondo* genannten Frage-Antwort-Stunde wird über Koans gesprochen. Jeder Teilnehmer kann beim Mondo dem Lehrer Fragen über das Koan oder andere Zen-Probleme stellen. Gewöhnlich geht es dabei allerdings weniger inspiriert zu als beim Vortrag des Lehrers. Die Antworten sind meist eher theoretisch, weil sie ja erklären sollen.

FAKTEN Im Mondo stellen die Schüler Fragen wie: »Woher wissen Sie, ob ich die richtige Antwort auf das Koan gefunden habe?« Der Meister antwortet dann so, dass der Schüler Gelegenheit hat, eine höhere Ebene der Wahrnehmung zu erreichen.

JEDER AUGENBLICK IST EINE GELEGENHEIT ZUR PRAXIS

Jeder Moment Ihres Lebens ist eine Gelegenheit, mit Ihrem Koan zu üben. Sie können mit Ihrem Koan schlafen gehen, Sie können es in den Zug mitnehmen, zur Geburtstagsparty oder zum Spazierengehen. Rufen Sie Ihr Koan zu sich, wann immer Sie können. Zur Koan-Praxis brauchen Sie nur die drei Grundlagen der Zen-Praxis:

– großen Glauben
– großen Zweifel
– große Entschlossenheit.

Der Zen-Schüler braucht großen Glauben, damit er sich ganz auf die Praxis einlässt, großen Zweifel an der Natur der Wirklichkeit, um sich auf das Kissen zu setzen, und große Entschlossenheit, um trotz aller Widrigkeiten und Frustrationen weiter zu machen.

Sie haben alles, was Sie brauchen, um mit einem Koan zu üben. Alles, was nötig ist, liegt bereits in Ihnen. Wenn Sie Koans studieren wollen, müssen Sie sich nur noch einen Lehrer suchen, der Sie in die richtige Richtung lenkt, wenn Sie eine mehr oder weniger feste Hand brauchen. Die Koan-Praxis ist im Zen nicht zentral, kann aber nichtsdestotrotz zur Erleuchtung führen.

Die Soto-Tradition des Zen verlässt sich hingegen lieber auf Shikantaza – nur sitzen. Sie können mit oder ohne Koans zur Erleuchtung gelangen. Wofür Sie sich entscheiden, liegt allein bei Ihnen.

Kapitel 6 – Das Arbeiten mit Koans

KAPITEL 7
ZEN IN BEZIEHUNGEN

Mittlerweile haben Sie vielleicht schon angefangen, Zen zu praktizieren. Sie sitzen regelmäßig, nehmen sich die Fünf Regeln zu Herzen und versuchen unter Umständen sogar, ein Koan zu lösen. Wie aber schaffen wir es, dass unsere Praxis sich nicht nur auf den Meditationsraum beschränkt? Wie tragen wir sie in die Welt hinaus? Wenn Ihnen Ihre Praxis noch nicht zur zweiten Natur geworden ist, können Sie versuchen, das, was Sie auf dem Kissen gelernt haben, bewusst in der äußeren Welt anzuwenden.

RESPEKT FÜR ANDERE MENSCHEN

Die Fünf Regeln für sittliches Verhalten ermutigen uns, anderen respektvoll zu begegnen. Wir achten ihr Bedürfnis nach Ruhe, Ungestörtheit und Unverletztheit. Wir achten sie in unseren Taten, Worten und Gedanken. Wir leben nach der Goldenen Regel: Behandle andere so, wie du selbst behandelt werden möchtest.

Menschen sind soziale Wesen. Wir kommen gerne mit anderen zusammen, auch wenn uns dies mitunter Schmerz und Kummer verursacht. Wie oft sind Sie schon frohgemut in einen Laden spaziert, nur um dort auf einen unfreundlichen Verkäufer oder Käufer zu treffen, der Ihnen die Laune verhagelt und einen Schatten auf Ihren schönen Tag geworfen hat? Wir können andere Menschen ganz gewaltig stören. Ein böses Wort, ein finsterer Blick, eine grobe Geste – ein Repertoire, das allen jederzeit zur Verfügung steht. Wir tragen in uns die Kraft großer Zerstörung.

Gerade heute sind wir von neuem mit dem konfrontiert, was mangelnde Harmonie anzurichten vermag: Krieg und Terrorismus auf der ganzen Welt. Die Scheidungsraten sind höher denn je. Immer mehr Streitfälle müssen vor Gericht entschieden werden. Sogar Talkshows gibt es, in denen zwei Leute zur Belustigung des Publikums heftig miteinander streiten.

Wo wir auch hinsehen, ist kaum noch Respekt für den Mitmenschen zu finden. Warum sollten wir also anders sein? Warum sollten wir die Krallen einziehen?

FAKTEN

Suzuki Roshi wurde einmal gefragt: »Was ist Zen?«
Er hob die Hand, zwei Finger gespreizt: »Nicht zwei«, sagte er.
Dann führte er die beiden Finger zusammen: »Einer.«

Frieden und Harmonie fördern

Zen verändert uns. Wir merken mehr und mehr, dass wir mit der Welt verbunden sind. Wir sind nicht allein, ganz im Gegensatz zu dem, was unser Ego uns einflüstert. Wir sind Teil eines Ganzen, das größer ist als wir selbst. Und wir sind alle miteinander vernetzt. Wer die Erde schädigt, schädigt auch den Wald. Wer den Wald schädigt, verdirbt die Luft,

Kapitel 7 – Zen in Beziehungen

die wir alle atmen. Wenn wir aber die Luft zum Atmen verpesten, schaden wir damit jedem einzelnen Wesen auf diesem Planeten. Wir können die Natur nicht hemmungslos ausbeuten, wie wir zu glauben scheinen. Keiner von uns lebt außerhalb dieses Netzes, allein und von allem getrennt. Wenn während unserer Praxis diese Einsicht in uns langsam wächst, wissen wir, dass wir keinen Schaden anrichten können, ohne uns selbst zu schaden.

Wenn wir uns also von dem ungehobelten Verkäufer die Laune verderben lassen und unsere Wut dann an anderen auslassen, drücken sich in unserem Verhalten keineswegs Mitgefühl und Harmonie aus. Doch wir praktizieren Zen ja gerade, um uns zu verändern, um offener in Herz und Geist zu werden. Statt also jemand anderen die Auswirkungen unserer negativen Erfahrung spüren zu lassen, könnten wir diese vielleicht in eine positive umwandeln.

Wir können auf den Verkäufer mit innerem Frieden reagieren und offenen Herzens mit ihm umgehen. Wenn Sie je einem Menschen begegnet sind, der Ihnen ein fröhliches »Guten Morgen!« zugerufen hat, wissen Sie, was ein Lächeln und ein offenes Herz bewirken können. Man fühlt sich plötzlich leichter und ist gerne Teil dieser Welt. Jemand hat einen Schalter in Ihnen umgelegt und plötzlich ist der Tag hell und licht.

Es gibt keine erleuchteten Menschen. Nur Erleuchtung.

Buddha

Wir sollten die Welt achten und fangen am besten mit den Wesen an, die sie bewohnen. Die Welt und alles, was sich darin aufhält, verdient unseren Respekt und unsere Aufmerksamkeit. Wenn wir nicht damit anfangen, wer dann? Warten Sie nicht, bis andere den ersten Schritt tun. Das ist doch ziemlich feige, oder? Und Zazen zu üben ist sehr mutig. Nur sehr starke und mutige Menschen stellen sich ihren größten Ängsten und blicken aufrichtig in ihr Herz. Wenn Sie Mitgefühl, Liebe und Achtsamkeit entwickeln wollen, leben Sie Ihr höchstes Potenzial. Solch ein Mensch zu sein ist das Beste, was wir Menschen sein können. Warten Sie nicht, bis Sie erleuchtet sind: Fangen Sie noch heute an!

ZEN UND UNSER VERHÄLTNIS ZU DEN ELTERN

In *Was der Buddha lehrt* erzählt Walpola Rahula die Geschichte einer Begegnung zwischen einem jungen Inder namens Sigala und dem Buddha. Zu jener Zeit verehrte Sigala die sechs Himmelsrichtungen Osten, Westen, Norden, Süden, Nadir und Zenit (unten und oben). Sein Vater

Kapitel 7 – Zen in Beziehungen

hatte ihn dies gelehrt, und er kam seinen religiösen Pflichten mit großem Eifer nach. Der Buddha jedoch lehrte Sigala etwas vollkommen anderes, denn dem Buddha zufolge standen die sechs Himmelsrichtungen für: Eltern; Lehrer; Partner und Kinder; Freunde, Verwandte und Nachbarn; Diener, Angestellte und Arbeiter; und religiöse Würdenträger.

Pflichten

Wie aber können wir den Menschen in unserem Leben Respekt bezeigen? Buddha sagt, wir sollten dies tun, indem wir unsere Pflicht ihnen gegenüber erfüllen.

Wie können Sie also Ihre Eltern ehren? Indem Sie respektvoll mit ihnen umgehen und ihnen aufmerksam zuhören. Nehmen Sie sich ihrer an, wenn sie alt sind.

Heißt das nun, dass Sie sie in ein teures Pflegeheim stecken und einmal pro Monat besuchen müssen? Nun, vielleicht. Das müssen Sie selbst entscheiden. Besuchen Sie Ihre Eltern und helfen Sie ihnen bei allem, was getan werden muss. Zen heißt, dass wir ein bescheidenes Leben führen.

Wir machen sauber, wir kochen, wir kümmern uns um den Garten. Wir fegen, wir versorgen Kranke, wir wechseln die Bettlaken, wir schrubben Toiletten.

PRAXIS: Wenn Sie Ihre Eltern besuchen, warten Sie nicht, bis Sie gebeten werden, etwas zu tun. Wenn Sie sehen, dass der Rasen gemäht werden muss, mähen Sie ihn. Wenn das Unkraut überhand nimmt, reißen Sie es aus. Erledigen Sie die Einkäufe, wischen Sie Staub. Hören Sie ihnen voller Aufmerksamkeit und Liebe zu. Seien Sie im Leben Ihrer Eltern anwesend. Zeigen Sie ihnen Ihre Liebe in Worten, Gesten und im Geiste.

Zuhören

Zen mit einer Familie praktizieren, die nicht erleuchtet ist, ist beileibe keine leichte Aufgabe. Aber Zen zu leben ist ja im Allgemeinen schon keine leichte Sache. Schließlich möchten Sie Ihre Praxis ja immer weiter vertiefen. Wie weit sind Sie also bereit, sich zu Ihrer Mutter zu setzen und ihr mit offenem Herzen zuzuhören? Mütter berühren bekanntlich ständig unsere empfindlichen Punkte. Schließlich sind diese ja auch ihr Werk. Und im Zen streben wir danach, diese wunden Punkte aufzulösen. Denn sie mit uns herumzutragen bedeutet, dass wir an unserem Selbst hängen. Am Selbst zu hängen ist nicht Zen. Im Zen versuchen wir, nichts zu sein.

Alfred Korzybski, der Begründer der Allgemeinen Semantik, meinte dazu: »Die Schwierigkeit mit dem Verb ›sein‹ liegt darin, dass es eine statische, absolute Qualität voraussetzt, wo doch das Universum ständigem Wandel unterworfen ist.« Sobald wir sagen »Wir sind.« oder »Das ist.« oder das Verb »sein« in irgendeiner anderen Weise verwenden, stellen wir uns etwas Festes, Unveränderliches vor. Wir versuchen, das Objekt festzuhalten und es am Wandel zu hindern. Sobald wir sagen »Ich bin.« frieren wir uns gleichsam ein. Dasselbe gilt für unsere Umgebung. Doch wie wir aus unserer Zen-Praxis wissen, ist die Natur der Dinge der Wandel. Daher ist es besser, wir halten uns mit Aussagen wie »Ich bin …« oder »Du bist …« zurück. Manchmal ist es ohnehin besser, gar nichts zu sagen und zuzuhören.

ZEN UND UNSER VERHÄLTNIS ZU DEN KINDERN

Kinder sind etwas Wunderbares. Sie schenken uns Freude und Liebe. Sie öffnen uns die Augen für die Wunder der Welt. Doch Kinder bringen auch unsere schlechtesten Seiten zum Vorschein, weil der Umgang mit ihnen manchmal frustrierend ist und uns wütend macht. Also sind Kinder eine wunderbare Möglichkeit zu praktizieren.

FRAGE: *Soll ich meinen Kindern Zazen zeigen?* Zeigen Sie Ihren Kindern Zen in Ihrem Tun und Ihrer inneren Haltung, aber zwingen Sie sie zu nichts – unter keinen Umständen. Wenn Ihre Kinder sehen, dass Zen funktioniert, werden sie selbst darum bitten, mitmachen zu können. Dann entwickeln sie ihre eigene Praxis.

Eine meiner Freundinnen hat mir diese Geschichte erzählt: Ein Elternpaar kommt nach Hause und hat Geschenke für die Zwilingstöchterchen dabei. Es sind zwei wunderschöne Puppen, die sich überhaupt nicht ähneln. Die Eltern entscheiden, dass das älteste Mädchen die erste Wahl haben soll. Das Mädchen schwieg lange Zeit und ließ den Blick verzweifelt immer wieder von einer Puppe zur anderen wandern. Schließlich sagt die Mutter zu ihr: »Nun, welche Puppe möchtest du, Liebes? Such dir einfach eine aus.« Da brach es dem Mädchen heraus: »Ich will ihre Puppe haben.« Wobei sie mit dem Zeigefinger auf ihre Schwester zeigte.

Zen zu leben heißt großzügig zu geben und trotzdem immer genug zu haben. Das arme Mädchen wollte so gerne das, was ihrer Schwester gehörte. Sie hatte schreckliche Angst, die falsche Puppe auszusuchen, weil sie von vornherein davon ausging, dass ihre Schwester die bessere Puppe bekommen würde. Dabei trägt sie die beste Puppe doch in sich. Wir haben immer das Beste, wenn wir offenen Herzens leben. Wir haben immer so viel, dass es reicht. Genug eben.

In der Gegenwart sein

Wenn wir mit unseren Kindern zusammen sind, können wir daran arbeiten, wirklich präsent zu sein. Wenn sie sich schlecht benehmen, gehen wir jetzt auf das Fehlverhalten ein. Wir bilden uns nicht ein, weil sie jetzt weinen und schreien, werden sie das auch am Abend tun, wenn wir Gäste haben.

Wenn Ihr Kind jetzt Schwierigkeiten beim Lesen hat, heißt das nicht, dass es nie besser wird. Leben Sie in der Gegenwart und nicht in der Vergangenheit oder Zukunft.

Kümmern Sie sich um Ihre Kinder, um ihre körperliche und seelische Gesundheit. Sichern Sie ihre finanzielle Zukunft. Führen Sie ihnen vor Augen, was Ethik ist, indem Sie ihnen ein gutes Beispiel geben. Zeigen Sie ihnen, was Liebe und Respekt sind. Lehren Sie sie nichts, was Sie nicht auch tun. Sie müssen leben, was Sie ihnen predigen.

PRAXIS Wenn Sie achtsam mit Ihren Kindern umgehen, lernen sie, ihrerseits achtsam gegenüber anderen Menschen zu sein. Hören Sie ihnen aber nicht zu, wenn Sie abends müde von der Arbeit nach Hause kommen und Ihre Kinder von der Schule berichten, dann geben Sie ein lebendes Beispiel, dass es nicht nötig ist, achtsam zu sein. Ihre Kinder verdienen Ihre Achtung. Widmen Sie ihnen also Ihre ganze Aufmerksamkeit.

Versuchen Sie, so weit es geht, Ihre Kinder von Dingen fern zu halten, die sie negativ beeinflussen. Lassen Sie ihnen eine gute Erziehung zuteil werden. Zeigen Sie ihnen, wie sie für sich selbst und ihre Umwelt sorgen können. Schenken Sie Ihren Kindern Sauberkeit, Sicherheit und gute Ernährung. Vermeiden Sie es, ihnen zu viel zu geben – vor allem beim Essen. Stellen Sie Ihren Kindern Aufgaben, damit sie die Freuden der Arbeit ken-

Kapitel 7 – Zen in Beziehungen

nen lernen. Es ist schwierig, sich heute seiner Familie zu widmen, weil die Außenwelt so viele Anforderungen stellt. Arbeit, Freunde und alle möglichen Verpflichtungen nehmen uns die Zeit, die wir mit der Familie verbringen können. Doch wenn Sie Zazen praktizieren, werden Sie bald feststellen, dass Sie die Zeit, die Ihnen bleibt, besser nutzen können. So sind Sie für Ihre Kinder da und in Ihrem Leben wirklich »anwesend«. Tun Sie, was Ihr Kind möchte, statt es zu zwingen, das zu tun, was Sie möchten. Sie möchten am Wochenende vielleicht gerne Rad fahren. Nachdem Sie die ganze Woche im Büro eingesperrt waren, brauchen Sie vielleicht das Training und die frische Luft auf dem Gesicht. Aber Ihr Kind hasst Radfahren und möchte lieber zuhause bleiben und malen. Sind Sie in der Lage, das Radfahren sein zu lassen und sich Ihrem Kind zu widmen? Stellen Sie sich einmal vor, was es für Ihr Kind bedeutet, wenn Sie ihm zeigen, dass die Zeit mit ihm Ihnen wichtiger ist als Ihr Fahrrad!

P **PRAXIS** Teenager sind meist besonders schwierig. Sie müssen mit den Veränderungen in ihrem Körper und ihrem Leben fertig werden. Gleichzeitig pochen sie auf ihre Unabhängigkeit – und das keineswegs nett und freundlich. Aber gerade jetzt sollten Sie ihnen zuhören, sie achten und für ihre Sicherheit sorgen. Wenn Sie ihnen aufmerksam zuhören, werden Sie die Warnzeichen für echte Probleme, die ihnen sonst vielleicht entgehen würden, nicht übersehen.

FREUNDLICHES ZEN

Es gibt eine alte, sehr berühmte Zen-Geschichte über zwei Freunde:

Einer der Freunde spielte sehr geschickt Harfe. Der andere hörte zu – ebenso geschickt.

Als der Freund die Harfe spielte und dazu ein Lied über einen Berg sang, sagte der Zuhörer: »Ich sehe den Berg wirklich vor uns.«

Als der Harfenspieler ein Lied über das Wasser sang, antwortete der

Freund: »Der Strom verläuft hier, direkt zu unseren Füßen.«

Eines Tages erkrankte der Freund und starb. Daraufhin schnitt der Harfenspieler die Saiten seines Instruments durch und spielte nie wieder.

Wechselseitiges Verbundensein und Güte

Diese wunderbare Geschichte aus dem alten China zeigt, wie sehr Lebewesen miteinander verknüpft sind.

Kapitel 7 – Zen in Beziehungen

Ohne seinen Zuhörer kann der Harfenspieler nicht mehr die gleiche Musik machen. Sie sind voneinander abhängig. Machen Sie sich klar, dass auch Sie in all Ihren Beziehungen geben und nehmen. Werden Sie sich der Rollen bewusst, die Sie spielen. Bis heute gilt das Durchschneiden der Harfensaiten als Beweis echter Freundschaft.

Fragen Sie sich in jedem Moment Ihres Lebens, wie Sie anderen helfen. Und zwar nicht nur den menschlichen Wesen, sondern der ganzen Welt. Wenn Erleuchtung und rechte Lebensführung zusammenkommen, wird Ihr Leben reine Wahrheit und die Welt der Leiden zum Paradies. In diesem Augenblick können Sie die leidende Welt auch für andere zum Paradies machen.

Seung Sahn

Die beste Möglichkeit, die engen Grenzen des Ich hinter sich zu lassen, ist, etwas für andere zu tun. Wir haben nicht begriffen, was Nicht-Selbst wirklich bedeutet, wenn wir unser Leben nicht auf diese Art führen. Was können Sie für Ihre Freunde tun, für die Menschen, die Ihnen nahe stehen, und für andere, die Sie überhaupt nicht kennen? Entwickeln Sie den Geist der Güte. Lassen Sie Ihr kleines Selbst zurück. Üben Sie sich in »unparteiischer Freundlichkeit«, wie es so schön heißt. Der Weg zum Glück führt nämlich schnurstracks hinaus aus Ihrem Ich.

BINDUNGEN EINGEHEN

Liebe ist eine wundervolle Achterbahnfahrt durchs Leben. Haben Sie einen Menschen gefunden, mit dem Sie das Leben teilen können, dürfen Sie sich glücklich schätzen. Denn in der Liebe zeigt das Leiden mehr als irgendwo sonst sein böses Gesicht. Liebe bedeutet häufig, dass sich unsere Möglichkeiten zu leiden noch vermehren. Zen in der Liebe zu praktizieren bedeutet nun nicht, dass unser Liebesleben rundum glücklich sein wird. Es heißt einfach, dass wir das Leiden akzeptieren und trotzdem offenen Herzens mitfühlend bleiben. Sie sitzen einfach, ob Sie nun leiden oder nicht.

Wenn Sie tatsächlich einen anderen Menschen gefunden haben, mit dem Sie das Leben teilen wollen, bedeutet das nicht, dass Sie endlich »Ihre fehlende Hälfte« wieder haben. Sie hatten auch vor dieser Beziehung schon alles, was Sie brauchen. Die Liebe ist nur eine nette Beigabe. Niemand kann Sie »ganz« machen. Sie sind bereits vollkommen. Niemand kann Ihnen etwas geben, was Sie nicht bereits besitzen. Wenn Sie in der Außenwelt nach Vervollständigung suchen, öffnen Sie dem Leiden Tür und Tor.

Kapitel 7 – Zen in Beziehungen

Gemeinsam getrennt leben

Zen in der Liebe bedeutet, gemeinsam getrennt zu leben oder »allein mit anderen« wie Stephen Batchelor dies ausdrückt. Sie merken, dass Sie allein für sich die Verantwortung tragen. Nur Sie bestimmen, wie Sie sich verhalten. Ganz egal, wie Ihr Liebesleben läuft, es ist Ihre Aufgabe, Mitgefühl, Güte, Achtung und Eifer zu zeigen. Lassen Sie Ihre Erwartungen an andere los und seien Sie, was Sie sich wünschen. Seien Sie der Partner, den Sie sich immer erträumt haben. Geben Sie Ihre Liebe so, wie Sie sie bekommen möchten. Erwarten Sie nichts – dann wird Ihr Leben wunderbar.

Hoffen wir, dass Sie einen Partner gewählt haben, der ebenfalls aus sich selbst heraus ein ganzer Mensch ist. Hoffen wir, dass Sie allein zu zweit durchs Leben gehen und gute Freunde sein können. Denn dann haben Sie wahre Liebe gefunden, auf deren Grund eine tiefe Freundschaft ruht. Dann haben Sie jemanden gefunden, dessentwegen Sie die Harfensaiten durchschneiden können.

PRAXIS

Suchen Sie in Ihrer Beziehung nicht nach Problemen, wo keine sind. Akzeptieren Sie, was Ihr Partner sagt, als wahr und lassen Sie los. Schenken Sie Ihrem Partner so viel Vertrauen, wie Sie Ihrer Ansicht nach selbst verdienen. Bleiben Sie achtsam und präsent. Damit machen Sie Ihrem Partner das größte Geschenk überhaupt.

Leben Sie nicht in der Vergangenheit

Es gibt da in Sean Murphys Buch *One Bird, One Stone* eine wunderbare Geschichte über den vietnamesischen Zen-Mönch Thich Nhat Hanh. Ein amerikanischer Vietnam-Veteran kam eines Tages zu ihm und erzählte ihm, dass er während des Krieges in einem Hinterhalt fünf Kinder getötet habe. Heute leide er unter dieser Tat so sehr, dass er nicht einmal mit Kindern in einem Raum bleiben könne.

Thich Nhat Hanh antwortete ihm: »In diesem Augenblick sterben auf der ganzen Welt zahlreiche Kinder. Manche bräuchten nur eine einzige Tablette. Wenn Sie achtsam sind, können Sie dafür sorgen, dass die Kinder diese einzige Tablette bekommen und ihr Leben behalten. Wenn Sie dies fünf Mal tun, retten Sie fünf Kindern das Leben. Was getan werden muss, muss jetzt getan werden.

Auf der Welt sterben jeden Tag 40 000 Kinder an Unterernährung. Warum hängen Sie weiter an der Vergangenheit und beklagen fünf Kinder, die bereits tot sind, wo Sie doch jetzt, in diesem Augenblick, die Macht haben, die Dinge zu ändern?«

Diese beeindruckende Lektion gilt auch für unser Liebesleben. Viele Menschen leben in Beziehungen und halten an alten Wunden fest. Sie benutzen sie als Schutzschild gegen mögliche weitere Verletzungen.

Leben Sie nicht in der Vergangenheit. Vergeben Sie, lockern Sie Ihren Griff und lassen Sie los. Leben Sie in der Gegenwart. Sie ist alles, was wir haben. Das heißt nicht, dass Sie in einer Beziehung ausharren sollen, die Ihnen schadet, aber schleppen Sie die Vergangenheit nicht mit sich herum wie einen Sack Steine. Sie ist vorüber. Wir aber leben in der Gegenwart. Hier. Und jetzt. Atmen Sie einfach ...

ZEN UND DIE EHE

Menschen, die Zen praktizieren, kümmern sich normalerweise eher wenig um Äußerlichkeiten. Daher gibt es nur wenige formelle Zeremonien für Ereignisse, die das ganze Leben verändern, wie zum Beispiel Heirat, Scheidung, Geburt oder Tod. Bis vor kurzem gab es kaum Hochzeitsrituale im Zen. Das bedeu-

tet nicht, dass es diesbezüglich keine Möglichkeiten gibt. Nur, dass Sie sich vielleicht selbst darum kümmern müssen.

Ich sitze nicht nur für mich, für Sie oder für das Minnesota Zen Center. Ich sitze hier für alle fühlenden Wesen auf der ganzen Welt – heute und immerdar.

Dainin Katagiri Roshi

Wenn Sie eine Hochzeitszeremonie unter Anleitung eines ordinierten Mönchs bzw. einer Nonne planen, fragen Sie am besten bei der Deutschen Buddhistischen Union (Adresse siehe Anhang) nach, ob und wie das funktioniert. Offiziell allerdings sind Sie nur dann verheiratet, wenn Sie sich standesamtlich trauen lassen.

Hochzeit im Soto-Zen

Die Soto-Tradition kennt eine Eheschließungszeremonie. Jiho Sargent beschreibt in *108 Answers: Asking About Zen* den Verlauf einer Hochzeit in der Soto-Tradition:

– Eröffnende Worte des
  Priesters
– Verlesen der gegenseitigen
  Eheversprechen
– Der Priester sprengt Wasser
  auf den Kopf von Braut und
  Bräutigam, um symbolisch

die Übertragung von Weisheit darzustellen.
– Die Gebetsperlen und Eheringe werden gesegnet.
– Die Hochzeitsgesellschaft singt die Zufluchtsformel.
– Braut und Bräutigam sprechen die Vier Gelübde.
– Der Priester hält eine Ansprache.
– Die Hochzeitsgesellschaft singt die Vier Gelübde.
– Abschließende Worte

Hochzeit im Rinzai-Zen

Eine Rinzai-Zeremonie würde nicht viel anders aussehen. Eine der Autorinnen ist Rinzai-Schülerin und ihre Hochzeitszeremonie verlief recht ähnlich, obwohl sie vom Priester, der Braut und dem Bräutigam selbst gestaltet wurde. Dies war der genaue Ablauf:

– Kurze Meditation, die vom Priester geleitet wurde
– Lesung von Texten, die von Braut, Bräutigam ausgewählt und von Freunden und Familienmitgliedern vorgetragen wurden
– Ansprache durch den Zen-Priester
– Rezitation der Vier Gelübde
– Persönliche Versprechen.

Die persönlichen Versprechen sahen in diesem Fall so aus

Der Zen-Priester fragt: »Willst Du, (hier folgt der Name der Braut), den hier anwesenden (hier folgt der Name des Bräutigams) lieben, unterstützen und beschützen und ihm auf seinem Weg zur Erleuchtung helfen?«
Braut: »Ja, ich will.«

Zen-Priester: »Willst Du, (hier folgt der Name des Bräutigams), die hier anwesende (hier folgt der Name der Braut) lieben, unterstützen und beschützen und ihr auf ihrem Weg zur Erleuchtung helfen?«
Bräutigam: »Ja, ich will.«

Zen-Priester: »Dann erkläre ich, (hier folgen Name und Titel des Priesters), ein Lehrer der Rinzai-Tradition, euch zu Mann und Frau.«

Was sind die vier Gelübde?

Es gibt kaum formale Anforderungen an eine Hochzeitszeremonie im Zen. Fast immer jedoch legen Braut und Bräutigam die Vier Gelübde in Gegenwart eines Priesters ab:

1. Wie zahlreich die Wesen auch seien, ich gelobe, sie alle zu retten.
2. Wie zahlreich die Leidenschaften auch seien, ich gelobe, sie alle aufzugeben.
3. Wie zahlreich die Worte des Dharmas auch seien,

Kapitel 7 – Zen in Beziehungen

ich gelobe, sie alle zu ergründen.

4. Wie vollkommen ein Buddha auch sei, ich gelobe, ein solcher zu werden.

Mitgefühl, Respekt und Praxis

Bei einer Zen-Zeremonie stehen immer Mitgefühl, Achtung und die Praxis selbst im Vordergrund. Ansonsten ist eine Ehe im Zeichen des Zen wie jede normale Ehe: Wir sollten selbstlos und liebevoll, kompromissbereit und ehrlich sein. Wenn Sie Zen-Praktizierender sind, üben Sie sich in den Fünf Regeln sittlichen Verhaltens, was bedeutet, dass Sie Ihrem Partner jederzeit Achtung entgegenbringen. Sie werden treu, ehrlich und bescheiden sein und dabei hart arbeiten. Eine »Zen-Ehe« unterscheidet sich in nichts von anderen Ehen. Jeder, der heiratet, tut dies aus einer bestimmten Hoffnung heraus.

Selbstlos möchten wir unser Bestes tun, damit diese Ehe klappt. Doch auch im Zeichen des Zen geschlossene Ehen gehen manchmal in die Brüche. Wie andere Ehen auch.

Wir sind Menschen. Und Menschen verändern sich. Die Vergänglichkeit nimmt auch die Ehe nicht aus. Wenn wir Zen in unsere Beziehungen einbringen wollen, bedeutet dies in erster Linie, dass wir uns bei jeder Gelegenheit in Achtsamkeit und Respekt üben. Je mehr Sie Zazen üben, desto normaler wird das für Sie. Sie lassen Ihr Ego immer mehr hinter sich und entwickeln sich zu einem selbstlosen Menschen, der in einer Beziehung wirklich geben kann, statt immer noch mehr zu fordern. Wenn Sie sitzen und ganz in der Gegenwart leben, sind Sie wirklich in der Lage, Beziehungen zu leben. Reife, liebevolle, auf Gleichberechtigung basierende Beziehungen, die zu mehr Wachstum, Harmonie und Freundschaft führen.

KAPITEL 8
DIE FUNKTION DES LEHRERS
IN DER ZEN-PRAXIS

Der Lehrer ist das Fundament einer
sinnvollen Zen-Praxis. Ein Lehrer
zeigt uns die Richtung, wenn wir uns
verirrt haben. Er inspiriert und motiviert uns, unsere Anstrengungen aufrechtzuerhalten. Die Beziehung zum
eigenen Lehrer ist von großer Nähe
geprägt. Sie gleicht keiner anderen.
Dieser Mensch ist der Erste, der Sie
so sieht, wie Sie wirklich sind.

WER IST DER TYP IN DEM KOMISCHEN GEWAND?

Wenn Sie schon einmal ein Meditationszentrum besucht haben, haben Sie sich vielleicht gefragt, wer dieser merkwürdig gewandete Mensch ist, der den Meditierenden gegenübersitzt. Das ist der Zen-Lehrer. Er wird Ihr Führer werden. Er (oder sie) hilft Ihnen, Ihre wahre Natur, Ihre Buddha-Natur zu entdecken.

FAKTEN Der Zen-Priester trägt den Titel Roshi, was einfach »Lehrer« bedeutet. Ein anderes Wort für Lehrer ist Sensei.

Ein Zen-Lehrer kann sowohl ein Mann als auch eine Frau sein. Solche Unterscheidungen haben keine Bedeutung, wenn es zum Erwachen kommt. Obwohl der Buddha Frauen zuerst nicht in die Gemeinschaft seiner Schüler aufnehmen wollte, weil er um die Konzentrationsfähigkeit seiner männlichen Schüler fürchtete, gab er schließlich dem Drängen seiner Tante Prajapati nach, welche die Gelübde ablegen wollte. In kürzester Zeit schlossen sich ihr fünfhundert Nonnen an und der Sangha (Gemeinschaft) der Gläubigen umfasste nun auch Frauen, die nach Erleuchtung strebten.

Der Roshi

Ziel des Zen-Lehrers ist es, seinen Schülern beim Erlangen der Erleuchtung zu helfen. Der Lehrer übt häufig auch in einem Kloster, einem Meditationszentrum oder in einer locker organisierten Zen-Gemeinschaft eine leitende Funktion aus. Die meisten Zen-Klöster haben einen Roshi und vielleicht auch noch einen weiteren Mönch, der die Leitung übernimmt, wenn der Roshi verhindert ist, sich zu einer Klausur zurückzieht oder stirbt.

Normalerweise ist der Roshi derjenige, der in der ganzen Gemeinschaft am härtesten arbeitet. Er oder sie steht als Erster auf und weckt die anderen Mitglieder der Gemeinschaft zur frühmorgendlichen Praxis. Er leitet die Sutra-Rezitation, übt Zazen, arbeitet und erfüllt die Aufgaben, die dem Kloster obliegen. Er hält Vorträge und nimmt sich Zeit für seine Schüler.

Kapitel 8 – Die Funktion des Lehrers in der Zen-Praxis

Qualifikation

Vermutlich fragen Sie sich, welche Qualifikation ein Zen-Lehrer braucht. Ihr Zen-Lehrer hat Erleuchtung verwirklicht. Sein Lehrer gab ihm die Übertragung seiner Praxis-Linie, als er ihn für bereit hielt.

Viele Zen-Lehrer erkennen an, dass ein Schüler Daikensho (die große Erleuchtung) erfahren hat, lassen den Schüler aber noch einige Jahre lang weiter praktizieren, bevor sie ihm erlauben, selbst Schüler anzunehmen.

Nicht alle Menschen, die Erleuchtung erlangen, wollen selbst lehren. Im Zen gilt Lehren als Pfad des Bodhisattva. Ein Bodhisattva ist ein Mensch, der selbst Erleuchtung erlangt hat, seinen Eingang ins Nirwana jedoch aufschiebt, um anderen zu helfen, ebenfalls diese Stufe zu erklimmen.

Im Westen sind die meisten Zen-Praktizierenden keine Mönche oder Nonnen. Traditionell lebten die Zen-Schüler im Kloster, doch dies hat sich im Westen stark geändert.

Im Zen kann man die Rolle des Lehrers, der die Pfade dieser anstrengenden Reise bis ins Herz unseres Seins vermessen hat und sie in- und auswendig kennt, gar nicht hoch genug einschätzen.
Ruben Habito:
Healing Breath

Der Wegweiser zur Erleuchtung

Die Bedeutung des Lehrers im Zen kann gar nicht hoch genug eingeschätzt werden. Sie können alle Bücher über Zen gelesen haben, doch Sie werden erst wirklich verstehen, wenn Sie mit der Praxis beginnen. Zen lebt in der Praxis, in Ihrem Tun und Lassen. Sie können sich den Weg zum Herzen des Zen nicht erlesen, weil es sich nicht nur im Verstand, sondern auch in Körper und Geist ereignet. Ohne einen Lehrer, der uns den Weg zeigt, können wir uns leicht verirren. Ein Lehrer hat diese unglaubliche Reise bereits unternommen. Er hat seinen Weg durch das Labyrinth der Zen-Praxis gefunden. Ihr Zen-Lehrer kennt die Landkarte, der Sie folgen müssen, um Ihre wahre Natur zu finden. Er oder sie hat den Prozess des Erwachens bereits hinter sich gebracht und weiß, wohin die Reise geht.

EINEN LEHRER FINDEN

Wie aber findet man einen Lehrer, der einen durch das Labyrinth geleitet? Glücklicherweise ist Zen im Westen mittlerweile fest verwurzelt, sodass es auch hier qualifizierte Lehrer gibt. Möglicherweise lehrt an Ihrem Zentrum vor Ort ein eigener Roshi. Oder Sie finden einen in einem nahe gelegenen Meditationszentrum, über

Kapitel 8 – Die Funktion des Lehrers in der Zen-Praxis

die Webseite oder die Telefon-Hotline der buddhistischen Organisationen in Deutschland (siehe Anhang C). Meist aber führt der Weg über Mundpropaganda. Ein Freund kennt einen Freund, der wiederum schon einmal bei diesem oder jenem Lehrer war. Oder Sie lehnen sich einfach zurück, entspannen sich und warten. Schließlich heißt es nicht umsonst, der Lehrer zeige sich, sobald der Schüler bereit sei.

PRAXIS

Denken Sie daran, dass alles um uns herum uns ständig als Belehrung dienen kann. Die Gelegenheiten zu lernen geben sich in unserem Leben ohnehin die Türklinke in die Hand. Suchen Sie sich einen Zen-Lehrer, doch verlieren Sie nicht die kostbaren Lehren aus den Augen, die der Alltag für uns bereithält. Sogar das Stoppschild an der nächsten Kreuzung hat uns etwas zu sagen.

Machen Sie sich keine Gedanken darüber, ob Ihr Lehrer ein echter Meister ist. Das Wichtigste ist Ihre Praxis. Ob Ihre Praxis gut oder schlecht, der Lehrer gut oder schlecht ist, ist alles Teil des Weges. Vertrauen Sie der Welt: Sie liefert Ihnen die Lektionen, die Sie brauchen. Die ganze Welt ist Ihr Zendo.

Wie man sich auf eine Begegnung mit dem Lehrer vorbereitet

Was ist nötig, um sich auf eine Begegnung mit einem Zen-Lehrer vorzubereiten? Nichts. Zu eben diesem Thema gibt es eine schöne Geschichte:

Ein Universitätsprofessor, der Fragen zum Thema Zen hat, ist bei einem Zen-Meister zum Tee eingeladen. Der Meister gießt den Tee in die Tasse des Professors. Er füllt die Tasse, bis sie voll ist, hört aber nicht auf, immer weiter Tee in die Tasse zu gießen. Der Professor sieht, wie die Tasse überläuft, und kann sich nicht beherrschen. Er ruft: »Sie läuft über. Die Tasse ist randvoll!«

Der Zen-Meister antwortet ihm: »Und Sie sind so voll mit Meinungen und Vorstellungen wie diese Tasse. Wie soll ich Ihnen Zen zeigen, wenn Sie so voll sind? Sie müssen zuerst Ihre Tasse leeren.«

DAS ZUSAMMENSPIEL MIT DEM LEHRER

Ihr Lehrer ist für Sie wie ein Spiegel. Wenn er mit Ihnen in Kontakt tritt, trifft er in Wirklichkeit sich selbst. Wenn Sie Ihren Lehrer kennen lernen, sehen Sie sich selbst zum ersten Mal. Wie John Daido Loori in *The Eight Gates of Zen* schreibt: »Um diese Nähe geht es bei der Beziehung zwischen Lehrer und Schüler. Letztendlich lernt der Schüler sich ebenso selbst kennen wie der Lehrer. Der Lehrer unterrichtet sich selbst, der Schüler lehrt sich selbst. Körper und Geist lösen sich auf. Beide verschmelzen.«

Aus diesem Grund ist die Funktion eines Zen-Lehrers so schwer zu definieren. Der Lehrer kann einen vollkommen bescheidenen Eindruck machen. Er sieht letztlich nach nichts Besonderem aus. Doch wenn wir mit ihm in Kontakt treten, blicken wir uns selbst ins Antlitz. Wenn Sie darauf achten, werden Sie es merken.

Eine Schülerin quälte sich mit der Frage, ob sie noch mehr und intensiver Zen praktizieren solle. Sie sprach mit Suzuki Roshi und sagte zu ihm: »In mir ist ein Ja und ein Nein.«
»Dann folge dem Ja«, antwortete er.

Stille

Eine Schülerin war sehr frustriert und wollte ihre Praxis aufgeben. Also ging sie zu ihrem Lehrer und ließ ihn ihren Ärger spüren: »Ich weiß gar nicht, warum ich überhaupt noch sitze. Ich würde am liebsten aufhören«, meinte sie. Sie wünschte sich, der Lehrer würde ihr raten weiterzumachen, weil sie ja alles ganz wunderbar mache. Sie wollte, dass er ihr irgendein lohnendes Ziel in der Zukunft versprach. Doch ihr Lehrer saß nur still da. Wütend verließ sie den Raum und ging nach Hause in der festen Überzeugung, dass Zen ihr nun ein für alle Mal gestohlen bleiben könne.

Diese blöde Sitzerei war ohnehin nur Zeitverschwendung. Doch die Stille des Lehrers klang ihr immer noch in den Ohren. Tagelang hing sie über ihr und hallte in ihrem Geist nach. Langsam machte sich in ihr eine Erkenntnis breit. Wenn sie nicht bereit war, hatte sie auch keinen Lehrer. Dann existierte der Lehrer nicht. Wenn sie nicht zum Zen käme, gäbe es für sie keinen Lehrer.

Die Bereitschaft zur Meditation musste tief aus ihrem Inneren kommen. Sie tat einen tiefen Blick in ihre eigene Natur, als sie sich mit der Stille des Lehrers auseinander setzte – und erlebte ein kleines Erwachen.

In der nächsten Woche kam sie zur Sitzmeditation mit einem neuen Verständnis ihrer selbst und einer erneuerten Hingabe an ihre Praxis. Es war nicht wichtig, wie es ihr ging. Wichtig war allein die Übung. Und Stille war ein großartiger Lehrer.

Kapitel 8 – Die Funktion des Lehrers in der Zen-Praxis

PRAXIS

Im Zen ist es wichtig, sich einen Lehrer zu suchen. Ziehen Sie nicht von Lehrer zu Lehrer, wenn es sich irgendwie vermeiden lässt. Der Stil der einzelnen Lehrer unterscheidet sich sehr, was uns am Anfang verwirren kann. Schenken Sie einem Lehrer Ihr Vertrauen und befragen Sie nur ihn zur Praxis. Auch Beständigkeit ist ein großer Lehrer.

Häufig ist Stille die Antwort, die wir von unserem Lehrer erhalten, wenn wir ihm eine Frage stellen. Für viele unserer Fragen ist dies die beste Antwort.

So fragte ein Schüler vor 2500 Jahren den Buddha, ob es denn ein Leben nach dem Tod gebe. Der Buddha antwortete, er sei wie ein Mann, der von einem vergifteten Pfeil getroffen worden sei. Bevor er dem Arzt erlaube, die Wunde zu versorgen, stelle er unzählige Fragen: woher der Pfeil denn komme, wer ihn abgeschossen habe, welches Gift benutzt worden sei, warum er ihn überhaupt getroffen habe und so weiter. Bevor all diese Fragen beantwortet würden, würde er wohl sterben.

Unsere Fragen drehen sich häufig darum, was wohl geschehen wird, was auf uns zukommen wird, was wir zu erwarten haben. Ihr Lehrer aber wird Ihnen helfen, das Leben jetzt zu leben. Machen Sie sich keine Sorgen, was als Nächstes kommt. Alles geschieht jetzt. Darüber hinaus gibt es nichts.

Den Weg zeigen

Im Kontakt mit Ihrem Lehrer wird Ihnen Ihr wahres Selbst enthüllt. Jede Begegnung ist ein Schritt auf dem Weg zur Erleuchtung. Ob Sie sich zum Teetrinken treffen oder zum Besprechen eines Koans, ob Sie eine Frage an ihn haben oder ihm nur kurz auf dem Flur über den Weg laufen, jedes Mal, wenn Sie Ihrem Lehrer ins Gesicht sehen, erfahren Sie etwas über Ihre eigene Natur. Wenn Sie bereit sind, wird die Erkenntnis kommen. Ihre wahre Natur wird enthüllt und Sie erwachen. Ihr Lehrer zeigt Ihnen nur den Weg, auf dem Sie erkennen können, was Sie bereits besitzen. Er schenkt Ihnen nichts. Er zeigt Ihnen nur den Weg zu Ihrem wahren Selbst.

Denken Sie an die abstrakten Schwarz-Weiß-Zeichnungen der 1970er und 80er-Jahre. Wenn man nur lange genug hinschaute, entdeckte man plötzlich einen dreidimensionalen Löwen darin. Oder eine Eule. Oder einen Affen. Wenn man dann blinzelte, war das Bild wie-

Kapitel 8 – Die Funktion des Lehrers in der Zen-Praxis

der verschwunden. Das Bild ist immer da, versteckt in der Zeichnung. Doch man kann es nur sehen, wenn die Rahmenbedingungen stimmen. Dasselbe gilt für unser wahres Selbst.

Es ist immer da, aber wir sehen es erst, wenn wir das Gerümpel unseres Ego beiseite geräumt und die Rahmenbedingungen, unter denen unser Leben bisher stand, geändert haben.

PRAXIS

Treten Sie die Beziehung zu Ihrem Lehrer offenen Herzens und offenen Geistes an. Seien Sie bereit zu praktizieren, egal, ob die Praxis gut oder schlecht, einfach oder schwierig, ermutigend oder ermüdend ist. Ihr Lehrer zeigt Ihnen den Weg, wenn Sie nur dabei bleiben.

Der Buddha sagte einst: »Ihr hört den Dharma mit eurem begrenzten Geist und so wird auch der Dharma engen Grenzen unterworfen und ihr erkennt die Dharma-Natur nicht. So als würde jemand vor euch stehen und mit dem Finger auf den Mond deuten. Wenn ihr jedoch den Blick nicht schweifen lasst und stattdessen den Finger für den Mond haltet, versteht ihr weder den Mond noch den Finger, weil ihr den Finger, der euch den Weg weist, für den leuchtenden Mond haltet.«

Anders gesagt: Verwechselt die Lehre nicht mit der Wahrheit. Verwechselt den Lehrer nicht mit der Buddha-Natur. Der Lehrer zeigt euch nur den Mond. Er ist nicht der Mond selbst.

SCHMERZ ALS WEG

Der größte Lehrer in unserer Praxis ist der Schmerz. Wenn wir Sitzmeditation üben, treten nicht selten Schmerzen auf – sowohl auf körperlicher wie auf emotionaler Ebene. Längere Zeit zu sitzen, ohne sich zu bewegen, ist gerade zu Beginn nicht einfach. Normalerweise, wenn wir uns unwohl fühlen, verändern wir unsere Haltung, um dem unangenehmen Gefühl zu entgehen. Und den Wunsch, sich zu bewegen, einfach auszusitzen, kann sehr schwierig sein.

Körperliche und emotionale Probleme

Obwohl es auf den ersten Blick nicht so aussieht, verlangt die Sitzmeditation eine Menge Energie. Je besser

Kapitel 8 – Die Funktion des Lehrers in der Zen-Praxis

Sie in Form sind, desto weniger ermüdend ist sie. Und je länger Sie Zazen üben, desto leichter wird es Ihnen fallen, lange Zeit zu sitzen.

PRAXIS

Unerschütterliche Entschlossenheit ist das Fundament unserer Praxis. Um emotionale und körperliche Probleme durch Zazen zu lösen, müssen wir fest entschlossen sein, dies auch zu Stande zu bringen. Da ist kein Raum für Unentschlossenheit. Es gibt keinen Weg zurück. Sobald Sie sitzen, sind Sie gehalten, sich nicht mehr zu bewegen.

Jemandem, der noch nie Zazen versucht hat, mag es lächerlich erscheinen, dass es so schwierig sein soll, still zu sitzen. Wenn Sie aber erst einmal eine bestimmte Zeit gesessen sind, werden Sie feststellen, dass Ihre Beine einschlafen oder dass sich Muskelkrämpfe einstellen. Ihr Nacken oder Ihr Rücken schmerzen. Irgendwo juckt es. Eine Haarsträhne fällt herab und stört Sie. Plötzlich spüren Sie einen Husten- oder Niesreiz. Die Nase läuft, in den Zehen kribbelt es. Und wenn Ihre Beine so richtig gefühllos werden, steigt die Angst in Ihnen hoch. Keine Angst, die meisten Krämpfe und alle Gefühle, die mit ihnen verbunden sind, wie Taubheit et cetera, vergehen ein paar Minuten nach dem Aufstehen.

Die emotionalen Probleme sind da schon schwieriger. Viele Schüler empfinden große Angst, wenn sie zum ersten Mal Sitzmeditation üben. Plötzlich sind sie mit sich selbst konfrontiert, mit Gedanken, denen sie immer aus dem Weg gegangen sind. Wenn wir im Sitzen mit all diesen Schwierigkeiten fertig werden müssen, lernen wir einiges über uns und die Welt. Indem wir den Schmerz, der im Zazen auftaucht, freiwillig auf uns nehmen, tauchen wir ein in die Welt. Die Grenzen zwischen uns und unserer Umwelt lösen sich allmählich auf.

Das Tor zur Buddha-Natur

Wenn Sie einfach sitzen bleiben, werden Sie feststellen, dass der Schmerz in den Beinen einfach verschwindet. Gehen Sie in Ihrer Praxis einfach über den Punkt des Schmerzes hinaus. Und dann über den Punkt des Nicht-Schmerzes. Je länger Sie Zazen praktizieren, desto öfter werden Sie die Erfahrung machen, dass die Dualität, in der wir leben, einfach verschwindet. Die Grenze zwischen Ihnen und allem anderen löst sich

Kapitel 8 – Die Funktion des Lehrers in der Zen-Praxis

Stück für Stück auf. Sitzen Sie also den Schmerz aus. Finden Sie den Mut, über den Schmerz hinaus zu gehen. Schmerz ist ein großartiger Lehrer. Sie werden viel über sich selbst lernen, wenn Sie lernen, mit dem Schmerz umzugehen. Diese Lektion ist von unschätzbarem Wert. Verurteilen Sie den Schmerz nicht. Sagen Sie sich nicht: »Das ist schlecht, weil es wehtut.« Sitzen Sie einfach mit dem Schmerz. Schließlich ist es nur Schmerz – alles ist in Ordnung. Der Schmerz ist das Tor, durch das Sie eine neue Welt beschreiten, in der Sie Ihrer Buddha-Natur von Angesicht zu Angesicht gegenüberstehen. Sie brauchen nur ein wenig Mut.

FAKTEN In einigen Zen-Zentren gibt es Menschen, die mit einem flachen Stock namens *Kyosaku* durch den Meditationsraum gehen. Der Kyosaku wird benutzt, um Menschen, deren Haltung nicht korrekt ist, in Schulterhöhe auf den Rücken zu schlagen. Viele Sitzende bitten um einen Schlag mit dem Kyosaku, weil er vom Schmerz in Beinen und Rücken ablenkt und ihn so beseitigt.

DIE BEZIEHUNG ZWISCHEN LEHRER UND SCHÜLER

Wenn Sie mit der Zen-Praxis beginnen, werden Sie eine Beziehung aufnehmen, wie Sie sie noch nie vorher gekannt haben. Lassen Sie sie ganz natürlich entstehen, dann hat sie die richtige Basis. Einige Dinge sollten Sie dabei allerdings beachten:

Fragen, die Sie besser vermeiden

Ihr Zen-Lehrer ist nicht Ihr Therapeut. Wenn Sie Ihren Lehrer mit allen möglichen Fragen über Ihr Leben, Ihre Gefühle und so weiter überschütten, erhalten Sie vermutlich nicht die Antworten, die Sie sich wünschen.

Stellen Sie Fragen zur Praxis. Und erwarten Sie nicht, dass Sie Ihren Lehrer jede Woche sehen und ihn über alles unterrichten müssen, was Sie in den letzten sieben Tagen erlebt haben. Wenn Sie eine schlimme Kindheit hatten, Ihre Ehe nicht gut läuft, Sie unter einem Berg von Schulden ersticken, wenn Sie arbeitslos, überarbeitet, untergewichtig, übergewichtig oder zwanghafter Spieler sind, dann wird das Ihren Zen-Lehrer wohl nicht interessieren. Fragen Sie ihn, was Sie tun sollen, wird er wohl antworten: »Üben Sie sich im Sitzen.«

Kapitel 8 – Die Funktion des Lehrers in der Zen-Praxis

Außerdem gibt Ihr Zen-Lehrer Ihnen keine Ratschläge, wie Sie Ihr Leben führen sollen. Also vermeiden Sie Fragen wie: Soll ich meinen Job als Statistiker aufgeben und etwas tun, was der Gesellschaft nützt? Soll ich ein Auto kaufen, das weniger Sprit verbraucht? Soll ich Vegetarier werden? Soll ich mich scheiden lassen und ins Kloster gehen? Wenn Sie aber wissen wollen, ob Ihre Haltung korrekt ist oder ob Sie richtig atmen, wenn Sie ihm mitteilen wollen, welche Fortschritte Sie in der Praxis gemacht haben, dann nur zu.

PRAXIS

Sie können Ihre Probleme in der Zen-Praxis aufarbeiten – aber nicht durch Reden. Im Zen werden Sie Ihre Probleme durch Sitzen lösen. Sie beobachten einfach die Gedanken, die Ihnen durch den Kopf gehen. Die Gedanken kommen, und Sie sehen zu, dann gehen sie wieder, und Sie sehen zu.

Ihr Zen-Lehrer ist nicht Ihr Anwalt (obwohl sie natürlich Anwältin sein kann), noch Ihr Fahrdienst (obwohl er natürlich Taxifahrer sein kann), noch Ihr Buchhalter. Zu Beginn Ihrer Praxis ist Ihr Lehrer solchen Fragen gegenüber vielleicht ein wenig offener, weil er Sie ermutigen will. Wenn Sie in der Praxis Fortschritte machen, wird er vermutlich etwas weniger freundlich sein, um Sie stärker anzutreiben.

Worüber Sie sprechen sollten

In *Die drei Pfeiler des Zen* schreibt Roshi Philip Kapleau über die unterschiedlichen Haltungen, mit denen Schüler zur Zen-Praxis kommen. Seiner Ansicht nach gibt es vier verschiedene Typen von Schülern:

1. Schüler ohne Vertrauen in Zen und mit wenig Verständnis
2. Schüler, die Zen üben, um geistige oder körperliche Vorteile daraus zu ziehen
3. Schüler, die dem Buddha nachfolgen wollen
4. Schüler, die fest entschlossen sind, ihre wahre Natur zu verwirklichen.

Roshi Kapleau bittet die Schüler dann, ihm zu sagen, in welche Gruppe sie ihrer Ansicht nach gehören, damit er ihnen mit ihrer Praxis am besten helfen und ihnen die Art von Zazen zeigen kann, die sie auch wirklich weiterbringt.

Diese Art von Gespräch können Sie mit Ihrem Lehrer führen. Sagen Sie ihm, was Sie über Zen wissen, was Sie davon erwarten und wie stark Ihre Hingabe ist. Ihre Erwartungen können sich mit der Zeit ändern. Sagen Sie das Ihrem Lehrer. Führen Sie mit ihm einen Dialog über Ihre Praxis.

Letztlich aber ist es der Lehrer, der über die Natur Ihrer Beziehung entscheidet.

VERTRAUEN SIE IHREM LEHRER

Ihr Zen-Lehrer möchte der Welt zum Erwachen verhelfen. Er oder sie hat gelobt, allen fühlenden Wesen auf dem Weg zur Erleuchtung zu helfen. Zu diesem Thema gibt es eine sehr schöne Geschichte:

Eine Einheit der japanischen Armee war im Manöver. Sie hatten den Befehl, ein Zen-Kloster zu besetzen. Gasan, der Abt des Klosters, befahl dem Koch, die Soldaten so zu bedienen wie die Mönche des Tempels.

Die Soldaten empörte das, denn sie waren weit Besseres gewöhnt. Also ging einer von ihnen zu Gasan und sagte: »Wen glaubst du vor dir zu haben? Wir sind Soldaten. Wir geben unser Leben für dieses Land.«

Nüchtern antwortete Gasan: »Und wen glaubst du vor dir zu haben? Wir sind Soldaten der Menschheit. Unser Ziel ist es, alle fühlenden Wesen zu retten.«

Ihr Zen-Lehrer wird Sie nicht im Stich lassen. Er wird da sein, um Sie und das Universum bei der Verwirklichung der wahren Natur zu unterstützen. Haben Sie keine Angst vor ihm. Und machen Sie sich keine Sorgen um sich selbst. Vertrauen Sie seiner Antwort, auch wenn Sie nur in Schweigen besteht. Sie werden Ihrem Lehrer Ihr wahres Selbst zeigen.

Kapitel 8 – Die Funktion des Lehrers in der Zen-Praxis

KAPITEL 9
ERLEUCHTUNG FINDEN

Es gibt viele verschiedene Gründe, sich im Zen zu üben. Manche Menschen wünschen sich ein gelasseneres, friedlicheres Leben. Andere interessieren sich für die spirituelle Weisheit des Ostens, wieder andere wollen ihr wahres Selbst finden. Und dann gibt es da noch jene Menschen, die der Zen-Virus befällt: Mehr als alles andere auf der ganzen Welt wünschen sie sich, das Licht am Ende des Tunnels zu erkennen, zu erwachen und den erleuchteten Geist zu verwirklichen.

DEN WEG ERHELLEN

Durch Praxis zum Nirwana

Der Buddha zeigte uns, dass wir auch ein anderes Leben führen können. Wir wissen, wie dieser Weg aussieht, weil andere Menschen ihn vor uns beschritten haben. Viele Generationen von Buddhisten haben vor uns Zen praktiziert. Sie gaben den Weg an uns weiter – von Geist zu Geist.

Die Chance zu haben, Zen zu praktizieren, ist eine wunderbare Sache. Wenn Sie zur Praxis bereit sind, können Sie sich wahrhaft glücklich schätzen. Es braucht viele Lebenszeiten, um ein Mensch zu werden, der zum Erwachen gelangen will. Mit zunehmender Praxis wird auch Ihre Dankbarkeit wachsen. Die Möglichkeit, auf einem Kissen sitzen und Zazen praktizieren zu können, wird in Ihnen eine tiefe Bescheidenheit reifen lassen.

Zen zu üben ist eine Lebensart. Wie Suzuki Roshi sagte, ist das Sitzen bereits Erleuchtung. Wenn wir sitzen, verändern wir uns Stück für Stück, und mit uns verändert sich unser Zazen. Es ist wunderbar, dass wir durch Zazen die Chance auf Erleuchtung erhalten. Trotzdem gibt es natürlich keine Garantie, dass wir dieses Ziel noch in diesem Leben verwirklichen. Heißt das, wir können unsere Praxis genauso gut sein lassen? Nein, natürlich nicht. Die Zen-Praxis wird sich positiv auf Ihr Leben auswirken, ob Sie nun Erleuchtung erlangen oder nicht. In diesem Augenblick zu leben, heißt das Leben zu genießen – hier und jetzt. Ein mitfühlender, ausgeglichener, achtsamer Mensch zu sein ist ein Geschenk an uns selbst, an Familie und Freunde, an die ganze Welt.

FAKTEN

Das Sanskrit-Wort *nirwana* bedeutet »ausblasen« oder »zum Verlöschen bringen«. Sobald wir das Feuer unserer Wünsche, Begierden, Illusionen und Zornesausbrüche zum Verlöschen bringen, haben wir das Nirwana erlangt.
Der Buddha sagte: »Nirwana ist höchstes Glück.«

Natürlich können wir jederzeit das Nirwana erlangen. Trotzdem sollten wir uns hier und jetzt der Praxis widmen und nicht an die Zukunft denken. Fixieren Sie sich nicht auf die Erleuchtung, denn diesen Tag erleben Sie vielleicht nie. Und währenddessen ist das Jetzt Ihren Händen entglitten.

Kapitel 9 – Erleuchtung finden

Erwachen

Wie wir erfahren haben, glauben manche Zen-Buddhisten, dass Erleuchtung in einem einzigen Augenblick erreicht wird, während andere davon ausgehen, dass sie Schritt für Schritt geschieht. Und manche sind der Überzeugung, dass das bloße Sitzen bereits Erleuchtung ist. Das scheinbar Paradoxe am Zen ist, dass Sie sicher nicht erleuchtet sind, solange Sie sich Erleuchtung ersehnen. Sind Sie aber erleuchtet, empfinden Sie keinen Wunsch nach Erleuchtung. Zen ist so verwirrend, meinen Sie? Nein. Zen ist nicht verwirrend. Unser Geist verwirrt uns, weil er sich immer wieder in dualistisches Denken verstrickt. Sehen wir uns doch die Vier Edlen Wahrheiten noch einmal an:

1. Leben ist Leiden (Duhkha).
2. Die Wurzel des Leidens ist unser Begehren.
3. Dieses Begehren kann beendet werden.
4. Der Weg zur Auslöschung des Begehrens (und damit des Leidens) ist der Achtfache Pfad.

Und damit sind wir wieder beim Achtfachen Pfad. Wie wir in Kapitel 4 sehen konnten, gliedert sich der Achtfache Pfad in folgende Schritte: Rechtes Verständnis, Rechtes Denken, Rechtes Sprechen, Rechtes Handeln, Rechte Lebensführung, Rechte Anstrengung, Rechte Achtsamkeit und Rechte Konzentration. Wenn wir diese acht Schritte in unser Leben integrieren, verwirklichen wir Erleuchtung.

Erleuchtung bedeutet also auch, dass wir dem Achtfachen Pfad folgen, um das Begehren auszulöschen. Ist das Begehren nämlich erloschen, sind wir vom Leiden befreit und voll erwacht. Alle Barrieren zwischen uns und der Welt verschwinden. Es gibt kein dualistisches Denken mehr: keine Trennung zwischen Ihnen und dem Rest der Welt. Sie wollen nichts mehr. Wenn Sie nichts mehr wünschen, dann hegen Sie naturgemäß auch kein Verlangen nach Erleuchtung. Sie sehen: Es ist alles ganz einfach!

FRAGE: *Wann und wo kommt es normalerweise zur Erleuchtung?* Sie kann überall eintreten, zu jedem beliebigen Zeitpunkt. Manche Schüler erlangen Nirwana während des Zazen, andere während der Erläuterungen des Lehrers. Häufig geschieht es während eines Sesshin. Normalerweise ereignet sich diese Erfahrung in einer Zeit besonders intensiver Konzentration. Sie können Erleuchtung erlangen, wenn Sie einen bestimmten Satz hören, eine Blume sehen oder einen Vogel betrachten.

Kapitel 9 – Erleuchtung finden

Das Ego loslassen

Philip Kapleau berichtet in *The Three Pillars of Zen* (dt. *Die drei Pfeiler des Zen*), wie Yasutani Roshi einem Schüler sagt: »Es ist richtig, dass der Großteil der Menschen Körper und Geist getrennt sieht. Das macht dieses Denken allerdings nicht weniger falsch. Tatsache ist, dass die wahre Natur aller fühlenden Wesen über Körper und Geist hinausgeht, denn beide sind letztlich eins. Weil die menschlichen Wesen diese grundlegende Einheit nicht erkennen, leiden sie ... Wir leben in ständiger Täuschung, wenn wir glauben, ein Ich zu haben. Daraus folgen ganz automatisch Entfremdung und Zwietracht. Der Buddha erkannte in der Erleuchtung, dass dieses Ich der menschlichen Natur keineswegs angeboren ist. Wenn wir voll erleuchtet sind, wird uns klar, dass das ganze Universum unser Eigen ist, warum also sollten wir uns etwas wünschen, was uns schon längst gehört?«

PRAXIS

Die Vorstellung, das eigene Ich loszulassen, erweckt in manchen Menschen tiefe Ängste. Zu Beginn der Praxis geschieht es gar nicht so selten, dass man auf die Vorstellung, sein Ich aufgeben zu müssen, mit Zorn reagiert. Kleben Sie nicht an Ihrer Furcht. Beobachten Sie, wie sie aufsteigt, erkennen Sie sie als das, was sie ist, und lassen Sie sie gehen. Sie wird sich auflösen.

Zu Beginn unserer Praxis begegnen wir der Aussage, dass »dieses Ich der menschlichen Natur keineswegs angeboren ist« mit Misstrauen. Wir glauben, dass wir unser Ich sind. Wenn wir kein »Ich« besitzen, was sind wir dann? Viele Menschen haben Schwierigkeiten mit der Idee, das Ich loszulassen. Unsere Wünsche gehen ganz klar in eine andere Richtung, und die entsprechende Motivation zu erzeugen ist nicht leicht. Letztlich kann sie sich nur dann einstellen, wenn wir großen Glauben, große Zweifel und große Entschlossenheit besitzen.

Nicht anhaften

Vor allem sollten wir nicht an der Vorstellung von der Erleuchtung haften. Was wir mit unserem noch unerleuchteten Geist für Erleuchtung halten, liegt ohnehin weit neben der Realität. Möglicherweise glauben wir ja, vollkommen verwandelt zu werden: gottgleich, unberührbar, uner-

Kapitel 9 – Erleuchtung finden

schütterlich oder mit magischen Fähigkeiten begabt. Wir erwarten vielleicht, künftig über glühende Kohlen laufen oder es uns auf Nagelbetten gemütlich machen zu können. Oder denken wir gar, wir könnten künftig unverletzt durchs Feuer gehen? Sehen wir uns, wie wir jedem Menschen, der uns begegnet, mit seligem Lächeln begrüßen? Oder fürchten wir, uns nie mehr verlieben zu können und die enge Bindung an unsere Partner zu verlieren? Haben wir Angst, dass all das, was wir erreicht haben, uns nichts mehr bedeuten wird?

Es gibt schlichtweg nichts, an dem wir anhaften könnten, wie sehr wir das auch versuchen mögen.
Mit der Zeit ändert sich alles. Die Bedingungen, die unsere gegenwärtigen Wünsche hervorgebracht haben, wandeln sich. Warum sollten wir also an ihnen hängen?

Meister Hsing Yun

Ob Ihre Fantasievorstellungen von der Erleuchtung nun positiv oder negativ gefärbt sind, Sie sollten sie loslassen. Beschäftigen Sie sich mit dem, was sich hier und jetzt abspielt. Wenn Sie das Nirwana erlangen, werden alle Fragen eine Antwort finden. Jetzt das Unfassbare zu begreifen ist unmöglich.

DAS GROSSE GEHEIMNIS

Erleuchtung ist sogar für jene, die sie erfahren haben, ein Mysterium. Sie ist für jeden Menschen anders. Wie Sean Murphy in *One Bird, One Stone* schreibt: »In der Welt des Zen über Erleuchtungserfahrungen zu sprechen ist etwa so, als würden Sie über Ihr Sexualleben sprechen. Unter bestimmten Umständen kann man das tun, aber es muss aus den richtigen Gründen geschehen – und es ist nicht für die Öffentlichkeit gedacht.«

Wenn wir über etwas sprechen, glauben wir an das, was wir sagen, auch wenn es nicht der Wahrheit entspricht. Wir können einen bestimmten Moment einfrieren und ihn endlos aufblasen, bis er mit dem Original überhaupt nichts mehr gemein hat. Haben Sie je eine Geschichte so oft erzählt, dass Sie am Ende gar nicht mehr wussten, ob sie sich wirklich so abgespielt hat? Wenn wir über unsere Erleuchtungserfahrungen reden, besteht die Gefahr, dass wir sie lieb gewinnen. Wir verlieren sie vielleicht, weil wir die echte Erfahrung durch ein Gedächtnisbild ersetzen, eine simple Vorstellung. Leben Sie Ihre Erfahrungen, wenn sie auftauchen, aber versuchen Sie nicht, sie in der Erinnerung wieder und wieder zu erleben. Jeder Moment ist einzigartig. Sie können ihn nicht zwei Mal erleben. Dies ist eines der großen Wunder des Lebens.

Kapitel 9 – Erleuchtung finden

Ein Erleuchteter spricht nicht über das Nirwana. Er drückt seine Erfahrung aber in jeder seiner Handlungen aus. Sie leben Ihren erleuchteten Geist ohnehin in allem, was Sie tun. Über die Erleuchtung zu sprechen ist, um ein bekanntes Bild zu benutzen, als würden Sie mit dem Finger zum Mond zeigen. Wenn wir über etwas sprechen, dann machen wir uns davon eine Vorstellung. Doch die Vorstellung ist nicht das Ding selbst. Sie ist eine bloße Idee. Die Idee der Erleuchtung ist nicht die Erleuchtung selbst.

FAKTEN: Hui Neng, der Sechste Patriarch von China, erlangte Erleuchtung, als er über den Markt schlenderte. Er hörte, wie jemand einen Vers aus dem Diamantsutra wiederholte. In diesem Moment, so heißt es, öffnete sein Geist sich wie eine Blume und er erlangte vollkommene Erleuchtung.

Direkte Erfahrung

Der einzige Weg, Erleuchtung zu erfahren, ist die direkte Erfahrung. Diskussionen und Ideen helfen Ihnen nicht weiter. Darüber zu reden und nachzudenken heißt, sie nicht erfahren zu haben. Wenn wir über eine Erfahrung sprechen, zerstückeln wir sie.

Wir können unser Sandwich beschreiben, indem wir sagen, es bestehe aus zwei Scheiben dünnem weißen Brot mit einer feinen Kruste. Dazwischen eingebettet liege eine dicke Schicht golden cremiger Erdnussbutter mit Honig. Wir können sagen, das Brot sei alt, köstlich, labbrig, schwer, leicht und so weiter. Doch mit Ihrem Versuch, das Sandwich zu beschreiben, versuchen Sie nur, es festzuhalten. Wie sieht Ihr Sandwich eine Woche später aus? Ist es immer noch dasselbe? Wie sieht Ihr Sandwich aus, wenn Sie es gegessen haben? An welchem Punkt hört das Sandwich auf, Sandwich zu sein, und wird zu Ihrem Körper? Und wann wird es von einem Teil Ihres Körpers zu Unrat? Ist es noch ein Sandwich, wenn Sie erst einen Bissen im Mund haben? Und was ist mit dem Bäcker, der das Brot gebacken hat? Und mit dem Backofen? Ist der schwere Industrieofen Teil des Sandwichs? Ist nicht der Bäcker, der im Schweiße seines Angesichts das Brot gebacken hat, Teil des Brotes? Und was ist mit den Erdnüssen, mit der Erde, aus der sie hervorgegangen sind?

Kapitel 9 – Erleuchtung finden

PRAXIS

Die Erfahrung der Erleuchtung kann nicht durch Sprache bzw. Ideen ausgedrückt werden. Wenn Sie die wahre Natur der Wirklichkeit erfahren wollen, müssen Sie sie direkt erleben. Lesen Sie ruhig weiter, doch am Ende müssen Sie das Buch beiseite legen und sich zur Praxis hinsetzen. Das ist der einzige Weg zu Ihrem wahren Selbst und der wahren Natur der Welt.

Wir betrachten die Dinge gewöhnlich so, als wären sie von allem anderen getrennt. Wir sehen jeden Teil unserer Welt als eigenes, gefrorenes Stück Wirklichkeit. Aber das ist eine unvollständige Weltsicht. Alles ist miteinander verknüpft.

Erfahrung und intellektuelles Verständnis

Wenn wir etwas beschreiben, packen wir es in Begriffe. Das aber bringt uns weg von der Erfahrung. Die Erfahrung des Sandwichs hat mit seiner begrifflichen Beschreibung überhaupt nichts gemein, so wie die Erfahrung der Erleuchtung nichts mit der Vorstellung von Erleuchtung zu tun hat. Wenn wir ein Sandwich essen, produziert unser Geist ein Ich, welches das Sandwich isst, und ein Sandwich, das gegessen wird. Doch die Erfahrung des Essens ist etwas ganz anderes. Wo beginnt das Sandwich? Wo hören wir auf? Sobald das Sandwich in unserem Mund steckt, wird diese Unterscheidung hinfällig. Doch sie wurde ohnehin nur von unserem dualistischen Geist geschaffen. Probieren Sie einmal folgende Übung: Sobald Sie merken, dass Sie etwas auf dualistische Weise wahrnehmen, sagen Sie sich: »Nicht zwei. Eins.«

In *One Bird, One Stone* erzählt Sean Murphy folgende Geschichte:

Maezumi Roshi sitzt auf der Hollywood-Schaukel vor dem Los Angeles Zen Center, als ein ungepflegter, betrunkener und offenkundig tief deprimierter Mann zu ihm hinaufwankt.

»He, wie ist es denn so, erleuchtet zu sein?«, fragt der Mann.

Maezumi Roshi sah ihn an und antwortete dann:

»Deprimierend.«

Eine Beschreibung der Erleuchtung allerdings gibt es, die uns außerordentlich gut gefällt, und diese möchten wir Ihnen hier nicht vorenthalten. In *Journey to the Center* schreibt Matthew Flickstein: »Im Augenblick der Erleuchtung löst sich der Erlebende zusammen mit dem Erleben vollkommen auf. Das ist so ähnlich, als würde eine Salzpuppe ins Meer springen, um auszuprobieren, wie das so ist. Sie würde eins werden mit

Kapitel 9 – Erleuchtung finden

dem Ozean, den sie erfährt.« Ist das nicht wunderschön?

Erleuchtung hat vor allem mit Beziehungen zu tun, nicht mit individueller Verwirklichung. Es geht vor allem um jene Beziehungen, bei denen immer alles auf dem Spiel steht und nichts von vornherein als unmöglich gilt. Kurz gesagt: Erleuchtung sollte nicht als private Erfahrung betrachtet werden, sondern als unausweichlich tiefes, soziales Erleben.«

Peter Hershock

SITZEN IST ERLEUCHTUNG

Ziel des Zen ist es, die Dinge so zu sehen, wie sie wirklich sind. Wie Bodhidharma sagte, ist Zen »eine besondere Übertragung außerhalb der Schriften, die weder auf Worten noch auf Buchstaben beruht, ein Finger, der direkt ins Herz der Wirklichkeit zeigt, sodass wir einen tiefen Blick in unsere eigene Natur tun und erwachen können.« Wenn wir die Dinge sehen, wie sie sind, sind wir erwacht. Daher lassen wir, wenn wir sitzen, unsere alten Denkmuster los. Wir richten unseren Blick auf die Welt und dringen in den gegenwärtigen Augenblick ein. Wenn wir in der Gegenwart präsent sind, sehen wir die

Dinge, wie sie wirklich sind und sind ganz wach – vielleicht zum ersten Mal in unserem Leben.

Im Zen sehen wir die Dinge, wie sie wirklich sind, und lassen sie los, so wie sie sind. Wir beobachten unsere Gedanken und lassen sie gehen. Wir beobachten unseren Atem und lassen ihn gehen. Wir hören einen Vogel singen und lassen ihn los.

Wenn Sie sich stetig auf Ihren Atem und Ihr Atmen konzentrieren, werden Sie die ganze Freiheit des Zen erfahren.

Die Gedanken kontrollieren

In *Zen-Geist, Anfänger-Geist* meint Shunryu Suzuki, der einzige Weg, die eigene Herde unter Kontrolle zu halten, sei, ihr genügend Raum zum Grasen zu geben. Genauso sollten wir unsere Gedanken behandeln. Versuchen Sie nicht, Ihren Gedankenstrom aktiv zum Versiegen zu bringen. Ringen Sie Ihre Gedanken nicht mit Gewalt nieder. Lassen Sie sie vielmehr frei durch Ihren Geist ziehen. Lassen Sie sie herein und wieder hinaus.

Wenn wir etwas kontrollieren wollen, erkennen wir erst, dass wir keinerlei Kontrolle haben. Suzuki meint, wenn wir versuchten, unser Denken zu kontrollieren, würden wir ihm zu viel Aufmerksamkeit widmen. Lassen Sie sich nicht stören. Alles ist wunderbar, so wie es ist.

Kapitel 9 – Erleuchtung finden

Shikantaza

Wenn Sie sitzen, sitzen Sie. Nichts weiter. Das nennt man Shikantaza – nur Sitzen. Im Shikantaza gibt es kein Ziel wie in anderen Übungen, in denen man nach Erleuchtung strebt. Erleuchtung wird durch Sitzen verwirklicht. Sitzen ist Streben und Verwirklichung zugleich. Vergessen Sie nicht: Wir haben ja alles, was wir brauchen. Wenn wir sitzen, verwirklichen wir unsere Buddha-Natur. Daher ist Sitzen bereits Erleuchtung.

PRAXIS

Wenn wir einfach nur sitzen, gibt es keine Grenzen. Es gibt kein Ich, kein Du, keinen Raum, in dem wir meditieren, keine Zeit, in der wir üben. Alles ist eins. Im Sitzen sind wir reines Gewahrsein – einatmend, ausatmend.

Normalerweise verfolgen wir bei allem, was wir tun, Ziele. Das kann offen oder verdeckt geschehen. Wir gehen zur Schule, um einen guten Job zu bekommen, oder wir essen, um unseren Appetit zu befriedigen. Wir machen eine Diät, um abzunehmen. Wir machen Fitnesstraining, um körperlich auf Draht zu bleiben. Wir jäten Unkraut, weil wir wollen, dass unsere Blumen ungehindert wachsen können. Wir kümmern uns um unsere Kinder, damit sie behütet aufwachsen. Im Shikantaza aber haben wir kein Ziel. Wir sitzen und ruhen im Gewahrsein. Es gibt kein Ziel neben dem Gewahrsein des Augenblicks. Sogar wenn wir sitzen, um Erleuchtung zu erlangen, entfliehen wir dem Moment: Wir wollen nicht dort sein, wo wir augenblicklich sind. Im Shikantaza aber akzeptieren wir diesen Moment als das, was sein soll. Dieser Augenblick ist vollkommen, und darum ist alles rundherum, auch wir, ebenfalls vollkommen.

ICH BIN ERWACHT: WAS NUN?

Was also geschieht, wenn wir Erleuchtung erlangt haben? Nun, Sie praktizieren einfach weiter. Sogar der Dalai Lama meditiert jeden Tag. Sitzen ist Erleuchtung. Durch Sitzen erkennen wir, dass alles eins, alles ungeschieden ist. Weiß die Welle, dass sie Teil eines Ozeans ist? Die

Kapitel 9 – Erleuchtung finden

Welle erhebt sich weit vom Strand entfernt und während sie auf dem Strand aufläuft, stürzt sie in sich zusammen. Sie erreicht ihren Gipfelpunkt und bricht sich am Strand. Dann fließt sie wieder in den Ozean zurück, wo sie in der Unendlichkeit verschwimmt. Wir ähneln dieser Welle – wir sind ein Teil des gewaltigen Ozeans des Universums.

Für eine Welle im Ozean ist Erleuchtung der Moment, in dem sie begreift, dass sie Wasser ist. Wenn wir verstehen, dass wir nicht getrennt sind, sondern Teil des gewaltigen Ozeans, in dem alles enthalten ist, erfahren wir Erleuchtung. Wir erkennen dies durch die Praxis.
Mehr Praxis lässt uns erwacht bleiben und unser Gewahrsein stabil werden.

Thich Nhat Hanh

Einige Menschen, die Erleuchtung erlangt haben, dienen ihren Mitmenschen, indem sie sich der Lehre widmen oder andere nützliche Dinge tun. Andere scheinen sich nur wenig zu verändern, auch wenn sie ihr Leben nun vollkommen anders erfahren. Was Sie tun, sobald Sie Erleuchtung erlangt haben, liegt allein an Ihnen. Auch wenn innen alles anders geworden ist, heißt das noch nicht, dass Sie auch Ihr Außen verändern müssen.

DER PFAD DES BODHISATTVA

Wie bereits erwähnt, entscheiden Erleuchtete sich mitunter dafür, ihr Leben dem Dienst an ihren Mitwesen zu widmen. Dies nennt man den Bodhisattva-Pfad. Ein Bodhisattva ist ein Mensch, der entweder bereits Erleuchtung erlangt hat oder kurz vor der letztendlichen Erleuchtung steht, diese aber hinausschiebt, um im Zyklus der Wiedergeburten, Samsara genannt, alle fühlenden Wesen zu retten. Ein Bodhisattva gilt als Verkörperung des Mitgefühls.

Ein Bodhisattva inkarniert sich bewusst im endlosen Ablauf von Samsara, um anderen zur Erleuchtung zu verhelfen. Vereinfacht ausgedrückt ist ein Bodhisattva ein Mensch, der sein Leben anderen Wesen widmet. Der Bodhisattva braucht Weisheit, damit er oder sie herausfinden kann, wie er anderen am besten zu Hilfe kommen kann. Dieser außergewöhnlich hohe Grad an Weisheit, in dem man alle anderen Wesen liebt und sie aus tiefem Mitgefühl auf ihrem Weg zur Erleuchtung unterstützt, wird auch das Wissen um die »geschickten Mittel« genannt. Beides zusammen – Weisheit und Mitgefühl – nennt man *Bodhichitta,* den Erleuchtungsgeist, das Herz der Weisheit. Alle Bodhisattvas haben den Erleuchtungsgeist entwickelt. Hier sind ein paar dieser eindrucksvollen Gestalten aus unserem Jahrhundert.

Kapitel 9 – Erleuchtung finden

FAKTEN Vielleicht kennen Sie einen der Bodhisattvas, die uns häufig auf buddhistischen Bildwerken begegnet: Manjushri, der Bodhisattva der Weisheit, steht für das Wissen, das man benötigt, um die Wahrheit zu suchen. In der einen Hand hält er ein Schwert und einen Weisheitstext – das *Prajnaparamita-Sutra*. Das Schwert steht für die Notwendigkeit, die Illusionen zu durchtrennen, um zum Herz der Weisheit zu gelangen.

Thich Nhat Hanh

Thich Nhat Hanh ist ein Bodhisattva unserer Tage, dessen Bemühungen um den Weltfrieden Menschen in aller Welt inspiriert haben. Bereits 1967 wurde er von Martin Luther King jr. für den Friedensnobelpreis vorgeschlagen. Im Westen ist er einer der beliebtesten buddhistischen Lehrer. Seine Lehre der Achtsamkeit, des Friedens und der religiösen Toleranz hat Millionen Herzen berührt. Thich Nhat Hanh leitete während des Vietnamkrieges die *Vietnamese Peace Brigade,* welche Menschen und Dörfer unterstützte, die unter dem Krieg litten. Er bemühte sich unablässig um Frieden und Toleranz zwischen den verschiedenen Religionen und fand aus diesem Grund in aller Welt Anhänger.

Er macht vielen Menschen bewusst, dass Christentum und Buddhismus viele Gemeinsamkeiten haben, und öffnet die Herzen, wo immer er lehrt. Er zeigt uns ohne Unterlass, dass wir alle aufeinander angewiesen sind. Seine Lehren sind für diejenigen, die sie annehmen wollen, eine wundervolle Brücke. Thich Nhat Hanh lehrt die Essenz des Zen, doch letztlich vermittelt er die Essenz aller Religionen. Das Herz jeder Religion ist Liebe und die echte Verbindung zu unseren Mitwesen sowie zu dem, was größer ist als wir selbst – ob wir dies nun Wahrheit, Gott oder Allah nennen.

Joan Halifax

Ein weiblicher Bodhisattva in unserer Mitte ist Joan Halifax, die Begründerin und Lehrerin des *Upaya Zen Center* in Santa Fe, New Mexico. Sie entwickelte das Programm »Mit Sterbenden leben«, das Pflegepersonal und Angehörigen helfen soll, mit Menschen umzugehen, die im Sterben liegen. Auf diese Weise verändert sie die Beziehungen zwischen Lebenden und Todgeweihten. Das Programm umfasst Kurse für das Pflegepersonal, das seine Erfahrungen dann in die tägliche Arbeit einbringt, aber auch anderen Pflegern und Pflegerinnen wichtige Hinweise geben kann. Das Zentrum bietet Seminare und Retreats für Pflegepersonal, Kranke und deren Angehörige an. Dort lernen alle gemeinsam, sich in Achtsamkeit, Mitgefühl und Aufrichtigkeit zu üben.

Dies sind nur zwei Beispiele unter vielen, die zeigen, dass auch in der Gegenwart Wesen an unserer Seite den Bodhisattva-Weg gehen.

PRAXIS

Ziel des Bodhisattva ist es, die höchste Stufe des Seins zu erlangen. Ein Bodhisattva müht sich, uns zur Erkenntnis der eigenen Buddha-Natur zu verhelfen, weil er wünscht, dass alle Wesen ihre Buddha-Natur realisieren mögen.
Der vollkommene Bodhisattva ist Buddha selbst.

ENGAGEMENT IN DER WELT

Der Geist des Dienens und Gebens ist das Herz jeder Zen-Praxis. Zen zielt darauf ab, unser Herz zu öffnen. Wenn unser Herz geöffnet ist, leben wir für andere. Wenn wir uns anderen Wesen widmen, engagieren wir uns in der Welt. Wir wollen aus der Welt einen besseren Ort machen. Das Dienen ist ein wichtiger Bestandteil der Praxis.

Üben Sie Zen, indem Sie hinausgehen und die Welt verbessern. Leisten Sie ehrenamtliche Dienste für andere. Investieren Sie Ihre Energie in Ihre Gemeinde. Erst durch Geben lernen wir zu empfangen.

Wenn Sie erwacht sind, erkennen Sie ganz klar, dass nichts für sich allein und unabhängig existiert. Alles steht miteinander in Verbindung.

Vor diesem Hintergrund wird es schwierig, sich zurückzulehnen und die Welt ihren Gang gehen zu lassen. Alles wird zum Spiegel. Wenn Sie jemanden leiden sehen, leiden Sie mit. In diesem Licht betrachtet scheint anderen zu helfen reine Selbstsucht zu sein. Schließlich erhalten wir so viel zurück.

Wie sollen wir helfen?

Es gibt so viele große und kleine Möglichkeiten des Gebens. Schaffen Sie in Ihrem Alltag Raum dafür. Kleine Möglichkeiten sind zum Beispiel: einem Fremden zulächeln, einer älteren Nachbarin etwas zu essen bringen, Müll in der Nachbarschaft aufsammeln oder einem streunenden Tier ein Heim bieten. Größere Möglichkeiten umfassen: Als

Kapitel 9 – Erleuchtung finden

Freiwilliger im Hospiz, im Krankenhaus, im Obdachlosenheim oder im Tierheim mitarbeiten. Übernehmen Sie Einkäufe oder Putzarbeiten für Ihre gehbehinderten Nachbarn. Was immer Sie auch tun, Sie werden bald feststellen, dass Sie sich wesentlich besser fühlen, wenn Sie anderen helfen. Dies ist die beste Möglichkeit, sich selbst zu helfen.

Wenn Sie Erleuchtung erlangen, werden Sie zur Essenz des Mitgefühls. Dann wird der Drang, etwas für andere zu tun, ohnehin unwiderstehlich stark.

KAPITEL 10
ZEN IN SCHWEREN ZEITEN

Mitunter sind es gerade die problematischen Situationen des Lebens, die uns an der Praxis hindern. Wenn das Schlimmste geschieht, kann es sehr schwierig werden, die Praxis kontinuierlich aufrechtzuerhalten. Wir sind nicht darauf vorbereitet. Die Katastrophe erwischt uns meistens kalt. Welchen Sinn aber hat die Zen-Praxis, wenn sie uns nicht hilft, solche Zeiten durchzustehen? Sehen wir uns doch einmal an, wie wir schwere Zeiten mit Zen meistern können.

LEIDEN

Im Buddhismus heißt es, das Leben sei voller Leiden. Doch das Leid, das Sie erfahren, wenn Sie einen Angehörigen verlieren, unterscheidet sich natürlich von dem, das sie erleben, wenn sie unbedingt ein neues Auto möchten, sich dieses aber nicht leisten können. Im Geist des Zen zu leben ist nun mal einfacher, wenn alles so läuft, wie wir uns das vorstellen! Die Katastrophen in unserem Leben sind Prüfsteine, die sich tragischerweise häufig als zu hart erweisen. Trotzdem können Sie sich auch in schwierigen Zeiten – die unweigerlich kommen werden, weil das Leben jedem gleichermaßen Freude und Leid beschert – auf Ihre Praxis verlassen. Sie wird Ihnen helfen, alles zu überstehen.

Die Wechselfälle des Lebens annehmen

Wir können akzeptieren, was uns widerfährt. Diese Haltung ist ein wichtiger Punkt, wenn wir unser Leben im Geist der Zen-Praxis führen wollen. Menschen neigen nun einmal dazu, unangenehmen Dingen aus dem Weg zu gehen. Wir leugnen sie einfach. Bei vielen Menschen ist dieses Leugnen eine der machtvollsten Kräfte im Leben. Wenn jemand erfährt, dass er Krebs hat, ist eine seiner ersten Reaktionen, diese Tatsache

zu leugnen. In ihrem so wichtigen Buch *Interviews mit Sterbenden* fasst Elisabeth Kübler-Ross die fünf Stadien des Sterbeprozesses zusammen: Verleugnung, Zorn, Verhandeln, Depression und Akzeptanz.

Wenn uns etwas Schreckliches geschieht, reagieren wir zunächst einmal mit »Nein!« Doch viele Menschen machen die Erfahrung, dass die größten Tragödien sich mitunter als die größten Geschenke erweisen. So hat die Erkenntnis, todkrank zu sein, bei vielen Menschen zur Erfahrung des Erwachens geführt, sodass sie sich häufig lebendiger fühlten als je zuvor in ihrem Leben.

Viele Menschen glauben, die Lehre des Buddha verspreche, dass das Leiden verschwindet, wenn wir nur lange genug meditieren würden oder alles anders sehen könnten. Aber das ist nicht so. Das Leiden hört nicht auf. Was verschwindet ist die Person, die leidet.

Ayya Khema

Den Tag leben

Um mit dem Leiden umzugehen, können wir die Praxis nutzen, indem wir den Silberstreif am Horizont suchen. Der Dharma ist überall. In jeder Situation gibt es etwas zu lernen.

Leben Sie nicht in der Zukunft. Konzentrieren Sie sich auf die Gegenwart. Wenn Sie todkrank sind, dann sterben Sie erst dann, wenn es so weit ist und nicht schon heute. Sie haben noch so viel Leben in sich. Es wäre eine Tragödie, wenn Sie sterben würden, bevor Ihre Zeit gekommen ist. Und wenn Sie nur noch einen einzigen Tag zu leben hätten, kann auch dieser voll unglaublicher Schönheit sein. Vergeuden Sie ihn nicht, indem Sie sich über das Morgen grämen.

Sitzen

Geben Sie Ihre Sitzmeditation nicht auf, was auch immer geschehen mag. Sitzen Sie, wenn Sie Schmerzen haben. Sitzen Sie, wenn Sie weinen. Sitzen Sie, wenn Sie so müde sind, dass Sie kaum noch den Kopf aufrecht halten können. Sitzen Sie, wenn Sie zu einer Beerdigung müssen, wenn Ihre Familie Sie braucht, wenn Sie in zwei Stunden für eine ganze Woche im Voraus kochen müssen, weil Ihre Nachbarn Hilfe benötigen. Wenn Sie sich im Zazen üben, verbessern Sie Ihre Chancen, den Sturm unbeschadet zu überstehen. Und wenn Sie das schaffen, können Sie anderen helfen, die Ihre Unterstützung dringend brauchen.

Wenden Sie sich anderen Wesen zu

Denken Sie an all jene, die Sie brauchen, denen Sie Trost, Hilfe und Frieden schenken können. Natürlich ist es schwer, ganz im Hier und Jetzt zu sein, wenn wir am liebsten wegrennen würden. Erleben Sie trotzdem bewusst alles, was das Leben für Sie bereithält. Nehmen Sie es mit offenen Armen an.

PRAXIS: Erwachen bedeutet, dass wir erkennen, was vor sich geht. Es bedeutet, dass wir ganz in der Gegenwart leben. Wenn Sie sich also im Geschehen zu verheddern drohen, halten Sie inne und fragen Sie sich: »Was geschieht jetzt eigentlich?« Gehen Sie achtsam mit der Situation um.

SORGEN

Wie viel Zeit Ihres Lebens verbringen Sie damit, sich Sorgen zu machen? Dabei sind Sorgen die größte Zeitverschwendung, die der Mensch je ersonnen hat. Wenn wir uns sorgen, beschäftigt uns nur ein Gedanke: »Was passiert, wenn ...?« Leben Sie jetzt, nicht in der Zukunft des »Was wäre, wenn ...«. Worum machen Sie sich jetzt Sorgen? Wird

Kapitel 10 – Zen in schweren Zeiten

vielleicht die Versicherung fürs Auto fällig und Sie haben kein Geld? Oder haben Sie Angst, Ihre Stelle zu verlieren? Ist Ihre Mutter krank und Sie warten auf die Laborberichte? Vielleicht gräbt Ihr Hund demnächst ein Loch unter dem Zaun und läuft weg, während Sie im Büro sind. Oder der Knoten in Ihrer Brust erweist sich als Tumor. Sie können sich über alles Sorgen machen.

Unnötiger Stress?

Das Leben steckt voller Dinge, über die wir uns sorgen können. Doch häufig steckt im Anlass zur Sorge auch eine neue Chance. Wenn Sie entlassen werden, finden Sie vielleicht endlich den Job Ihrer Träume, um den Sie sich bislang nicht bemühen konnten. Vielleicht sorgt die Krankheit Ihrer Mutter dafür, dass Sie beide sich näher kommen und engeren Kontakt pflegen als bisher. Sogar etwas so Schreckliches wie Krebs kann Sie zu einem glücklicheren, zufriedeneren und gelasseneren Menschen machen.

Manchmal treten die Dinge, die uns Angst machen, auch gar nicht ein. Oder sie treten zwar ein, bringen aber Resultate hervor, von denen wir nie zu träumen gewagt hätten.

PRAXIS: In Zeiten vermehrter Belastung kann Ihre Zen-Praxis sehr nützlich sein. Wenn Sie Angst bekommen, kehren Sie zu Ihrem Atem zurück. Atmen Sie tief ein und aus. Konzentrieren Sie sich auf Ihren Atem. Er wird Ihnen helfen, ruhig zu bleiben. Nutzen Sie Ihre Atem-Meditation, um harte Zeiten zu überstehen.

Manchmal verwandelt sich das, was wir fürchten, auch in etwas, was wir unbedingt möchten, wenn wir es nur haben könnten. Eine Frau wartete zum Beispiel auf ihre Laborwerte, weil der Verdacht bestand, dass sie Multiple Sklerose haben könnte. Während sie wartete und wartete, betete ihr Ehemann Tag und Nacht, sie möge doch von der Krankheit verschont bleiben. Schließlich meinte der Arzt, die Frau habe möglicherweise etwas weit Schlimmeres. Bevor er sich's versah, betete der Ehemann, seine Frau möge doch »nur« Multiple Sklerose haben!

Wir denken immer, wir wüssten, was das Beste sei, dabei stimmt dies nur in den seltensten Fällen.

Kapitel 10 – Zen in schweren Zeiten

KRANK UND VÖLLIG FERTIG

Krankheit und Stress können uns viel Kraft kosten. Wir sind ständig müde, fühlen uns ausgelaugt und nutzlos. Mitunter aber sind die Gefühle, die wir um unsere Krankheit aufbauen, anstrengender als die Krankheit selbst. Dann denken wir zum Beispiel, dass wir uns nie erholen und für immer hilf- und nutzlos bleiben werden. Wir machen uns Sorgen, dass wir in der Arbeit fehlen und man uns ersetzen oder gar entlassen wird. Lassen Sie Ihre Sorgen los. Beobachten Sie sie und lassen Sie sie einfach durch sich hindurchgehen. Konzentrieren Sie sich aufs Gesund-Sein.

Zen-Meister Seung Sahn lehrt uns: »Haben Sie keine Angst vor Krankheit. Jeder von uns macht sich hin und wieder Sorgen, was mit seinem Körper geschehen wird. Doch der einzige Unterschied, wenn der Tod näherrückt, ist, dass der eine früher stirbt und der andere später. Was also ist der Mensch? Das ist es, was Sie herausfinden müssen! Dann wird die Richtung völlig klar vor Ihnen liegen, wenn es ans Sterben geht.« Er meint, unsere Aufgabe im Leben sei es, unsere wahre Natur zu finden. Unsere wahre Natur aber ist nicht unser Körper. Krank sein kann sehr hilfreich sein. Wenn wir krank sind, wollen wir kein neues Kleid, kein neues Auto, keine neue Wohnung. Wir sind angefüllt mit unserer Krankheit. Also seien Sie krank – und fragen Sie sich, was Ihre wahre Natur ist. Schließlich ist nur Ihr Körper krank, nicht Ihr wahres Selbst.

PRAXIS Im Leben gibt es keine Sicherheit. Und es ist auch nicht gerecht. Doch auch in den finstersten Stunden gibt es für uns etwas zu lernen. Seien Sie achtsam bei allem, was geschieht. Halten Sie in all der Dunkelheit nach dem Ausschau, was Sie lernen können.

MIT NAHE STEHENDEN KRANKEN UMGEHEN

Wenn Menschen, die wir lieben, krank sind, sich nicht wohl fühlen oder andere Probleme haben, krempeln wir die Ärmel hoch und tun, was wir können. Wenn Sie kochen können, bereiten Sie die Mahlzeiten zu, wenn der andere das nicht kann. Lesen Sie dem Patienten vor oder setzen Sie sich einfach ans Bett und halten seine Hand. In schweren Zeiten einfach ruhig in jemandes Nähe zu bleiben kann sehr tröstlich sein. Eine Freundin erzählte uns einmal, wie sie sich in ihren späteren Mann verliebt hatte. Sie hatte gerade erfahren, dass ihre Mutter Krebs hatte und war vollkommen niedergeschmettert und verwirrt. Ein Freund nahm sich die Zeit, bei ihr zu bleiben und ihre Hand zu halten. Er machte ihr ein tröstliches Geschenk: seine Gegenwart. Er hatte gerade seine Mutter verloren und wusste, dass es in solchen Situationen keinen Trost gibt, der sich in Worten ausdrücken lässt. Doch mit seinem Dasein gab er ihr, was sie brauchte.

Akzeptieren, für den anderen da sein, handeln

Was aber tun wir mit all den kranken Menschen auf der Welt? Was können wir denn überhaupt tun? Wir sollten zunächst einmal versuchen, das Leiden zu akzeptieren. Wir sehen hungernde Familien in den Ländern der Dritten Welt, sehen die vom Krieg verwüsteten Staaten des Nahen Ostens, die zerfetzten Körper von Soldaten, Frauen und Kindern, die von Minen in die Luft gesprengt wurden.

Wir blicken dem Leid direkt ins Auge und erkennen seine wahre Natur. Wir sehen, dass auf dem Grund des Leids Gier, Angst und Hass wohnen. Wir begreifen, dass auf dem Grund des Hungers Gier, Angst und Hass wohnen.

Wir durchschauen, dass das Leiden im Wesentlichen auf der Illusion der Getrenntheit beruht. Und trotzdem wenden so viele Menschen dem täglichen Leid den Rücken zu und ignorieren seine Existenz.

PRAXIS

Wir wissen, dass jeder von uns sterben wird. Das mag banal klingen, doch tatsächlich machen sich nur die wenigsten Menschen ihre eigene Vergänglichkeit bewusst, während sie gesund sind. Wir wissen, dass niemand dem Tod entgehen kann. Verdrängen Sie also das Sterben um sich herum nie aus dem Bewusstsein. Das ist Teil Ihrer Praxis. Nur so haben Sie eine Chance, Vergänglichkeit wirklich zu begreifen.

Zen zu praktizieren bedeutet, der Welt ins Herz zu blicken und die Dinge so zu sehen, wie sie sind. Sie und die hungernden Kindern der Welt sind eins. Wir teilen die Welt immer in »ich« und »andere« ein, doch solch einen Unterschied gibt es nicht. Wenn Sie glauben, dass bestimmte Teile der Welt nichts mit Ihnen zu tun haben, dann haben Sie

Kapitel 10 – Zen in schweren Zeiten

die wahre Natur der Wirklichkeit nicht erkannt. Sehen Sie sich das Leid an, akzeptieren Sie es und lassen Sie die Illusion der Getrenntheit los. Sie wird die Probleme der Welt nicht lösen, sondern höchstens verschärfen. Wir wissen seit jeher, was zu tun ist, doch wenn wir unser Wissen nicht in die Praxis umsetzen, ist es so nutzlos wie ein Eimer mit einem Loch. Dabei können Sie heute dafür sorgen, dass jemand zu essen hat. Sie können das Leid akzeptieren und Ihr Herz öffnen. Dann helfen Sie der Welt tatsächlich.

IM ANGESICHT DES TODES

Manchmal allerdings nützt es nichts, wenn wir die Ärmel hochkrempeln. Manchmal sterben die Menschen, die wir lieben, und wir müssen mit dem Wissen leben, dass wir sie auf Erden nie wieder sehen werden. In diesem Fall können Sie nur bei Ihren Gefühlen bleiben.

Emotionen befreien

Öffnen Sie sich der Trauer, die sich unweigerlich Ihrer bemächtigen wird. Die Trauer ist real und wahr. Und es ist wichtig, um die Menschen, die wir lieben, zu trauern. Manchmal wird die Empfindung unseres Verlustes aber so stark, dass wir Angst haben, uns unseren Gefühlen zu stellen. Wir fürchten uns vor der Trauer, weil wir das Gefühl haben, sie könnte uns zu Grunde richten.

Doch Gefühle haben noch niemanden umgebracht, auch wenn Sie fürchten, dass Ihre Emotionen Sie überwältigen könnten. Wenn Sie nicht zulassen, dass Sie Ihre Gefühle spüren, dann müssen Sie sie unterdrücken, was sowohl Körper als auch Geist unter Druck setzt. Meditieren Sie, während Sie trauern. Es mag lange dauern, bis Sie den Ozean der Trauer überwinden, doch am Ende kommen Sie ans andere Ufer, wo neuer Frieden auf Sie wartet.

FRAGE *Was kann man tun, um einen Verlust zu überwinden?* Verweilen Sie im Augenblick. Erfüllen Sie all die kleinen Pflichten, die das Leben uns nicht erspart. Kochen Sie, erledigen Sie die Wäsche, zahlen Sie Ihre Rechnungen, kaufen Sie ein. All diese kleinen Momente machen Ihr Leben aus. Ruhen Sie im Augenblick und Sie werden darüber hinwegkommen.

Sich der Angst stellen

Alle lebenden Wesen sterben irgendwann. Es hat keinen Sinn, dies zu leugnen. Auch wenn Sie niemals geboren werden wollten, werden Sie doch irgendwann sterben. Wie heißt es doch immer im Film: »Hier kommt niemand lebend heraus.«

Der Buddha machte sich auf die Suche nach der letztendlichen Wahrheit, weil er dem Tod ins Antlitz geblickt hatte. Als er den Palast seiner Kindheit verließ und alte, kranke und tote Menschen sah, erkannte er, dass alles, was am Leben schön ist, ein Ende hat. Die Erkenntnis der Vergänglichkeit brachte Siddharta dazu, sein Heim zu verlassen. Er suchte nach einer Möglichkeit, das erblickte Leid zu beenden.

Wenn wir das Leben im klaren Bewusstsein der Tatsache leben, dass wir eines Tages sterben werden, wird jeder Moment kostbar. Jeder Tag ist voller Wunder. Wenn Sie Zeit mit Menschen verbringen, die schwer krank sind oder im Sterben liegen, wird Ihnen dies Tag für Tag vor Augen geführt. Daher ist der Umgang mit Sterbenden eine besonders gute Praxis für uns. Dort lernen wir, unseren Ängsten ins Auge zu sehen. Und nichts fürchten wir so sehr wie den Tod.

Das Unvermeidliche akzeptieren

Je mehr wir den Tod als Unterhaltung konsumieren, desto weiter scheinen wir davon entfernt, seine Unvermeidlichkeit zu akzeptieren. Wir versuchen, den Tod aus dem Blickfeld zu verbannen – mitunter sogar auf Kosten der menschlichen Würde.

Unsere Zen-Praxis kann uns lehren, mit Würde zu sterben. Wir lernen, wie wir anderen helfen können, diese Welt friedlich und würdevoll zu verlassen. Vernunft und Gnade erfordern es, das Leben nicht endlos zu verlängern.

FAKTEN: Buddha ermutigte seine Schüler, Sterbende zu begleiten und sich auf Friedhöfen dem Anblick verwesender Körper auszusetzen. Auf diese Weise sollten sie sich die Wahrheit der Vergänglichkeit zu Eigen machen.

Als eine Freundin vor kurzem ihren Vater verlor, dachte sie, sie würde nie mehr wieder auf einem Meditationskissen sitzen können. Die Vorstellung, still da zu sitzen, war für sie so schrecklich, dass sie der Meditation

Kapitel 10 – Zen in schweren Zeiten

regelrecht aus dem Weg ging. Glücklicherweise gehörte sie zu einer Pra-
xisgruppe, daher nahm sie schon kurz
nach dem Tod ihres Vaters wieder an
der regelmäßigen Sitzung teil.

Die ganze Zeit über blieb sie auf
ihrem Kissen sitzen, auch wenn sie
nicht aufhören konnte zu schluch-
zen. Sie blieb einfach sitzen, und bald
entdeckte sie, dass sie sich auf dem
Meditationskissen ihrem Vater nahe
fühlte und Trost empfing. Zazen
bringt uns in Kontakt mit allem, was
ist, auch mit den Menschen, die
nicht mehr länger um uns sind.

VERGÄNGLICHKEIT

Eine Zen-Geschichte handelt von einem sehr klugen Zen-Schüler, der
am Ende ein großer Meister werden
sollte. Dieser Schüler zerbrach eines
Tages die von seinem Meister hoch
geschätzte Teetasse, die überdies
noch äußerst kostbar war. Als er seinen Lehrer kommen hörte, verbarg
er die Tasse hinter seinem Rücken.

Als der Meister den Raum betrat,
stellte ihm der Schüler eine Frage:
»Meister, warum sterben die Menschen?«

Der Meister antwortete: »Sterben
ist ein natürlicher Vorgang. Alles
stirbt. Alles hat nur eine begrenzte
Lebenszeit.«

Da holte der Schüler die Scherben
der Tasse hervor: »Meister«, sagte er,

»für eure Teetasse war es offenkundig an der Zeit.«

Die Natur des Wandels

Die Vergänglichkeit prägt das Wesen
der Welt. Zen lehrt uns, dass wir täglich sterben, jeden Augenblick. Die
Dinge entstehen und vergehen. Der
Augenblick ist da und beim nächsten
Wimpernschlag schon verschwunden. Blüten öffnen sich, um am Ende abzufallen und zu verwelken. Vor
unseren Augen steht ein köstliches
Mahl. Wenn wir es verzehrt haben,
ist es weg. Sie haben sich schrecklich
auf den Tag Ihrer Hochzeit gefreut
und plötzlich ist er unwiderruflich
vorbei. Ihr Kind wächst vor Ihren
Augen auf. Sie erinnern sich noch genau an den Tag, an dem es zu laufen begann, und plötzlich geht es zur
Universität. Ihr süßer Kleiner ist ein
langer Lulatsch, bevor Sie das noch
richtig mitbekommen haben. Der
Herbst wird zum Winter, der Winter
weicht dem Frühling. Aus Samen
werden Melonen. Jeden einzelnen
Tag unseres Lebens sind wir mit
Veränderungen konfrontiert. Alles
wandelt sich.

Wir stehen morgens auf, der Tag
geht dahin, und alles ändert sich ununterbrochen. Am Ende des Tages
sind wir nicht mehr derselbe Mensch
wie zu Anfang. Der Schlaf verändert
uns, die Nahrung verändert uns, die
Dusche macht uns zu »einem neuen

Kapitel 10 – Zen in schweren Zeiten

Menschen«. Mehr als alles andere auf der Welt würden wir die Zeit gerne anhalten, doch eben das geht nicht. Kein Teil unseres Körpers ist heute noch so wie zu der Zeit, als wir noch Kinder waren. Wir haben uns von innen heraus vollkommen erneuert. Alles, was uns noch mit unserer Kindheit verbindet, ist unser Gedächtnis. Und das ist nicht besonders zuverlässig. Tief drinnen fürchten wir, dass wir die Konfrontation mit unserer Vergänglichkeit nicht überstehen, doch das stimmt nicht.

Denken Sie einmal an all die Menschen in Ihrer Umgebung, die einen schrecklichen Verlust erlitten haben. An die Nachbarin, die ihren Ehemann verlor, oder die Kollegin, deren Kind in jungen Jahren starb. Sicher kennen Sie auch Familien, in denen der Hauptverdiener plötzlich arbeitslos wurde. Es gibt Menschen, die Krebs überstanden haben, Arme oder Beine verloren haben oder blind geworden sind. Vielleicht nennen wir solche Katastrophen deshalb »Verlust«, weil sie durchaus die Chance auf ein »Wiederfinden« eröffnen. Tief in der Erfahrung des Verlusts liegt etwas, das dieses tragische Geschehen zu einem Gewinn für uns machen kann.

Krebs – diese Diagnose veranlasst uns zum Innehalten. Wo wollten wir gleich wieder hin?
Manchmal müssen extreme Umstände eintreten wie zum Beispiel

die Auseinandersetzung mit der eigenen Sterblichkeit, damit wir uns unseren Problemen stellen und sie loslassen.

Katherine Thomas

Die Vergänglichkeit begreifen

Wir leben in einer Gesellschaft und einer Zeit, die zu glauben scheint, dass wir unseren Anteil an der Welt fest gepachtet haben. Wir sind zutiefst davon überzeugt, Menschen, Tiere, Land und diverse materielle Annehmlichkeiten als unser Eigentum zu besitzen. Und doch »gehört« uns letztlich eigentlich nichts. Alles, was heute unser ist, kann morgen verloren sein.

In den letzten Jahren war dies gerade für Aktienbesitzer besonders deutlich zu spüren. Die New-Economy-Millionäre des Vortages hatten plötzlich mit wirtschaftlichen Problemen zu kämpfen. Heute so, morgen so. Wir können unseren Besitz nicht mitnehmen, wo immer wir auch nach dem Tod hinzugehen glauben, wie die folgende Geschichte zeigt:

Eine ältere Frau verlor ihren Mann durch Krebs und sah sich vor die Aufgabe gestellt, ihren Lebensabend allein und ohne Partner zu verbringen. Bevor er starb, hatte ihr Mann ihr das Versprechen abgenommen, ihn in der Erde bestatten zu lassen – zusammen mit all seinem Besitz.

Kapitel 10 – Zen in schweren Zeiten

»Versprich es mir, Liebste. Ich möchte alles mit mir nehmen. Ich kann mir einfach nicht vorstellen, ohne all das, wofür ich so hart gearbeitet habe, in die Ewigkeit einzugehen.«

Die arme Frau hatte keine Ahnung, wovon sie selbst leben sollte, trotzdem versprach sie ihrem Mann, seine letzte Bitte zu erfüllen. Nach der Beerdigung hörte ihr Sohn, wie sie einem Freund von dem letzten Wunsch seines Vaters erzählte. Da er wusste, dass seine Mutter dann arm wäre, fragte der Junge entsetzt:

»Aber Mutter, du hast ihn doch hoffentlich nicht mit all seinem Geld begraben lassen?«

»Aber ja, mein Junge. Du weißt doch, dass ich meine Versprechen immer halte. Ich habe ihm einen Scheck ausgestellt.«

Der arme Mann konnte sich nicht vorstellen, die Welt ohne sein geliebtes Hab und Gut zu verlassen, für das er so viel gearbeitet hatte. Glücklicherweise besaß seine Frau Humor.

Das Positive sehen

Und trotzdem ist die Vergänglichkeit kein böser Streich, den das Universum uns spielt. Häufig wirkt sie sich nämlich zu unserem Besten aus. Wenn wir extremes Leid erleben oder tiefen Schmerz, finden wir Trost in dem Gedanken, dass die Vergänglichkeit uns eines Tages davon befreien wird. Frauen können bei der Geburt sicher sein, dass dieser Schmerz auch wieder aufhören wird. Eines Tages ist der Winter vorüber und der Frühling hält Einzug. Eines Tages wird aus der Blumenzwiebel eine strahlende Blüte wachsen. Aus Teig wird einmal ein leckerer Kuchen. Ist Veränderung nicht etwas Wundervolles?

PRAXIS: Rufen wir uns die Vier Edlen Wahrheiten noch einmal ins Gedächtnis, dann erkennen wir, dass die Vergänglichkeit unseren Blick auf das Leiden (Duhkha) verändert. Statt also zu sagen »Leben ist Leiden« können wir sagen: »Leben ist Vergänglichkeit.« Unser Leiden entsteht nämlich aus unserer Unfähigkeit, die Vergänglichkeit zu akzeptieren.

Wenn wir mit der Vergänglichkeit leben und sie als die Natur alles Existierenden begreifen können, sind wir frei. Wir können den Wandel willkommen heißen, ja ihn begrüßen. Ohne Wandel könnte unser Blut ebenso wenig fließen wie unser Atem. Unser Herz würde zu schlagen aufhören. Ohne Veränderung wären die Wunder der Welt nicht für uns da. Alles wäre eingefroren, angehalten, tot. Der Wandel ist das Leben. Er ist die Essenz der Energie, alles, was existiert.

LEBEN MIT ZEN

Die Zen-Praxis gibt uns Mittel an die Hand, die uns das Wesen der Vergänglichkeit begreifen lassen. Unsere Zen-Praxis ist ein Tor, durch das wir in eine andere Welt eintreten, in der Wahrheit und Akzeptanz herrschen. Sie befähigt uns, die Dinge so zu sehen, wie sie sind, und zwar jetzt, in diesem Augenblick. Wir leben nicht mehr in der Zukunft oder der Vergangenheit. Wir hängen nicht am Materiellen und versuchen nicht, die Zeit anzuhalten. Wir wünschen nicht, alles wäre anders, und bemühen uns

nicht, das zu verändern, was nicht verändert werden kann. Wir leben in der Weisheit dessen, was ist.

Wenn wir Zen leben, leben wir so, wie es die folgende Inschrift auf dem Gong eines Zen-Klosters schildert:

Geburt und Tod sind einschneidende Ereignisse.
Wie vergänglich ist doch das Leben!
Jede Minute ist kostbar.
Die Zeit wartet nicht.

Unsere Zen-Praxis lehrt uns, wie wir jede Minute unseres Lebens genießen können. Wir nehmen jede Veränderung bewusst an. So ist das Leben wunderbar. Ob wir mit dem Tod konfrontiert sind, mit Krankheit, Freude oder Angst, wir lassen es einfach geschehen. Wir leugnen nichts und wir versuchen nicht, vor dem Geschehen zu fliehen. Wir akzeptieren die Welt, wie sie ist. Dies schenkt uns tiefen Frieden und großes Glück.

KAPITEL II
ICH, MIR, MEINS

Häufig ist es die Frage nach der eigenen Identität, die Menschen dazu bringt, sich auf die spirituelle Suche zu begeben. Wenn wir älter werden, wollen wir allmählich wissen, wer wir sind. Wir versuchen, uns mit neuen Augen zu betrachten. Viele Menschen, die sich mit Zen befassen, sind auf der Suche nach sich selbst. Zu Beginn des Abenteuers hoffen sie noch, irgendwo auf dem Weg möge ein »klar umrissenes« Ich auftauchen.

WER BIN ICH?

Das ist die Frage, die uns am Anfang des Wegs aufs Kissen treibt. Sie ist die Ursache jenes wunderbaren Zweifels, der uns dazu bringt, uns hinzusetzen, unseren Geist zur Ruhe kommen zu lassen und entschlossen und voller Zuversicht nach einer Antwort zu suchen.

Das dreifache Fundament der Zen-Praxis – Zweifel, Entschlossenheit und Glaube – fußt auf der Ungewissheit, wer wir eigentlich sind. Wir zweifeln an unserer Identität. Wir sind fest entschlossen, unser wahres »Ich« zu finden, und wir sind überzeugt, dass es auf diese Frage eine Antwort gibt.

Vielleicht glauben wir sogar, dass wir, wenn wir die Antwort erst gefunden haben, für immer glücklich und zufrieden sein werden.

Der Geist des Zweifels

Doch wenn Sie sich auf Ihrem Kissen niederlassen, merken Sie nur allzu bald, dass das »Ich«, das Sie suchen, ein Phantom ist. Was passiert dann? Die Frage »Wer bin ich?« ist eines der großen Koans des Lebens. Und wenn der Geist des Zweifels wirklich von uns Besitz ergriffen hat, werden wir Zen nicht nur beginnen, sondern auch durchhalten. Der Zweifel unterstützt unsere Praxis. Wenn wir nicht zweifeln, bleibt unsere Praxis stecken. Wir hängen fest.

FAKTEN: Der Zen-Mönch Chong Hae Sunim meint in der Ausgabe der Zeitschrift *Buddhadharma* vom Winter 2002:
»Wenn Sie korrekt mit Ihrem Koan arbeiten, verlassen Sie das Reich von Mögen oder Nicht-Mögen ... Der Geist des Nicht-Wissens kommt vor dem Mögen oder Nicht-Mögen ... vor jeder Dualität, sogar der von Leben und Tod.

Wenn Sie im Zweifel sind, wissen Sie nicht, was Sie mögen oder nicht mögen. Also ist die Neigung, etwas zu beurteilen, verschwunden. Sie urteilen nicht über sich, über andere, über die Qualität Ihrer Meditation, über Ihre Gefühle. Wenn Sie vom Geist des Nicht-Wissens erfüllt sind, fragen Sie: »Wer bin ich?« und »Was ist das?«. Ihr Herz ist bemüht, den Geist offen zu halten. Wenn Sie voller Zweifel sind, steht Ihr Herz weit offen.

Kapitel 11 – Ich, mir, meins

Das Selbst entdecken

Wenn wir die Frage nach unserer Identität stellen, öffnen wir unser Herz allem Neuen. Wenn wir sitzen, sind wir von dieser Frage erfüllt und erkennen allmählich, dass wir nicht wissen, wer wir sind. Was heißt es denn, eine Frau zu sein? Was bedeutet es, groß zu sein? Oder Buchhalter? Wenn Sie sich als gewissenhafte Buchhalterin bezeichnen, haben Sie dann die Essenz Ihres Wesens wiedergegeben? Und was ist mit den anderen Eigenschaften, die Sie besitzen? Machen diese Ihr Ich aus?

Nehmen Sie sich einen Augenblick Zeit und schreiben Sie zehn dieser Qualitäten nieder, die Ihr Ich umreißen:

1. Ich bin ...
2. Ich bin ...
3. Ich bin ...
4. Ich bin ...
5. Ich bin ...
6. Ich bin ...
7. Ich bin ...
8. Ich bin ...
9. Ich bin ...
10. Ich bin ...

Und nun sehen Sie sich Ihre Liste an. Zeigt sie wirklich das, was Sie sind? Sie könnten zum Beispiel Folgendes geschrieben haben: männlich, klein, schlank, bärtig, witzig, Wanderer, Grafiker, Hundebesitzer, Feinschmecker und Atheist. Ist das schon

alles, was Sie sind? Oder sind Sie mehr, als hier geschrieben steht? Vielleicht auch weniger? Zeigen diese paar Worte also, wer Sie sind? Ich bin sicher, Ihre Antwort lautet Nein. Irgendetwas ist in Ihnen, was nicht mit Worten ausgedrückt werden kann. Dieses Andere kann nicht so leicht erschlossen werden. Es ist der Grund, weshalb Sie immer noch eine Antwort auf die Frage »Wer bin ich?« suchen.

Es gibt keine Person, die »Ich« sagen könnte.
Was wir das »Ich« nennen, ist nicht mehr als eine Schwingtür, die sich bewegt, wenn wir einatmen und ausatmen. Sie bewegt sich. Das ist alles.
Wenn Ihr Geist rein und still genug ist, um dieser Bewegung zu folgen, gibt es nichts sonst: kein »Ich«, keine Welt, keinen Geist, keinen Körper. Nur diese schwingende Tür.

Shunryu Suzuki:
Zen-Mind, Beginner's Mind

WO IST DAS ICH HIN?

Sie sind keine Aneinanderreihung von Haupt- und Eigenschaftswörtern. Sogar wenn eine bestimmte Gruppe von Haupt- und Eigenschaftswörtern Sie heute zutreffend beschreiben würde, so wären sie morgen

Kapitel 11 – Ich, mir, meins

doch vielleicht schon wieder falsch. Wir ändern uns ständig. Nicht einmal von einem Moment zum anderen bleiben wir dieselben. Einfach gesagt: Dass Sie heute Grafiker sind, heißt noch nicht, dass Sie diesen Beruf auch morgen ausüben werden. Vielleicht ist Ihr Haar heute blond und morgen braun.

Die Wissenschaft hat nachgewiesen, dass sich innerhalb von sieben Jahren sämtliche Zellen des Körpers erneuern. Nicht eine Zelle in Ihrem Körper ist dieselbe wie vor sieben Jahren. Nicht einmal Ihr Körper ist morgen derselbe wie heute. Ihr Haar, Ihre Haut, Ihre Zellen haben sich verändert.

Die Aggregate

Der Buddha beschrieb das Selbst als eine bestimmte Anzahl von Aggregaten oder »Gruppierungen« *(skandha)*. Diese Aggregate wirken in Körper und Geist. Im Zusammenspiel vermitteln sie den Eindruck eines fest definierten »Ich«. Wir schauen in den Spiegel und betrachten das, was uns daraus entgegenblickt, als »Ich«. Ohne unsere Augen, unsere Sehkraft, unsere Selbstwahrnehmung und unsere körperliche Erscheinungsform wäre der Augenblick, in dem wir denken: »Ich sehe heute schrecklich aus.«, gar nicht möglich. Die Aggregate wirken zusammen, um diesen Moment hervorzurufen.

PRAXIS

Wir sind wie ein Fluss. Der Fluss besteht aus einer Ansammlung von winzigen Wassertropfen, die wiederum aus den Elementen Wasserstoff und Sauerstoff zusammengesetzt sind. Ist nun ein Wassertropfen schon ein Fluss? Oder sind hunderttausend Wassertropfen ein Fluss? Ab wann ist ein Fluss ein Fluss? Auf diese Weise stellen wir fest, dass der Fluss nur eine Idee ist, die wir uns geschaffen haben, eine Übereinkunft, die wir miteinander getroffen haben. Diese Idee besteht aus mehreren Aggregaten.

Der Buddha erkannte, dass es kein klar umrissenes, festgeschriebenes Ich gibt, das frei ist von Veränderung und einen verlässlichen Bezugspunkt darstellt. Sie können nicht sicher sein, dass Sie, wenn Sie morgen in den Spiegel sehen, dasselbe Bild erblicken werden wie heute. Es ist vielmehr sicher, dass Sie eben dieses Bild im Spiegel nicht mehr sehen werden.

Kapitel 11 – Ich, mir, meins

Ihre Haut wird sich verändern, Ihr Haar, Ihre Stimmung, sogar der Spiegel selbst. Vielleicht sehen Sie morgen in den Spiegel und sagen: »Ich sehe toll aus.« Jeder von uns ist nicht mehr als eine Reihe von Erfahrungen, Elementen, Erscheinungen und Wahrnehmungen, die sich von Minute zu Minute ändern.

Denken Sie an eine Kuh. Was macht die Kuh zur Kuh? Das schwarzweiße Fell? Das »Muh«, das sie von sich gibt? Die Milch, die sie gibt? Ihre langen Wimpern und großen Augen? Oder vielmehr die Hufe und das Euter? Oder gar alles zusammen? Sicher ist es jedenfalls nicht nur eines der genannten Teile. Ein Muhen allein ist noch keine Kuh. Auch ein Euter ist keine Kuh. Die Wimpern und die Hufe sind eindeutig keine Kuh. Jedes dieser Aggregate muss zu den anderen treten. Alle zusammen bilden sie dann das, was wir als »Kuh« kennen.

Die Illusion des Selbst

Sie können nicht ein Teilstück des Flusses entnehmen, um es zu analysieren, denn wenn Sie das tun, bekommen Sie allenfalls eine Hand voll Wasser. Die Hand voll Wasser ist nicht der Fluss. Dasselbe gilt für uns. Wir ändern uns ständig, genau wie der Fluss. Und auch die Kuh verändert sich ununterbrochen. Wir sind eine Reihe von Gedanken, Eindrücken, Wahrnehmungen, Handlungen und Empfindungen, die sich von einem Augenblick zum anderen stets wandeln. Und trotzdem definieren wir uns über diese Aggregate, die wir nirgendwo festmachen können.

Nach dem Regen gehen wir vor die Tür und freuen uns, wenn wir einen Regenbogen am Himmel sehen. Doch wenn wir uns das Ganze genauer ansehen, merken wir, dass da kein »Ding« namens »Regenbogen« am Himmel ist. Es ist nur das Zusammenspiel von bestimmten Bedingungen wie Luft, Feuchtigkeit und Licht. Jeder von uns ist wie so ein Regenbogen – eine Erscheinung, ein zauberisches Etwas, das aus bestimmten Elementen von Körper und Geist entsteht.

Joseph Goldstein

Tief in uns sitzt die große Angst vor eben dieser Erkenntnis. Wir meiden die Vorstellung, dass wir kein fest in der Welt verankertes Selbst sind. Die Idee, dass wir stetig sich wandelnde Energie sind, erschreckt uns. Sobald wir diese Furcht überwinden und Zazen üben, finden wir die Kraft, unsere Angst zu akzeptieren – und damit verschwindet sie.

Wenn Sie erkennen, dass Sie ständig im Wandel begriffen sind und keineswegs eine feste Einheit in Zeit und Raum sind, wenn Ihnen klar wird, dass die Welt sich stetig verän-

Kapitel 11 – Ich, mir, meins

dert und in Zeit und Raum nicht festgemacht werden kann, dann mögen Sie sich vielleicht fragen, wo Ihr Ich hingekommen ist. Nun, es ist nicht etwa verschwunden. Die Vorstellung von einem Selbst ist eine Illusion. In der Zen-Praxis wird Ihnen dies immer deutlicher. Schritt für Schritt erkennen Sie, dass Sie, die Kuh und der Fluss eine Illusion sind – wie überhaupt alles in dieser Welt.

WENN ES KEIN »ICH« GIBT, WAS IST DANN MIT DEM »DU«?

Wenn wir erkennen, dass das Ich eine Illusion ist, verschwindet unser Ego von selbst. Seinen Platz nimmt ein tief greifendes Mitgefühl ein. Alle Grenzen zwischen uns und dem Rest der Welt lösen sich auf. Es gibt kein Ich mehr, das wir beschützen müssten, daher versuchen wir auch nicht mehr, unsere Verteidigungsstrategien einzusetzen. Wir erkennen, dass alles voneinander abhängig ist und dass wir das, was wir anderen tun, uns selbst antun.

Durch Praxis zum Mitgefühl

Das Beste, was wir im Leben tun können, ist, uns jeden Tag der Zen-Praxis zu widmen. Sie schenkt uns die Hoffnung, zu diesem umfassen-

den Mitgefühl zu erwachen, aus dem heraus wir der Welt geben können, was sie am dringendsten braucht: Liebe. Wenn das Ich verschwindet, tritt an seine Stelle die Fähigkeit, sich liebevoll um die Welt zu kümmern. Daher heißt es im Zen, wir würden für alle fühlenden Wesen sitzen. Menschen, die Zen praktizieren, sind wie eine Armee, die für das Leben der ganzen Welt kämpft. Sie üben Zazen, damit das Mitgefühl sich in der Welt ausbreitet und sich das eigene Leben mit Hinwendung zu anderen füllt.

Wenn das Ich verschwindet, manifestiert sich eine enorme Hilfsbereitschaft. Viele Zen-Meister widmen ihr Leben dem Bodhisattva-Weg: Sie wollen anderen dazu verhelfen, ebenfalls zu diesem wunderbaren Mitgefühl zu erwachen. Viele der großen und kleinen spirituellen Traditionen verkünden dieselbe Botschaft: Wahres Glück kann nur erlangt werden, wenn wir unsere Selbstsucht aufgeben und anderen helfen. Sind wir in uns selbst gefangen, denken wir nur an unsere eigenen Bedürfnisse, so heißt das, dass wir leiden müssen. Wir leiden darunter, an unser Selbst gefesselt zu sein. Wahre Freiheit existiert nur dort, wo nicht mehr die Sorge um das eigene Wohlergehen unser Dasein prägt. Haben Sie je ehrenamtlich gearbeitet oder einem Freund geholfen? Dann wissen Sie ja, wie sehr uns diese Erfahrung aufbaut. Am Ende des Tages sind wir

Kapitel 11 – Ich, mir, meins

strahlender Laune und voller Energie. Versuchen Sie es ruhig einmal. Schenken Sie anderen Menschen ein wenig von Ihrer Zeit.

PRAXIS

Der Sinn der eigenen Praxis lässt sich leicht in Zweifel ziehen. Wozu sollten wir nach einem Selbst suchen, das ohnehin nicht existiert? Doch da ist diese Stimme in uns, die einfach immer weiter bohrt und die Wahrheit wissen will. Diese Stimme hat uns zum Sitzen gebracht. Sie wird am Ende dafür sorgen, dass wir aufhören, uns dauernd um uns selbst Gedanken zu machen, und stattdessen anfangen, uns anderen zuzuwenden.

Wir leben in einer Zeit, in der wir durch und durch verwöhnt werden. Überall schallt es uns entgegen: »Tu Dir gut!« Wir sollen uns Zeit für uns selbst gönnen, uns verwöhnen. Wir haben einen freien Tag verdient, ein langes Bad, neue Kleider und ein schönes Abendessen im Restaurant. Auf diese Weise verzärteln wir uns. Wir geben zu viel Geld aus und essen viel zu viel. Trotzdem sind wir nicht glücklich!

Offenkundig führt der Weg zu einem erfüllteren Leben nicht über mehr Geld, mehr Süßigkeiten oder die verstärkte Pflege der eigenen Bedürfnisse. Wenn Sie genug zu essen, eine Wohnung und ein angenehmes Leben haben, dann sind Sie ausreichend in Form, um jemand anderem zu helfen. Doch das Mitgefühl, das Sie während Ihrer Praxis entwickeln, führt Sie ohnehin auf diesen Pfad.

Wenn Sie jetzt noch nicht so große Lust haben, sich selbst weniger zu verwöhnen, um dafür anderen zu helfen, machen Sie sich keine Sorgen: Wenn Ihre Praxis sich vertieft, geschieht das ganz von selbst.

LOSLASSEN UND AKZEPTIEREN

Wir alle haben das tief verwurzelte Bedürfnis, unser eigenes Leben zu kontrollieren. Wir wollen sicher sein, dass wir das Ruder in der Hand haben und jederzeit alles ändern können. Und unsere Kultur bestärkt uns darin. Daher fällt es uns schwer einzusehen, dass wir niemals wirklich die Kontrolle ausüben können. Wir wollen einfach nicht begreifen, dass Umstände und Ereignisse uns verletzlich machen, weil wir ihnen machtlos gegenüberstehen.

Akzeptieren bedeutet nicht, dass wir uns auf die Seite rollen und tot stellen, sondern dass wir unsere Nie-

Kapitel 11 – Ich, mir, meins

derlagen eingestehen, wenn sie geschehen. Und es bedeutet, dass wir uns klar machen, wann wir etwas verändern können und wann nicht.

FRAGE
Wenn ich jeden Tag Zazen übe, werde ich dann eines Tages Erleuchtung finden?
Es gibt keine Garantie dafür, dass dieses Leben erst endet, wenn Sie Erleuchtung gefunden haben. Doch wenn Sie sitzen, praktizieren Sie Zen-Meditation, und das ist eine wunderbare Art zu leben. Auf diese Weise werden Sie die Früchte des Zen ernten, ob Sie nun Erleuchtung finden oder nicht.

Akzeptanz lernen

Wenn wir auf unserem Kissen sitzen, lernen wir, die Dinge zu akzeptieren. Wir sitzen still, damit wir den Atem und unsere Gedanken beobachten und unseren Geist ruhig werden lassen können.

Beim Sitzen geht uns allmählich auf, was Akzeptanz bedeutet. Wir akzeptieren den Schmerz im Körper. Wir akzeptieren die Gedanken, die uns durch den Kopf schießen. Wir akzeptieren, dass wir sitzen müssen, bis der Wecker läutet. Wir lassen den Wunsch, uns zu bewegen, los, und nicht nur einmal, sondern immer wieder, vielleicht 20 Mal pro Minute.

Dann wenden wir diese neu gewonnene Kraft auf unser Leben an. Wir glauben nämlich, dass wir einen perfekten Körper bekommen, wenn wir nur genug Sport treiben. Wenn wir viele Überstunden machen, müssen wir doch eine Lohnerhöhung bekommen, oder? Wenn wir toll aussehen, bekommen wir einen fantastischen Partner. Wenn wir viel leisten, werden unsere Eltern stolz auf uns sein.

Aber wir können nicht kontrollieren, was andere Menschen von uns denken. Und die Struktur unseres Körpers lässt sich auch nicht dauerhaft verändern. Und so lernen wir, uns anzunehmen, wie wir sind.

PRAXIS
Achtung!
Verschwenden Sie nicht Ihr Leben in dem Glauben, dass Sie irgendwann in der Zukunft, wenn Sie endlich reich genug, fit genug oder schön genug sind, mit sich im Reinen sein werden. Akzeptanz bedeutet auch, dass wir mit dem leben, was hier und heute ist.

Kapitel 11 – Ich, mir, meins

Man hat uns beigebracht, dass unser Glück von äußeren Umständen abhängt. Vom Fitness-Studio, unseren Eltern, unserem Priester, unserem Boss. Doch wenn wir ständig nach einer höheren Macht außerhalb unseres Selbst schielen, suchen wir nach etwas, das von uns verschieden ist. Wir erleben uns als von der höheren Macht getrennt: allein und draußen.

Der Blick nach innen

Sobald wir unseren Blick nach innen richten, erkennen wir die Wahrheit. Unser Lehrer kann der Finger sein, der uns den Mond zeigt. Er oder sie kann uns den Weg zum Glück weisen. Gehen müssen wir ihn alleine. Zu diesem Pfad ins Glück gehört Akzeptanz. Wir können uns akzeptieren, wie wir sind. Wir können den Augenblick annehmen, wie er ist. In diesem Moment sind wir vollkommen. Wenn Sie sitzen, werden Sie Liebe finden – nicht nur für andere Menschen. Sie werden eine tiefe Zuneigung zu sich selbst entwickeln. Und das ist vielleicht das verblüffendste Resultat der Zen-Praxis.

In ihrem wunderbaren kleinen Buch *There Is Nothing Wrong with You* (dt. *Nichts an dir ist verkehrt)* erklärt die Zen-Lehrerin Cheri Huber, dass der Weg zur Selbstliebe die Zen-Praxis sei: Während wir meditierten, so schreibt sie, gelangten wir an jenen Ort, an dem unsere innere Güte sitzt. Dort lernten wir, uns mit uns selbst wohl zu fühlen, uns mit diesem Gefühl anzufreunden. »Wir begeben uns dorthin und spüren plötzlich, dass alles in Ordnung ist. Alle Probleme lösen sich auf.« Allerdings, so meint sie, begännen die Probleme wieder, sobald wir diesen Ort verlassen. Deshalb kämen wir immer dorthin zurück. Und genau dies ist der Grund, warum wir nicht unsere Praxis in unser Leben integrieren sollten, sondern unser Leben in die Praxis. »Wir schaffen eine Sphäre des Mitgefühls, in die wir die Ereignisse unseres Lebens tauchen.«

Gib mir die Gelassenheit zu akzeptieren, was ich nicht ändern kann; den Mut, die Dinge zu ändern, die sich verändern lassen; und die Weisheit, zwischen beidem unterscheiden zu können.

Das Gebet um Gelassenheit

Wenn wir also diesen Ort der »inneren Güte« aufsuchen, akzeptieren wir, dass alles so ist, wie es sein sollte. In diesem Augenblick ist alles vollkommen, was auch immer passiert. Gewöhnlich können wir an diesem Ort nicht bleiben, weil wir in irgendeiner Form in die Welt zurückkehren müssen. Doch das Tor zu diesem wunderbaren Ort steht immer offen, wo wir auch sein mögen.

WAS GESCHIEHT NACH DEM TOD?

Der Buddha hat Fragen wie »Was geschieht nach dem Tod mit mir?« nie beantwortet. Er hielt sie für Zeitverschwendung. Wir können nicht wissen, was in der Zukunft geschieht, bis es so weit ist.

Unnötige Sorgen

Sie werden sterben. Kein Mensch ist bislang dem Tod entkommen. Es gibt absolut keine Möglichkeit, wie Sie in dieser Angelegenheit gegensteuern könnten. Aber Sie können Ihr Leben leben, statt sich ständig Sorgen zu machen, was danach geschieht. Es mag ja ganz unterhaltsam sein, wenn Sie mit Ihren Freunden über ein Leben nach dem Tod diskutieren. Doch sich darüber Sorgen zu machen, bringt Sie der Erleuchtung garantiert keinen Schritt näher. Sie können nie mit Sicherheit wissen, was auf den Sterbeprozess folgt. Sich ständig zu fragen, was wohl als Nächstes geschieht, führt nicht zu einem friedvollen Leben. Dies erreichen Sie nur, wenn Sie lernen, den gegenwärtigen Moment anzunehmen.

WIEDERGEBURT

Zu Lebzeiten des Buddha war der Glaube an eine endlose Kette aufeinander folgender Existenzen weit verbreitet. Je nachdem, welches Karma man ansammelte, wurde man als Mensch, Hungergeist, Höllenbewohner oder in einer anderen Lebensform wiedergeboren.

FAKTEN: Viele Buddhisten glauben, dass es sechs verschiedene Existenzbereiche gibt: das Reich der Götter, der Menschen, der Halbgötter, der Tiere, der Hungergeister und der Höllenbewohner. Alle Handlungen, die wir im aktuellen Leben begehen, beeinflussen unsere künftige Existenz. In diesem Sinne sind wir die Erben unseres Tuns.

Karma

Jeder Mensch besitzt ein gewisses Karma. Unser Karma ist das Ergebnis der Absichten, aus denen heraus wir handeln. Wenn wir einen Diebstahl begehen, ist es nicht die Tat selbst, die negatives Karma bewirkt, sondern die Absicht, die wir dabei verfolgen. Stehlen wir, um unser hungerndes Kind zu füttern, entstehen daraus wohl keine negativen Folgen.

Kapitel 11 – Ich, mir, meins

Stehlen wir aber, weil wir einen bestimmten Menschen nicht leiden können und ihm folglich schaden wollen, dann ruft dies ganz sicher unheilsames Karma hervor.

Unser Karma begleitet uns von Lebenszeit zu Lebenszeit. Es prägt unser Sein in künftigen Leben. Wenn Sie zum Beispiel voller Hass im Herzen einen Mord begehen, landen Sie für die nächste Lebenszeit vermutlich in der Hölle. Als Bewohner der Hölle aber kann es lange dauern, bis Sie wieder genügend positive Eindrücke angesammelt haben, um in angenehmere Bereiche wie den der Götter zurückzukehren.

Eine Wiedergeburt im menschlichen Bereich hat jedoch den Vorteil, dass hier die besten Voraussetzungen existieren, um Erleuchtung zu erlangen.

Das menschliche Leben

Die Erleuchtung ist der einzige Weg aus dem Zyklus der endlosen Wiedergeburten, den man auch Samsara nennt. Ein menschliches Leben erlangt zu haben stellt daher einen unglaublichen Glücksfall dar. Nur so können wir auf die Erleuchtung hinarbeiten und vermutlich haben wir Tausende von Lebenszeiten gebraucht, um diesen Punkt zu erreichen. Das Leben ist also viel zu kostbar, um auch nur einen Moment sinnlos zu vergeuden. Doch Reinkarnation heißt auch, dass wir in dieser einen Existenz viele Gelegenheiten haben, wahrhaftig zu leben. Wir sterben jeden Tag ein bisschen. Jede Minute ist ein kleiner Tod. Wir wandeln uns ständig, ständig sterben wir und werden wiedergeboren. Daher haben wir stets von neuem die Möglichkeit, unsere Sache gut und richtig zu machen.

PRAXIS Verschieben Sie nicht, was Sie jetzt erledigen können. Sitzen Sie nicht herum und spekulieren Sie über das Leben nach dem Tod oder die Erleuchtung. Fragen Sie nicht erst, wie es ist, inneren Frieden zu finden oder den Ort der »inneren Güte« zu entdecken. Entdecken Sie ihn. Jetzt.

Dem Ruf folgen

Ob Sie nun an Wiedergeburt glauben oder nicht – Ihre Zen-Praxis ist auf jeden Fall eine Möglichkeit, zu Ihrer wahren Buddha-Natur zu erwachen und das Loch zu füllen, das Sie in Ihrem Inneren spüren. Halten

Kapitel 11 – Ich, mir, meins

Sie inne, lauschen Sie Ihrer inneren Stimme, die Sie drängt, nach Ihrem wahren Selbst zu suchen. Irgendwo in Ihrem Körper, in Ihrem Herzen, wissen Sie, dass etwas Sie ruft und dass Sie diesem Ruf folgen möchten. Nehmen Sie sich die Zeit, diesem Bedürfnis nachzugeben. Sie haben jeden Tag wieder Gelegenheit, sich im Zen zu üben und mit Ihrer Praxis fortzufahren. Sie haben die Chance, zu Ihrer Natur zu erwachen und die Wahrheit zu erkennen.

KAPITEL 12
ZEN IN DEN EIGENEN VIER WÄNDEN

Wenn Sie Zen zuhause leben wollen, fangen Sie am besten mit täglicher Meditation an. Schaffen Sie sich einen harmonischen und friedvollen Ort der Meditation, an dem Sie sich wohl fühlen. So finden Sie in Ihrem Zuhause Zuflucht vor dem Druck der Außenwelt.

EINEN FRIEDLICHEN ORT SCHAFFEN

Gibt es in Ihrem Heim einen Bereich, den Sie zum Meditationsraum umgestalten können, vielleicht ein Zimmer, das Sie nicht ständig nutzen? Können Sie keinen ganzen Raum erübrigen, dann tut es auch eine Ecke, zum Beispiel im Schlafzimmer. Wie Sie einen Meditationsraum einrichten, erfahren Sie in Kapitel 13. Hier geht es erst einmal darum, dass Sie einen Ort haben, den Sie jederzeit aufsuchen können, wenn Sie ihn brauchen.

Abstimmung mit anderen

Normalerweise ist es nicht gerade leicht, Raum für die Meditation zu finden. Doch diese sollte auf der Liste Ihrer Alltagspflichten ganz oben stehen – gleich neben Essen und Ankleiden. Falls nötig, müssen Sie eben mit Ihrer Familie verhandeln, damit Sie diesen Raum bekommen. Zeitpläne haben sich gut bewährt. Wenn Sie beispielsweise beschlossen haben, eine Ecke des Wohnzimmers zur Meditation zu nutzen, dann könnten Sie früher aufstehen als der Rest der Familie. Dann müssen weder Sie noch Ihre Familie sich Gedanken wegen eventueller Störungen machen, wenn Kinder oder Partner auf dem Weg zur Arbeit oder Schule durch das Wohnzimmer müssen.

Verlangen Sie nicht, dass man sich nach Ihnen richtet, sondern stellen Sie sich auf die Gegebenheiten ein. Es gibt ja meist eine bestimmte Tageszeit, zu der man wirklich ungestört ist.

PRAXIS — Es ist unabdingbar, dass Sie sich zuhause einen Ort reservieren, an dem Sie ungestört meditieren können. Dies gilt vor allem für Anfänger: Sie können nicht Zazen üben, wenn jemand neben Ihnen fernsieht, telefoniert oder Musik hört. Sie würden sich nur unnötigen Frustrationen aussetzen.

Haustiere

Auch Haustiere können stören. Hier gibt es zwei Möglichkeiten: Sie können mit der Störung leben und sie in Ihre Praxis integrieren. Die einfachere Lösung ist allerdings, das Tier während Ihrer Praxis in ein anderes Zimmer zu bringen oder einfach hinauszulassen. Katzen und Hunde

Kapitel 12 – Zen in den eigenen vier Wänden

wissen instinktiv, wann Sie nicht auf Ihrem Schoß sitzen dürfen, was sie aber leider besonders dann zu reizen scheint. Hunde fassen es gar als Aufforderung zum Spielen auf, wenn Sie sich auf ihr »Niveau« begeben. Es dürfte Ihnen schwer fallen, sich auf Ihren Atem zu konzentrieren, wenn Ihr Hund an Ihren Zehen knabbert.

Zuerst also sollten Sie sich einen inspirierenden Meditationsraum einrichten. Sobald dies geschehen ist, können Sie darangehen, die übrigen Räume des Hauses mit Zen zu »durchtränken«. Wie gesagt – Ihr Haus ist Ihr Heiligtum. Wenn es nun auch aussieht und riecht wie ein Tempel, wird Ihnen diese Sicht bald zur Selbstverständlichkeit.

SAUBER MACHEN, ORGANISIEREN, VEREINFACHEN

Während Sie in Ihrer Praxis Fortschritte machen, können Sie Ihr Zen auch auf den Rest des Hauses ausdehnen. Gewöhnlich hängen wir sehr an unseren Besitztümern. Mit der Zeit sammeln wir immer mehr Sachen an, die uns mehr oder weniger etwas bedeuten. Doch wenn wir nicht ständig von den Objekten unserer Begierde umgeben sind, fällt es uns viel leichter loszulassen. Steckt unser Haus dagegen voller altem Gerümpel, hat auch unser Gehirn mehr Schwierig-

keiten, Klarheit zu entwickeln. Also beginnen wir mit zwei wichtigen Zielen: Saubermachen und Vereinfachen.

Sauber machen

Wenn Sie Ihr Heim mit Ihrer Zen-Praxis in Einklang bringen wollen, ist es das Beste, Sie beginnen mit einer gründlichen Säuberungsaktion. Nehmen Sie sich immer nur ein Zimmer vor. Reinigen Sie es von Grund auf. Achten Sie auch auf Kleinigkeiten. Konzentrieren Sie sich auf die Aufgabe, die vor Ihnen liegt, um sie voll und ganz zu erfüllen. Erleben Sie bewusst jeden Augenblick, in dem Sie aufräumen und putzen. Das kann einige Zeit dauern, je nachdem, wie Ihr Heim aussieht. Achten Sie also darauf, sich ausreichend Zeit zu nehmen.

Schrubben Sie Küche und Badezimmer. Saugen Sie Staub. Stauben Sie alles ab. Suchen Sie für all die Dinge, die Sie im Laufe der Jahre zusammengesammelt haben, ein neues Zuhause und geben Sie sie weg. Konzentrieren Sie sich, während Sie sauber machen, auf Ihre Hände und auf all Ihre Sinne. Bleiben Sie im Moment. Putzen kann so viel Spaß machen. Am Ende sollte jeder Raum ein Gefühl von Frieden und innerer Ruhe ausstrahlen. Sie werden bemerken, dass Ihr Geist viel lockerer ist, jetzt, wo Ihr Heim ganz sauber ist.

Kapitel 12 – Zen in den eigenen vier Wänden

Außerdem müssen Sie sich nicht dauernd darauf konzentrieren, dass Sie ja noch sauber machen müssen.

Wenn Sie sich zu viel vornehmen, werden Sie bald müde und erschöpft sein. Vielleicht ist Ihr Wohnzimmer ja voll von alten Zeitschriften und Magazinen. Liegen überall CDs herum? Oder fallen die Bücher schon aus den voll gestopften Regalen? Der Küchentisch ist vielleicht schon seit Wochen nur eingeschränkt nutzbar, weil darauf Ihre Malfarben liegen. Oder sind es Rechnungen? Im Flur stolpern Sie über die Spielsachen der Kinder, selbst im Badezimmer findet sich kaum noch ein freies Plätzchen, weil überall alte Schminksachen und abgelegte Klamotten herumliegen.

Zen ist nicht besonders aufregend. Es geht eigentlich nur darum, uns wirklich auf unseren Alltag zu konzentrieren ... Wenn Sie etwas tun, gehen Sie ganz darin auf. Sie müssen darin verbrennen, sodass nichts von Ihnen übrig bleibt – wie bei einem ordentlichen Freudenfeuer.

Shunryu Suzuki

Alles, was wir besitzen, sollte eine »Basisstation« haben, die nicht ständig in Sicht ist. Die Spielsachen lassen sich in einer Spielbox aufbewahren, die Zeitschriften in einem Zeitschriftenständer, die Malsachen in einem Schränkchen, die Rechnungen in einer extra Ablage. Besser noch: Beglei-

chen Sie die Rechnungen sofort. Geben Sie die Zeitungen ins Altpapier, wenn Sie sie gelesen haben, und verschenken Sie die Spielsachen, sobald die Kleinen ihnen entwachsen sind. Fragen Sie sich doch einmal, wie oft Sie tatsächlich alte Zeitschriften lesen. Ist es nicht an der Zeit, den Riesenstapel PC-Magazine loszuwerden? Sobald das Haus sauber ist, können Sie sich auf den nächsten Schritt stürzen: Vereinfachen Sie Ihr Leben.

Einfachheit

Wenn wir aufräumen, bedeutet das nicht, dass wir auf sämtliche weltlichen Güter verzichten. Wir möchten nur alles ein bisschen einfacher machen, damit unser Geist nicht genauso voll gestopft ist, wie unsere Wohnung es war. Sicher besitzen auch Sie etliche elektronische Geräte: Computer, Fax, Mobiltelefone, Fernseher, DVD-Spieler, Stereoanlage, Haartrockner, Uhren, Küchengeräte und mehr Dinge, an denen Kabel und Stecker hängen. All das gibt letztlich ein ziemliches Durcheinander, nicht wahr? Ist das alles wirklich überlebenswichtig? Können Sie nicht etwas davon ausrangieren? Können Sie nicht ohne das ein oder andere Gerät leben? Dafür gibt es eine gute Regel: Wenn eine Vorrichtung Ihr Leben komplizierter macht, statt es zu vereinfachen, sehen Sie zu, dass Sie sie loswerden.

Kapitel 12 – Zen in den eigenen vier Wänden

Zeige Klarheit.
Lebe Schlichtheit.
Vermindere Selbstsucht.
Wünsche wenig.
Laotse: Tao Te King

Sehen Sie sich die Oberflächen Ihrer Möbel an: Ist jeder Zentimeter des Küchenschranks mit irgendwelchen Dingen bedeckt? Stehen im Wohnzimmer überall Nippesfiguren und Fotorahmen herum? Und springt Ihr Geist ständig von einem zum anderen? Räumen Sie so viel wie möglich ab, damit Ihr Heim weit und offen wirkt.

Ihr Geist kann frei von Raum zu Raum fließen, ohne sich bei jeder Gelegenheit in irgendwelchem Zeugs zu verfangen. Wenn das Zimmer, das Sie gerade betrachten, in erster Linie für die Besucher gedacht ist, wird es Zeit, dass Sie das ändern.

Danach sortieren Sie all das aus, was Sie tatsächlich nie benutzen. Haben Sie ein Speiseservice zuhause, das Sie nie auf den Tisch bringen, sondern für Ihre Tochter aufheben, wenn sie irgendwann einmal einen eigenen Hausstand gründen sollte? Bewahren Sie immer noch Ihre alten Barbiepuppen oder Ihre E-Gitarre auf, weil es ein beruhigendes Gefühl ist, sie auf dem Speicher zu haben? Heben Sie Platten auf, die Sie nie anhören? Alte Briefe oder Eintrittskarten? Steckt Ihre Garage voller Werkzeug, das Sie nie nutzen? Vielleicht sollten Sie einen Frühjahrsputz

ins Auge fassen. Manchmal behindert uns all der Kram regelrecht, den wir zuhause ansammeln. Vereinfachen Sie Ihr Leben: Werden Sie das Zeug los und befreien Sie so Körper und Geist. Machen Sie alles so simpel, wie nur geht. Was ist Ihnen wichtig? Behalten Sie diese Frage immer im Hinterkopf, bis Sie aufgeräumt haben. Gehen Sie dann noch einen Schritt weiter.

Zeit-Management

Wenn Sie all das lesen, schweben Ihnen wahrscheinlich schon die magischen Worte auf den Lippen. »Also dafür habe ich nun wirklich keine Zeit! Ich habe ohnehin nie Zeit. Mein Leben ist einfach total überfüllt!«

Das Einzige, worüber wir alle im gleichen Maß verfügen, ist Zeit. Niemand hat mehr oder weniger Zeit als Sie. Nur was wir mit dieser Zeit anfangen ist individuell höchst verschieden. Wenn Sie das Gefühl haben, Ihre Zeit gehört Ihnen nicht mehr, dann lassen Sie sich von ihr kontrollieren statt umgekehrt.

Nehmen Sie sich also Ihren Terminplan für diesen Tag und die ganze Woche vor. Schreiben Sie auf, was Sie tun, wenn Sie nicht in der Arbeit sind. Verschwenden Sie Ihre Zeit mit allerlei Nichtigkeiten? Zeit, die Sie eigentlich viel besser nutzen könnten? Sicher haben Sie genug Zeit,

Kapitel 12 – Zen in den eigenen vier Wänden

um sich täglich eine Menge Sorgen zu machen. Also fangen Sie ruhig an, auch wenn Sie die Aufgabe, die Sie sich vorgenommen haben, heute nicht zu Ende bringen. Sie können ja jeden Tag ein bisschen was erledigen. Das ist wie in dem alten Sprichwort: Wie isst man einen Elefanten? Bissen für Bissen.

PRAXIS

Denken Sie daran, dass viele Ihrer Besitztümer nur Kram sind, der keine Bedeutung mehr hat. Ihr Jahrbuch vom Gymnasium ist nicht Ihre Erinnerung an die Schule! Und Ihre Erinnerung ist nicht das Erlebnis selbst. Warum leben Sie nicht lieber in der Gegenwart?

Umweltfreundlich leben

Wir haben also unser Leben vereinfacht und unsere Zeit besser organisiert. Bleibt noch eines: Umweltfreundlich handeln!

Im Zen versuchen wir, allen Wesen gegenüber Mitgefühl zu entwickeln. Das gilt auch für unseren Planeten. Auf Dauer ist es klug, so oft als möglich öffentliche Verkehrsmittel zu benutzen, Solarenergie einzusetzen, Wasser und Heizung zu sparen, umweltfreundliche Putzmittel zu verwenden und Obst und Gemüse im eigenen Garten anzubauen.

Wie sagte doch der Astronom Johannes Kepler einmal: »Die Natur nimmt von allem so wenig als möglich.« Machen wir es ihr also nach.

FRIEDLICH SEIN

Zen ist eine Sache des Handelns, obwohl es auf den ersten Blick nicht so aussieht, da wir unsere Zeit doch hauptsächlich auf dem Kissen verbringen. Doch wenn wir versuchen wollen, unser Leben friedlicher zu gestalten, ist Sitzen etwas, das unser Leben auch dann mit Frieden und Gelassenheit erfüllt, wenn wir noch nicht viel Erfahrung damit haben.

Wir können friedlich werden, indem wir lernen, wann wir reden und wann wir lieber schweigen sollten. Häufig entstehen Streitigkeiten daraus, dass uns eine schnelle Bemerkung entschlüpft, über die wir gar nicht richtig nachgedacht haben. Daher kann es besser sein, die Zunge im Zaum zu halten. Ist Ihr Partner oder Ihr Mitbewohner schlechter Laune und lässt seinen Zorn an Ih-

Kapitel 12 – Zen in den eigenen vier Wänden

nen aus? Können Sie in solch einem Fall freundlich bleiben und ihn oder sie einfach sein lassen? Wie wichtig ist es für Sie, Ihre Meinung loszuwerden? Immer wenn Sie jemandem »die Meinung sagen«, hätscheln Sie Ihr Ego und entfernen sich von der Praxis. Das heißt nicht, dass man auf Zen-Praktizierenden nach Belieben herumtrampeln kann. Manchmal ist es einfach nur die bessere Lösung, nicht zu reagieren. Mitunter liegt in der Stille die größte Stärke.

Alle Menschen wünschen für sich Frieden. Verzichten wir doch einfach auf »Ich«, das wünscht. Dann ist allüberall Frieden.

Satya Sai Baba

Die größte Herausforderung

Es gibt eine sehr schöne Zen-Geschichte zu der Frage, was wir am besten tun können, wenn uns jemand provoziert:

Einst lebte ein mächtiger Schwertkämpfer, der zwar schon alt war, es aber immer noch mit jedem seiner Herausforderer aufnehmen konnte. Er war im ganzen Land bekannt, sodass viele Schüler zu ihm kamen, um seine machtvolle Kampfkunst zu erlernen.

Eines Tages kam ein junger und ehrgeiziger Kämpfer ins Dorf des großen Kriegers. Der Jüngling wollte der

Erste sein, der den mächtigen Mann besiegte, denn er war nicht nur jung und stark, sondern auch gewitzt.

Mit einem Blick erkannte er die Schwächen seines Gegenübers, was ihm meist zum Sieg verhalf. Aus diesem Grund überließ er den anderen immer den ersten Schlag, weil er zuerst die Schwachstellen seines Gegners erfassen wollte. Dann schlug er schnell und hart zu. Auf diese Weise gewann er jeden Kampf.

Die Schüler des alten Meisters machten sich ernsthaft Sorgen. Sie wollten nicht, dass ihr großer Lehrer die Herausforderung des jungen Fremden annahm, der da ins Dorf gekommen war. Doch der Entschluss des alten Mannes stand fest. Er bereitete sich vor, mit dem Jüngeren zu kämpfen.

Der Kampf begann, und der Jüngere schleuderte dem Älteren eine Beleidigung nach der anderen ins Gesicht. Er streute ihm Sand in die Augen und spuckte ihn an. Lange Zeit schimpfte er so auf den alten Mann ein, belegte ihn mit den schlimmsten Schimpfwörtern, beleidigte dessen Familie und fluchte, was das Zeug hielt. All dies, um den alten Meister zum ersten Schlag zu bewegen.

Doch der alte Mann war weise und ließ sich davon nicht beeindrucken. Er stand still und wartete, bis dieser Ansturm vorüber war. Irgendwann war der junge Mann so erschöpft, dass er zu Boden ging. Beschämt erkannte er, dass er besiegt worden war. Nun waren die Schüler des alten Mannes zwar erleichtert, dass ihr Lehrer noch lebte, gleichzeitig aber doch enttäuscht, dass er gegen den groben Jüngling nicht gekämpft hatte. Sie fragten ihn: »Meister, wie habt ihr all diesen Unflat nur ertragen? Wie konntet ihr ihn besiegen?« Der Meister jedoch stellte eine Gegenfrage: »Wenn jemand euch ein Geschenk überreicht, das ihr nicht annehmt, wem gehört dieses Geschenk dann?«

PRAXIS

Mitunter ist Schweigen die beste Antwort. Es mag sich falsch anfühlen, ruhig zu bleiben, wenn jemand anderer uns zu provozieren versucht, doch wie heißt es doch so schön: Wollen Sie lieber Recht haben oder glücklich sein?

Frieden bewahren

Wenn wir beleidigt oder provoziert werden, hat es keinen Sinn, sich auf Streitereien einzulassen. Besser ist es zu sitzen und zu atmen, Atemzug für Atemzug. Anfangs ist diese Übung natürlich sehr schwierig. Wir haben den Eindruck, falsch zu handeln, wenn wir nicht auf Drohungen oder Beleidigungen reagieren. Fragen Sie sich einfach: »Wie wichtig ist mir das?« Und sollten Sie zu der Auffassung gelangen, dass es wirklich wichtig ist, dann können Sie immer noch mit Schweigen reagieren, bis Ihr erster Impuls vorüber ist. Stellen Sie die Frage nochmals. Wenn die Antwort sich immer noch nicht geändert hat, suchen Sie nach einem ruhigen und friedlichen Weg, die Dinge zu klären. Sie müssen weder unfreundlich noch beleidigend oder grob werden, um Ihre Gefühle deutlich zu machen. Denken Sie daran, wer das Geschenk in Händen hält. Das ist auf jeden Fall ein guter Anfang.

Hier sind ein paar Tipps, wie Sie den Frieden in Ihrem Leben aufrechterhalten und mit anderen zusammenleben können.

Wenn wir unsere Innenwelt vernachlässigen und nicht auch Frieden mit uns selbst schließen, wird es keinen Frieden auf der Welt geben.
Der Weltfrieden muss sich aus innerem Frieden entwickeln.
Dalai Lama

– Bewahren Sie Schweigen, wenn Sie daran zweifeln, ob Ihre Antwort von Mitgefühl getragen ist.
– Engagieren Sie sich für andere

und erwarten Sie keine Gegenleistung.
– Seien Sie freundlich zu anderen Mit-Wesen, wann immer dies möglich ist.
– Hören Sie immer aufmerksam zu.
– Wenn jemand auf Sie wütend ist, hören Sie ihm zu und bleiben Sie still, bis Ihre Worte dem anderen Trost spenden und seinen Kummer erleichtern können.
– Wenn Sie etwas sagen müssen, was für den anderen sicher nicht leicht aufzunehmen ist, erledigen Sie diese Aufgabe mit Mitgefühl.
– Bleiben Sie zu Hause immer liebevoll. Achten Sie auf das, was Sie sagen und tun.
– Berücksichtigen Sie immer auch die Interessen der anderen.
– Respektieren Sie die Privatsphäre anderer Menschen.
– Versuchen Sie, der Mensch zu sein, mit dem Sie selbst gerne zusammenleben würden.

HAUSARBEIT IST PRAXIS

Die täglich anfallenden Arbeiten sind eine wunderbare Gelegenheit für die Praxis. Sie geben uns die Möglichkeit, unsere Achtsamkeit zu schulen. Bleiben Sie im Moment. Seien Sie dankbar für das, was erledigt werden muss. Achten Sie auf Ihre Hände und Ihren Körper, während Sie das Nötige tun. Was gibt es bei der Arbeit zu hören? Und zu riechen? Konzentrieren Sie sich auf das, was Sie tun. Wenn Ihre Gedanken abzuschweifen drohen, bringen Sie sie zu Ihrer Aufgabe zurück.

Wäsche waschen

Auch das Waschen ist eine Möglichkeit mehr, dankbar zu sein, uns im Augenblick zu verankern und uns die Verbindung bewusst zu machen, die zwischen uns und allen Dingen besteht. Wenn Sie den Berg Wäsche zur Waschmaschine bringen, sprechen Sie ein Dankgebet, das Sie mit Achtsamkeit erfüllt. Seien Sie dankbar für die Kleider, die Ihnen Schutz vor den Elementen gewähren, Sie warm und trocken halten und Sie vor zu viel Sonne bewahren. Sagen Sie: »Ich bin dankbar für diese Kleidungsstücke. Sie schützen mich. Sie schenken mir Sicherheit und helfen mir, mein Wohlbefinden aufrechtzuerhalten. Ich danke dem Gewebe, aus dem diese Kleidungsstücke bestehen, und den Händen, die die Nähmaschine gebaut haben, mit denen sie gefertigt wurden.«

Kapitel 12 – Zen in den eigenen vier Wänden

PRAXIS

Wir nehmen so vieles in unserem Leben als selbstverständlich hin. Wir haben so viel zu tun, so vieles, was wir berücksichtigen müssen, dass wir meist auf Autopilot schalten.
Einfache Aufgaben wie zum Beispiel Wäsche waschen erledigen wir meist ziemlich unachtsam, ohne uns des gewaltigen Reichtums bewusst zu werden, der unser Leben erfüllt.

Denken Sie an Ihre Verbindung mit dem Rest der Welt, wenn Sie die Kleidungsstücke waschen, die Sie diese Woche getragen haben. Seien Sie dankbar für all jene Dinge, die Ihnen erlauben, Ihre Kleidung sauber und frisch zu halten. Während Sie die Wäsche sortieren, achten Sie auf die Farben, auf deren Vielfalt, auf das Gefühl des Stoffes in Ihren Händen. Füllen Sie die Maschine und freuen Sie sich über die Feuchtigkeit an Ihren Fingerspitzen. Vergeuden Sie kein Wasser, indem Sie einen längeren Waschgang wählen als nötig.

Kochen

Auch das Kochen fügt sich wunderbar in unsere Praxis ein. Dabei gilt es, eine Menge Kleinigkeiten zu beachten, auf die wir uns konzentrieren können.
Wenn wir mit den Früchten der Erde arbeiten, sollten wir uns bewusst machen, dass der Boden, auf dem wir normalerweise gehen, unsere Nahrung hervorbringt. Wir spüren das Leben um uns herum und danken für die Nahrung, die uns am Leben hält, sodass wir Tag für Tag praktizieren können.

Bevor wir beginnen, können wir ein Gebet sprechen, das unsere Achtsamkeit steigert. Wir danken der Erde, die uns nährt, der Sonne, die uns Licht schenkt, den Körnern und Samen, aus denen alles wächst. Wir essen alles auf, was wir gekocht haben. Nichts wird verschwendet. Das lehrt uns, auf ökonomische Weise zu kochen. Das Wort »wegwerfen« gehört in der Küche ab jetzt der Vergangenheit an. Auf diese Weise lernen wir, jeden Bissen zu schätzen, der auf den Tisch kommt. Wenn wir kochen und essen, ist unser Herz voller Dankbarkeit, denn wir konzentrieren uns voll und ganz auf jede einzelne Aufgabe, die vor uns liegt.

Manchmal sind wir zornig darüber, dass wir immer kochen, putzen und uns um die Wohnung kümmern, während andere fernsehen, in die weite Welt ziehen oder spielen. Diesbezüglich erzählen Bernard Glassman und Rick Fields in *Instructions to the Cook* (dt. *Anweisungen für den Koch*) eine interessante Geschichte: Als Dogen den Koch des Klosters fragte, weshalb er die harte Arbeit des Pilze-

Kapitel 12 – Zen in den eigenen vier Wänden

trocknens nicht seinen Küchenhelfern überlasse, antwortete dieser: »Ich bin nicht andere.« Was meinte er wohl damit? Nun, dies ist das einzige Leben, das wir haben. Wir sollten es jetzt führen und andere nicht das tun lassen, was in diesem Moment unsere Aufgabe ist.

Wenn wir mit dieser Achtsamkeit kochen und leben (wenn wir während des Geschirrwaschens einfach nur Geschirr waschen), dann erkennen wir die einfachsten Tätigkeiten, die simpelsten Zutaten als das, was sie wirklich sind.

Glassman, Fields:
Instructions to the Cook

DER GESTANK DER ERLEUCHTUNG

Hängen Sie sich nicht zu sehr an Ihre Spiritualität, weder zu Hause noch anderswo. Es heißt, dass Menschen, die zu sehr am Zen hängen, den »Gestank der Erleuchtung« an sich trügen. Damit sind Menschen gemeint, die sich selbst für »heiliger« halten als andere und daher von sich sehr überzeugt sind. Menschen, die einem spirituellen Pfad folgen, verfangen sich manchmal in ihrer eigenen Spiritualität. Sie lieben ihren Heiligenschein – eine Haltung, die mit Zen nichts gemein hat. Vielleicht haben Sie ja den Eindruck, dass die Welt herrlich

ist. Vielleicht sehen Sie ja das spirituelle Licht überall und lieben die Welt aus tiefstem Herzen. Es ist wundervoll, wenn jemand das Leben auf diese Weise erfahren kann. Wir alle freuen uns für Sie. Aber verlieren Sie doch bitte die Vergänglichkeit nicht aus den Augen. Ein Verlust kann Sie sehr schnell aus all dem herausreißen, ganz egal, auf welcher »Ebene« Sie sich befinden. Wenn wir Freunde, die Familie, Haustiere oder unseren Job verlieren, empfinden wir tiefen Kummer. Doch auch dieser Verlust gehört zum Leben. Akzeptieren Sie Ihre wahren Gefühle. Erwarten Sie nicht, dass Sie von nun an über dem Verlust stehen und keinen Schmerz mehr empfinden werden.

DEN BUDDHA IN UNS FINDEN

Erledigen Sie alle Aufgaben in Ihrem Heim mit Achtsamkeit und Konzentration. Wischen, Staubsaugen, Bettenmachen sind Tätigkeiten, bei denen Sie dem Buddha in sich begegnen können. Was ist der Buddha in uns? Schuhe putzen, Toast essen, Staubsaugen, sich um die Katze kümmern, Waschen, Kochen.

Sie sind ein Mensch und zwar für den Rest Ihres Lebens. Als solcher sind Sie Schmerz, Kummer und Angst ausgesetzt. Ihre Zen-Praxis zeigt Ihnen, wie Sie mit diesen Ge-

Kapitel 12 – Zen in den eigenen vier Wänden

fühlen umgehen können. Sie wissen, dass Sie immer auf Ihr Kissen zurückkehren können, um dort mit etwas in Verbindung zu treten, das größer ist als Ihr kleines Ich. Am Ende werden Sie den Buddha überall sehen, aber nur, wenn Sie Acht geben. Der Buddha lebt in Ihrem Heim – und zwar gerade in den kleinen Details.

PRAXIS

Lassen Sie sich auf das Leben ein. Benutzen Sie Ihre Spiritualität nicht, um sich von anderen Menschen, ja vom Leben selbst abzuschotten. Unsere Existenz kann schmerzhaft und chaotisch sein. Sie sollten die wahre Natur des Daseins akzeptieren.

Machen Sie aus Ihrem Heim einen Ort, an dem der bis zum Bersten angefüllte Geist unserer chaotischen Außenwelt sich in Nichts auflöst.

Sehen Sie das Heiligtum in Ihrer Küche, Ihrem Schlafzimmer, Ihrem Badezimmer, neben der Waschmaschine. Halten Sie Ihr Heim ordentlich und sauber, dann wird Ihr Geist sich dem anpassen. Das ist das Wunder des Daseins: Jeder Augenblick lebt. Lassen Sie ihn nicht einfach vorüberziehen.

KAPITEL 13
WILLKOMMEN
IM ZENDO

Ob Sie Ihren Meditationsraum nun zuhause einrichten oder lieber in ein Zentrum oder ein Kloster gehen: der Ort, an dem man meditiert, wird Zendo genannt. Auch wenn Sie nur eine kleine Ecke für sich haben, ist dies Ihr Zendo. Das ist das Schöne am Zen: Man kann es überall mitnehmen.

DER ERSTE SCHRITT INS ZENDO

Das Zendo eines Meditationszentrums oder Zen-Klosters ist gewöhnlich ein großer, im Wesentlichen leerer Raum. In aller Regel finden Sie dort Meditationsmatten und Meditationskissen (Zafu) ordentlich nebeneinander aufgereiht. Die Übenden sitzen sich entweder in einer langen Reihe gegenüber oder sie sitzen mit dem Gesicht zur Wand. Das Zafu liegt auf der Meditationsmatte. Auf diese Weise berühren Ihre Knie nicht direkt den harten Boden. An einem Ende des Raumes steht ein Altar.

Das Zendo ist mit einer christlichen Kapelle vergleichbar. Auch hier sind respektvolles Benehmen und Stille gefordert. Das Zendo ist das Herz des Zentrums, weil dort die Praxis stattfindet. Dort wird Zazen geübt. Dort hält der Lehrer seine Vorträge. Dort gibt es mitunter auch Tee und *Oryoki*.

FRAGE

Was ist Oryoki?
Oryoki nennt man alle Utensilien, die für eine rituelle Zen-Mahlzeit benötigt werden – Essschalen, Stoffservietten und so weiter. Wenn Mönche und Nonnen früher ordiniert wurden, erhielten sie ein Oryoki-Set. Das waren mehrere, in eine Serviette gewickelte Essschalen. Heute bezeichnet man auch das rituelle Essen selbst als Oryoki. Nicht alle Mahlzeiten jedoch werden im Zendo eingenommen.

Machen Sie sich die Regeln des Zendo zu Eigen, in dem Sie meditieren. In größeren Zentren oder Klöstern gibt es diesbezüglich Einführungsvorträge. Vermutlich werden Sie gefragt, ob Sie das erste Mal Zazen sitzen. Wenn dies der Fall ist, wird man Sie vermutlich in einen kleinen Raum geleiten, wo alle Anfänger grundlegende Instruktionen erhalten. Wenn Sie nicht wissen, wie Sie sich zu verhalten haben, machen Sie sich keine Gedanken. Bleiben Sie einfach achtsam und tun Sie dasselbe, was die Menschen neben Ihnen tun.

Gewöhnlich werden Neulinge sehr freundlich und entgegenkommend behandelt.

DER ALTAR

Normalerweise steht der Altar an der Wand, die dem Eingang gegenüber liegt. Der Lehrer oder Roshi sitzt dem Altar am nächsten. Beim Begriff »Altar« denken wir immer an irgendeine Form der Anbetung, daher fragen Sie sich vermutlich, was ein Altar in einem Zendo zu suchen hat, da im Zen doch niemand angebetet wird. Das hat verschiedene Gründe. Zum einen spielen sich regelmäßig wiederholende Gesten und Zeremonien in jeder Meditationspraxis eine große Rolle. Sie dienen der Heranbildung positiver Gewohnheiten. Im Zendo gruppiert sich das alles um den Altar. Der Altar ist sozusagen als Gedächtnisstütze gedacht. Er erinnert uns an die Bedeutung der Praxis und steht für unser Vertrauen in sie.

Des Weiteren bahnt er den Weg für das Erwachen der Sinne. Eine Buddhastatue, duftender Weihrauch, ein Gong und frische Blumen stehen dort. Wir betrachten den Buddha, riechen den Weihrauch und die Blumen, hören den Gong und verneigen uns vor dem Altar. Alle Sinne werden angesprochen, was uns den Augenblick gewahr werden lässt. Unter dem Altar oder in unmittelbarer Nähe wird alles aufbewahrt, was man braucht, um ihn zu schmücken: ein Vorrat an Räucherstäbchen, Kerzen und Zündhölzer oder ein Kerzenanzünder.

Buddhastatue und Weihrauch

Die Buddhastatue steht normalerweise etwas erhöht, sodass sie die anderen Altargegenstände überragt, am hinteren Rand des Altartisches. Dadurch können wir unsere Aufmerksamkeit immer auf den Buddha und seine Lehren richten. Die Räucherschale oder der Halter für die Räucherstäbchen wird meist in der Mitte des Altars vor der Statue platziert. Manchmal schiebt man ihn auch ein bisschen zur Seite, damit man die Statue besser sehen kann. Der Behälter ist mit der Asche unzähliger abgebrannter Räucherstäbchen gefüllt, sodass die Stäbchen nicht umkippen können.

PRAXIS Wenn Sie zu Hause eine neue Räucherschale einweihen und noch keine alte Asche von bereits abgebranntem Räucherwerk haben, füllen Sie den Behälter einfach mit Reis. Auch eine Tasse voll Reis kann als Halter für die Räucherstäbchen dienen.

Kapitel 13 – Willkommen im Zendo

Blumen und Kerzen

Blumen stehen für die Natur der Vergänglichkeit. Daher steht meist eine Vase mit Blumen auf einer Seite des Altars. Die Sorge um den Blumenschmuck obliegt dem Lehrer oder einem langjährigen Mitglied der Gemeinschaft. Normalerweise sind die Arrangements einfach, aber sehr schön.

Auf der anderen Seite steht die Kerze. Sie symbolisiert das Licht der Wahrheit, das die Dunkelheit der Illusion vertreibt.

Opfergaben

Manchmal reicht man auf dem Altar auch Opfergaben für den Buddha. Häufig stellt man eine Tasse Tee vor die Statue, um den Buddha zu ehren. In einigen Zendos gibt es »Seitenaltäre«, die ebenfalls mit Statuen geschmückt sind, meist verwendet man dafür Darstellungen der Bodhisattvas.

DER/DIE ÄLTESTE

In allen Schulen gibt es einen Mönch oder eine Nonne, dem oder der die Aufsicht im Zendo obliegt. Im Zendo gelten nämlich bestimmte Regeln, die befolgt werden müssen, vor allem bei rituellen Zeremonien. Diese Person nennt man *Jikijitsu* (in der Rinzai-Schule) oder *Godo* (in der Soto-Schule). Ihre Hauptaufgabe ist es, das Zendo in Ordnung zu halten und dafür zu sorgen, dass die Praktizierenden nicht von ihrer Übung abgelenkt werden.

Jeder Zen-Schüler versucht, den Augenblick zu leben. Daher muss der Älteste im Stande sein, auf alles, was im Zendo geschieht, spontan zu reagieren und trotzdem die Atmosphäre von Ruhe und gegenseitiger Achtung zu wahren.

Die Rolle des Jikijitsu

Der/die Älteste kümmert sich darum, dass alle Türen geschlossen und die Fenster entweder geöffnet oder geschlossen werden. Er geht mit dem Kyosaku herum, dem Holzstock, mit dem er auf Wunsch den Übenden einen Schlag auf den Rücken verpasst. Er achtet auf die Zeit und schlägt den Gong, wenn die Sitzung beginnt oder zu Ende ist. Er korrigiert die Haltung der Übenden und rügt jene, die andere auf irgendeine Weise stören. Meist wirkt er sehr inspirierend auf die anderen Praktizierenden. Andererseits empfinden wir auf ihn den größten Hass, wenn unsere Beine schmerzen und unser Rücken sich verkrampft und der Jikijitsu unverständlicherweise immer noch keine Anstalten macht, endlich den Gong anzuschlagen.

Kapitel 13 – Willkommen im Zendo

Natürlich ist da auch noch der Roshi, der Meditationslehrer. Er hält Dokusan und gibt Teisho. Im Zen-Kloster gibt es noch zahlreiche andere Ämter, die von bestimmten Mitgliedern der Gemeinschaft ausgeübt werden. Dem Jikijitsu aber untersteht speziell das Zendo.

PRAXIS

Eine der Aufgaben des Jikijitsu ist es, im Meditationsraum für eine angenehme Temperatur zu sorgen. Wenn Ihnen die Temperatur zu schaffen macht, setzen Sie sich nach Möglichkeit an einen anderen Platz, zum Beispiel näher an ein offenes Fenster. Oder Sie ziehen etwas anderes an. Aber bitte nicht im Zendo!

VERHALTEN IM ZENDO

Ihr persönliches Erscheinungsbild sollte die Einfachheit des Zendo und Ihren Respekt davor widerspiegeln. In Kapitel 5 finden Sie weitere Hinweise, wie Sie dies am besten bewerkstelligen.

Kleidung

Tragen Sie nichts allzu Buntes, denn kräftige Farben lenken ab. Das bedeutet nicht, dass Menschen, die sich im Zen üben, finstere Typen sind, die nur in Schwarz herumlaufen. Im Zendo aber ist eine dunkle Farbe angebracht.

Wählen Sie nur bequeme Sachen aus, so als würden Sie Yoga üben. Lockere Hosen oder weite Röcke für Frauen sind eine gute Wahl. Der Rock sollte nur lang genug sein, um die Beine zu bedecken, wenn Sie sitzen.

Eine Robe ist im Zendo ein normales Kleidungsstück.

Jeans hingegen sind nicht zu empfehlen, auch wenn das die Kleidung ist, die Sie am liebsten tragen. Was den ganzen Tag über höchst bequem wirkt, entpuppt sich schnell als Folterwerkzeug, wenn man darin mehrere Stunden unbeweglich sitzen soll. Jeans behindern den Blutkreislauf und bevor Sie sich versehen, werden Sie sich nur noch auf die tausend Nadelstiche in Ihren Beinen konzentrieren können!

Einfache, dunkle T-Shirts sind ebenfalls gut geeignet. Weiße T-Shirts mit Aufschrift hingegen wirken eher störend. Mitunter wird es im Zendo kühl, dann sollten Sie einen Pullover oder eine Decke dabei haben, um sich warm zu halten. Wenn die Temperatur es erfordert, sollten Sie auch vor langen Unterhosen nicht zurückschrecken.

Accessoires

Am besten lassen Sie auch die Finger von allzu auffälligem Schmuck. Auch Gürtel mit protzigen Schnallen sind nicht gerade das, was man im Zendo trägt. Zen hat nichts mit Show zu tun und das Zendo ist kein Ort, um unser Modebewusstsein zur Schau zu stellen. Tragen Sie Kleidung, die nicht ins Auge sticht, und Accessoires nur, wenn es nötig ist. Natürlich ist gegen einen Ehering oder eine schlichte Halskette nichts einzuwenden. Auch das Make-up sollten Sie auf ein Minimum beschränken. Schließlich versuchen Sie beim Zazen, etwas Luft aus Ihrem Ego abzulassen. Make-up, Parfüm und »Christbaumschmuck« sind aber eher Ich-Verstärker. Wenn Ihr Aussehen mit Fanfarenstößen verkündet: »Hoppla, hier komm' ich!«, dann wird es Zeit, über eine Veränderung Ihres Outfits nachzudenken.

Das Haar

Auch wenn Ihr Haar in Ihren Augen Ihr schönster Schmuck ist, sollten Sie es zum Pferdeschwanz binden, falls Sie es lang tragen. Wenn es Ihnen ständig ins Gesicht fällt, lenkt es Sie nur vom eigentlichen Ziel ab. Anderenfalls bringen Sie vielleicht die ganze Sitzung damit zu, gegen den Wunsch anzukämpfen, die Haarsträhne zurückzustreichen.

FRAGE *Meditiert man besser in Socken oder barfuß?* Wenn Sie leicht kalte Füße bekommen, sind Socken natürlich besser, aber im Zendo sind nackte Füße gern gesehen – vor allem wenn sie gepflegt sind. Ist dies nicht der Fall, dann ziehen Sie zumindest über die Zehen ein Paar Socken und achten Sie künftig besser auf Ihre Füße, wenn Sie gerne barfuß unterwegs sind.

Keine Schuhe

Im Zendo ist es Vorschrift, dass wir es niemals in Schuhen betreten. Das gilt als schlechter Stil und zeigt Mangel an Respekt. Vor der Tür des Zendo ist gewöhnlich ausreichend Raum, um die Schuhe dort zu lassen. Wenn wir nicht die übliche kleine Kammer vorfinden, stellen wir unsere Schuhe einfach ordentlich neben die der anderen. Wenn Sie nicht gerade der Erste sind, müssen Sie sich ohnehin nur einreihen. Merken Sie sich, wo Sie Ihre Schuhe abgestellt haben, damit Sie sie beim Verlassen des Zendo leicht wieder finden.

Kapitel 13 – Willkommen im Zendo

ZENDO-KNIGGE

Bevor Sie das Zendo betreten, ziehen Sie Ihre Schuhe aus – eventuell auch Ihre Socken. Dann betreten Sie den Raum und verbeugen sich in Richtung Altar. Diese Verbeugung nennt man Gassho. Man legt die Handflächen in Brusthöhe aneinander und beugt sich aus der Taille heraus nach vorne. Die Fingerspitzen befinden sich etwa in Mundhöhe. Nach der Verbeugung legen Sie die Hände vor dem Oberbauch zusammen. Machen Sie mit der Linken eine Faust, wobei Sie den linken Daumen umschließen. Dann legen Sie die rechte Hand so darüber, dass die Fingerspitzen fast den Handwurzelknochen der Linken berühren. Der Daumen der Rechten liegt über dem eingezogenen Daumen der Linken. Dies ist die Haltung, in der wir uns im Zendo bewegen.

Nun suchen Sie sich einen Platz. Wenn Sie zum ersten Mal dort sind, halten Sie Ausschau nach einem Kissen, das »frei« aussieht. Wenn persönliche Gegenstände dort liegen oder das Kissen einen Namen trägt, hat es sich jemand bereits als Sitzplatz auserkoren. Der Platz vor oder hinter dem Altar bleibt frei, was bedeutet, dass wir das Zendo nicht einfach durchqueren. Wenn wir zur anderen Seite hinüber wollen, gehen wir die Reihe der Sitzkissen zurück bis zum Eingang, verbeugen uns nochmals kurz vor dem Altar und

wechseln erst dann zur anderen Reihe hinüber. Achten Sie darauf, nicht auf Kissen oder Matten zu steigen.

Wenn Sie Ihr Kissen erreicht haben, verbeugen Sie sich nochmals vor dem Kissen, dann drehen Sie sich um, verbeugen sich ein weiteres Mal und nehmen Ihren Platz ein – entweder mit dem Gesicht zur Wand oder zur gegenüberliegenden Reihe der Meditierenden, je nachdem, wie diese Frage in diesem Zendo gehandhabt wird. Dort warten Sie, bis der Gong drei Mal erklingt, um den Beginn der Sitzung anzuzeigen.

Die Regeln

Es gibt ein paar Regeln, die Sie unbedingt einhalten sollten, wenn Sie sich keine Vorwürfe vom Jikijitsu einhandeln wollen.

Starren Sie bitte Ihre Mit-Praktizierenden nicht an. Wenn Sie jemanden beobachten, weil Sie wissen wollen, was Sie als Nächstes tun müssen, dann machen Sie das aus den Augenwinkeln heraus, sodass es nicht weiter auffällt. Senken Sie den Kopf und lassen Sie den Blick vor sich auf dem Boden ruhen. Versuchen Sie nicht, die Menschen neben Ihnen in ein Gespräch zu verwickeln Jetzt geht es nicht ums Reden. Wenn Sie eine Frage stellen müssen, dann tun Sie das so leise wie nur irgend möglich. Denken Sie daran, dass Sie Ihre Nachbarn stören. Wenn die Za-

Kapitel 13 – Willkommen im Zendo

zen-Sitzung »eingeläutet« ist, sagen Sie kein Wort mehr – nicht einmal im Falle eines Erdbebens, Feuers oder anderer persönlicher Nöte.

Sobald der Jikijitsu den Gong geschlagen hat, schweigen Sie und bewegen sich nicht mehr. Bleiben Sie einfach sitzen. Wenn Sie ein persönliches Problem haben, können Sie aufstehen, wenn Ihr Bleiben mehr stören würde als Ihr Gehen. Wenn Sie danach das Zendo wieder betreten wollen, müssen Sie warten, bis die gegenwärtige Sitzung vorüber ist und der Gong drei Mal geschlagen wurde. Noch vor dem Gong müssen Sie sich eine bequeme Sitzhaltung suchen. Wenn Sie danach noch Probleme haben sollten, sitzen Sie diese aus. Dadurch wird Ihre Praxis stärker. Jeder, der mit Zazen beginnt, hat anfangs vergleichsweise große Schmerzen. Sie sind da durchaus kein Einzelfall. Und wenn andere das aushalten können, so können Sie das auch. Es ist schließlich nur Schmerz. Das bringt Sie nicht um.

FRAGE

Kann beim Kyosaku-Schlag etwas passieren?
Beim Kyosaku erhalten wir einen leichten Schlag auf den Rücken, den uns der Jikijitsu gibt, wenn wir schläfrig werden oder uns nur schlecht konzentrieren können. Normalerweise wird der Schlag nur erteilt, wenn man darum bittet.
Er ist weder schädlich noch schmerzhaft, klärt aber den Geist auf wundervolle Weise und vertieft unsere Meditation.

Nach der Zazen-Sitzung können Sie Ihre Beine ausschütteln, natürlich langsam und ruhig. Lassen Sie die Schultern kreisen, dehnen Sie den Nacken und machen Sie andere angenehme Stretching-Übungen, ohne allzu sehr herumzurudern.

Zum Zeichen des Respekts stehen Sie erst auf, nachdem der Lehrer sich vom Kissen erhoben hat. Der Lehrer verlässt das Zendo und Sie gehen hinter Ihrem Vordermann her. Draußen ziehen Sie Ihre Schuhe an. Doch natürlich wird im Zendo nicht nur meditiert. Man trinkt dort Tee, vollführt die Gehmeditation, lauscht Dharma-Belehrungen und vieles andere mehr. Näheres dazu finden Sie in Kapitel 17, wo es um Sesshins geht, Zeiten, in denen Sie sich in ein Zen-Kloster zurückziehen, um längere Zeit nur zu meditieren.

Kapitel 13 – Willkommen im Zendo

GASSHO UND VERBEUGUNG

Gassho beschäftigt die meisten Einsteiger. Wörtlich bedeutet der japanische Begriff Gassho »die Handflächen zusammenlegen«.

Gassho heißt also, dass wir die Hände wie zum Gebet zusammenlegen. Wir verneigen uns aus der Taille heraus, beugen also nur unseren Oberkörper nach vorn. Beide Gesten werden immer zusammen ausgeführt. Sie machen also Gassho, während Sie sich verbeugen.

Die Geste der Erleuchtung

Wenn wir die Handflächen aneinander legen, drücken wir symbolisch aus, dass zwei zu einem werden. Daher ist Gassho die Handhaltung der Erleuchtung, eine Geste der Achtung, die auf die Erleuchtung Buddhas zurückgeht.

FAKTEN
Alle buddhistischen Traditionen kennen Gassho und die Verbeugung.
Es handelt sich also keineswegs um eine reine Zen-Angelegenheit.

Als der Buddha sich von seinem Sitz unter dem Bodhibaum erhob, hatte er Erleuchtung erlangt. Er ging seiner Wege und traf schließlich die Asketen wieder, mit denen er praktiziert hatte, als er den Palast seines Vaters verlassen hatte. Als sie ihren alten Freund Shakyamuni wieder sahen, war ihnen sofort klar, dass er mittlerweile ein erleuchteter Buddha geworden war. Daher legten sie der Reihe nach die Hände zusammen und verneigten sich vor ihm. Seit dieser Zeit gibt es die buddhistische Tradition der Verbeugung.

Zeichen des Respekts

Die Verbeugung ist ein Zeichen tiefer Achtung und sollte daher achtsam vollzogen werden. Achten Sie also auch auf das Wie. Verneigen Sie sich weder zu langsam noch zu schnell, sondern einfach bescheiden und demütig. Wenn Sie sich zu schnell nach vorne beugen, sieht das linkisch aus, als würde es Ihnen an Respekt mangeln. Verbeugen Sie sich aber zu langsam, riecht das sehr nach dem »Gestank der Erleuchtung«, den wir im letzten Kapitel vorgestellt haben.

Wenn Sie längere Zeit im Zendo sind, werden Sie ein gutes Gespür für die Verbeugung entwickeln.

Kapitel 13 – Willkommen im Zendo

Solange es echte Verbeugungen gibt, ist der Weg des Buddha nicht in Gefahr.

Dogen

In der täglichen Praxis gibt es zwei Arten von Verbeugung: die stehende Verbeugung, um die es bis jetzt ging, und die so genannte »Niederwerfung«. Die volle Niederwerfung geht wie folgt:

1. Sie stehen da und halten Ihre Hände in Gassho.
2. Sie beugen sich aus der Taille heraus nach vorne, gehen auf die Knie, wobei Sie, wenn nötig, Ihre Hände benutzen. Dann berühren Sie mit der Stirn den Fußboden. Dabei ruhen die Hände rechts und links von Ihrem Kopf, die Handflächen zeigen nach oben. Ihr Körper berührt den Boden nur mit Ellbogen, Knien, Händen und Stirn.
3. Wenn Ihre Stirn den Boden berührt, heben Sie die Hände zum Zeichen des Respekts ein klein wenig vom Boden.
4. Dann richten Sie sich wieder auf und wiederholen den ganzen Vorgang.

DAS ZENDO ZUHAUSE

Wenn Sie einen Raum haben, den Sie nicht anderweitig nutzen, können Sie auch zu Hause ein Zendo einrichten. Sitzen Sie allein, genügen ein Sitzkissen und eine Matte, aber Sie können natürlich auch versuchen, eine Gruppe zu gründen, die sich einmal pro Woche trifft. Legen Sie in diesem Fall mehrere Kissen und Matten aus.

Die Utensilien

Sie können den Raum mit künstlerischen Zeugnissen der Zen-Kultur schmücken wie japanischen Holzschnitten oder Kalligrafien. Auch tibetisch-buddhistische Darstellungen eignen sich sehr gut. In entsprechend spezialisierten Kunsthandlungen und im Internet finden Sie *thangkas* (Rollbilder), Mandala-Darstellungen oder Statuen von Buddhas oder Bodhisattvas, die Ihnen als Altarschmuck dienen können.

Lesen Sie weiter vorne nach, was Sie für einen Altar alles brauchen. Der Altar sollte an einem Ende des Raumes stehen und mindestens für eine Buddha-Statue, eine Kerze, Blumen und Halter für das Räucherwerk Platz bieten. Über das Internet werden fertige Altäre vertrieben, die Sie nur noch an der Wand zu befestigen brauchen.

Kapitel 13 – Willkommen im Zendo

FAKTEN: Thangkas sind Bilder, meist auf Leinen, die von einem Stab herabhängen und deshalb zusammengerollt werden können. Viele Thangkas stellen Mandalas dar oder zeigen Gottheiten aus dem reichen tibetisch-buddhistischen Pantheon, zum Beispiel Avalokiteshvara, den Bodhisattva des Mitgefühls. Sie werden zur Meditation benutzt und hängen häufig über dem Altar.

Private Meditationsgruppen

Regelmäßig mit anderen zu meditieren hält unsere Praxis lebendig und inspiriert uns. Manchmal ist aber die nächste Meditationsgruppe zu weit weg, um öfter hinzufahren. Dann können wir versuchen, selbst eine Gruppe zu gründen. Wenn Sie eine Gruppe zu sich einladen, ist das möglicherweise ein Ansporn, selbst öfter zu sitzen.

Wir kennen Gruppen, die sich im Haus eines Mitglieds treffen, in dem es ein Zendo gibt, und dort drei Sitzungen zu je 25 Minuten abhalten. Zwischen den Sitzungen gibt es Pausen für Gehmeditation oder um die Beine ein wenig zu strecken. In unserer Gruppe treffen wir uns jeden Sonntag um 7.00 Uhr morgens. Auf diese Weise hat jedes Mitglied noch genug Zeit für andere Aktivitäten.

Nach der letzten Sitzung trinken wir im Zendo gemeinsam Tee, dann plaudern wir noch eine halbe Stunde in der Küche. Diese Gruppe trifft sich nun schon seit mehreren Jahren, und der Sonntagmorgen ist für uns einer der Höhepunkte der Woche, bei dem wir unsere spirituelle Seite kultivieren und unsere Hingabe an die Praxis verstärken.

Ihre Zen-Praxis an dem Ort einzupflanzen, wo sich Ihr Leben abspielt, ist ein wahrer Segen. Unsere Welt heute ist meist recht schnelllebig, chaotisch und vergleichsweise stressig. Wir rennen herum, fühlen uns überarbeitet und leiden unter dem Gefühl, für das, was wir eigentlich tun wollen, nicht genügend Zeit zu haben. Daher ist es ein Geschenk an uns selbst, wenn wir aus unseren vier Wänden einen Ort des Friedens machen, an dem wir unser kleines Selbst loslassen können.

Vereinfachen Sie Ihr Leben. Bringen Sie Ordnung in Ihr Heim. Sorgen Sie dafür, dass Angst, Gier und Chaos dort keinen Platz haben. Wenn Sie dann in Ihrem Zen-Heim noch ein Zendo einrichten, haben Sie ein Heiligtum, in das Sie eintauchen können, wenn Sie gestresst, müde, wütend oder nervös sind. Dieser Ort wird Sie jeden Tag wieder anregen, Ihre wunderbare Praxis durchzuführen.

KAPITEL 14
PRAXIS AM
ARBEITSPLATZ

Sie müssen Ihre Praxis nicht auf zuhause beschränken! Nehmen Sie sie
überall mit hin, sogar ins Büro oder
in die Lagerhalle. Zen beschränkt sich
keineswegs auf die 25 Minuten, die
wir auf einem Kissen sitzend verbringen. Es sickert langsam, aber sicher
in unser Leben ein und prägt unser
Handeln vom ersten Augenaufschlag
am Morgen bis zum Abend, wenn
wir ins Bett gehen. Und das heißt,
dass wir auch am Arbeitsplatz Zen
üben können.

WO SIE AUCH HIN-GEHEN, SIE WERDEN DORT SEIN

Wenn es Ihnen mit der Zen-Praxis ernst ist, werden Sie sich wohl früher oder später fragen, ob Sie nicht besser in ein Kloster eintreten und Ihr Leben ganz und gar Ihrer Übung widmen sollten. Denn Familie, Freunde, Arbeit, ja die Welt im Allgemeinen stören häufig dieses wundervolle Gefühl des Friedens und des Gleichmuts, das sich allmählich bei uns einstellt.

Ist es also für Sie eine gute Idee, Ihr Leben hinter sich zu lassen, auf alle Besitztümer zu verzichten, sich den Kopf zu scheren und ins Kloster zu gehen? Das ist nicht leicht zu beantworten. Für einige Menschen ist das Leben im Kloster wunderbar. Viele allerdings erwägen nur, ins Kloster zu gehen, um dem Alltag zu entfliehen, mit dem sie nicht fertig werden. Aber vergessen Sie nicht: Wo immer Sie auch hingehen, Sie werden dort sich selbst treffen. Das bedeutet, dass Sie selbst mit allem, was Sie sind, ins Kloster gehen. Sich selbst können Sie nicht entkommen, und Ihre Probleme sind Ihr treuer Begleiter.

Schon bald werden Sie feststellen, dass Ihre Schwierigkeiten Sie ins Kloster begleitet haben. Wenn Sie zum Beispiel Ärger im Umgang mit Ihren Kollegen hatten, werden Sie auch mit Ihren Weggefährten im Kloster Probleme haben. Anfangs macht es vielleicht den Eindruck, als hätten Sie Ihre Probleme nun endlich abgeschüttelt. Unter Umständen sind sie ja tatsächlich etwas in den Hintergrund getreten. Doch häufig sind die Teile unserer Persönlichkeit, mit denen wir kämpfen müssen, in Wahrheit wahre Glücksfälle.

In der Wirklichkeit außerhalb des Klosters setzen wir uns mit diesen Themen auseinander, wir lernen dazu und wachsen daran. Sie erschweren uns die Praxis, andererseits machen sie diese auch stärker.

PRAXIS | Ob man im Kloster oder in der »Welt« dem Zen-Weg folgt, ist eine ganz persönliche Entscheidung. Wenn Sie jedoch an ein monastisches Leben denken, sollten Sie genau prüfen, ob Sie wirklich ins Kloster wollen und nicht nur weg von der Welt.

Kapitel 14 – Praxis am Arbeitsplatz

Ist es Ihnen ernst mit Zen, dann meldet sich irgendwann der Wunsch, den Elfenbeinturm zu verlassen und sich mitten ins Gedränge des Marktplatzes zu mischen. Behalten Sie Ihr Zen nicht für sich. Teilen Sie es mit anderen. Befreien Sie Ihr Zen aus seiner Abgeschiedenheit und tragen Sie es dorthin, wo der moderne »Marktplatz« liegt – an den Arbeitsplatz.

ZEN IM ARBEITSLEBEN

Die Arbeit besetzt einen großen Teil unseres Lebens. Ob Sie Ihren Beruf nun lieben, hassen oder ihm völlig gleichgültig gegenüberstehen, Sie investieren in ihn sehr viel Zeit. Einige wenige Glückliche mögen Ihre Arbeit und können es am Morgen gar nicht erwarten, damit anzufangen. Andere würden ihren Job sofort hinwerfen, wenn sie das Gefühl hätten, sie könnten etwas Besseres finden. Die meisten Menschen aber stehen irgendwo dazwischen: Manchmal mögen sie ihren Beruf, manchmal nicht. Ihre Zen-Praxis versetzt Sie in die Lage, mit Konflikten am Arbeitsplatz sinnvoller umzugehen.

Unterscheidungen

Was wir auch immer arbeiten mögen, normalerweise entwickeln wir schnell unsere ganz persönliche Werteskala, nach der wir die Dinge einteilen in solche, die uns gefallen, und andere, die uns nicht gefallen. Wie oft haben Sie andere Menschen schon über ganz bestimmte Aufgaben klagen gehört? Wie oft sagt jemand zu Ihnen, er würde eigentlich lieber etwas anderes tun? Einer unserer Freunde, der in seiner Firma eine leitende Funktion innehat, antwortet auf solche Klagen gewöhnlich mit dem Satz: »Sie werden dafür bezahlt, dass Sie von neun Uhr morgens bis fünf Uhr abends arbeiten. Warum ist es da so wichtig, was Sie tun?« Nun, es ist wichtig geworden, weil wir einfach den ganzen Tag über Unterscheidungen treffen. Das reicht von »Der Kaffee schmeckt ja noch, aber die Milch in den Sahnekännchen ist wirklich eklig!« bis zu »Den Monatsbericht schreibe ich gerne, aber all diese Formulare auszufüllen geht mir wirklich auf die Nerven.« Wenn Sie Ihre alltäglichen Gedanken beobachten, werden Sie feststellen, dass Sie ständig irgendwelche Werturteile fällen: »Sie ist nett, aber er ist ein echter Idiot.« Oder: »Montag ist ein mieser Tag, Freitag ist viel schöner.« Und: »Die Damentoilette im ersten Stock ist viel besser als die im zweiten.« Oder wie wäre es mit: »Ich mag diesen Kugelschreiber nicht. Wo ist mein Lieblingskugelschreiber?« Das ist unsere tägliche Praxis.

Unterscheidungen zu treffen heißt, dass wir die eine Sache höher schätzen als die andere. Und genau das

Kapitel 14 – Praxis am Arbeitsplatz

sorgt meist für Unzufriedenheit. Wenn Sie denken: »Ich mag diesen Kugelschreiber nicht. Wo ist mein Lieblingskugelschreiber?«, leben Sie ganz sicher nicht im Augenblick. Sie leben in der Zukunft, weil Sie sich vorstellen, wie viel besser Sie mit dem anderen Stift schreiben könnten. Oder wie der Sechste Patriarch Hui Neng einmal sagte: »Die Menschen unterscheiden Norden und Süden. Vom Standpunkt der Buddhaschaft aus betrachtet gibt es etwas wie Norden oder Süden nicht.«

PRAXIS

Wenn Sie Zen in Ihr Arbeitsleben einbringen wollen, sollten Sie sich der Werturteile bewusst werden, die Sie ununterbrochen fällen. Und dann versuchen Sie, das zu akzeptieren, was Ihnen jetzt widerfährt. Es muss Ihnen nicht gefallen, tun Sie's nur einfach. Richten Sie Ihre Aufmerksamkeit auf die Aufgabe selbst, nicht darauf, wie es Ihnen damit geht.

Was also meint Hui Neng? Norden und Süden existieren doch, nicht wahr? Betrachten Sie das Ganze einmal so: Wenn Sie nach Norden müssen und einfach drauflosgehen, werden Sie irgendwann nach Süden gehen. Es gibt keinen wirklichen Unterschied zwischen Norden und Süden, Osten und Westen. Wir haben diese Unterscheidungen geschaffen, um uns die Kommunikation zu erleichtern. Himmelsrichtungen sind nützlich, aber sie sind nicht die Wahrheit.

Meinungen

Natürlich beeinflusst dieses unterscheidende Denken nicht nur unsere Arbeit als solche. Es macht sich auch in unserer Haltung der Arbeit gegenüber bemerkbar. Sobald wir wissen, welchen Beruf jemand ausübt, haben wir auch schon eine Meinung über ihn. Kaum haben wir jemanden kennen gelernt, kommt schon die Frage, was wir eigentlich beruflich machen. Und unsere Antwort löst unweigerlich eine Reaktion aus, auch wenn wir sonst nicht viel sagen.

Verhalten wir selbst uns nicht genauso? Was würden Sie über jemanden denken, der Ihnen als Richter vorgestellt wird? Oder als Schönheitschirurg? Als Mechaniker? Als Anwalt, Priester, Rabbi, Fernsehproduzent oder Schriftsteller? Nehmen Sie sich einen Moment Zeit, um Ihre Reaktionen auf diese Berufe zu überprüfen. Wenn jemand Ihnen sagen würde, er sei Politiker, wie würden Sie diese Person einschätzen?

Kapitel 14 – Praxis am Arbeitsplatz

Wahrscheinlich gehen Sie in Ihren Werturteilen sogar noch ein Stück weiter: Anwälte sind gerissen, Ärzte sind hilfsbereit, Produzenten gierig, Politiker sind Lügner und so weiter. Wir beurteilen andere Menschen also einfach nach dem Beruf, den sie ausüben. Vielleicht unterhalten wir uns gar nichts erst mit dem Betreffenden, weil wir uns auf Grund seines Berufes schon ein bestimmtes Bild gemacht haben.

Definieren Sie sich nicht über Ihren Beruf. Und tun Sie das auch nicht bei anderen Menschen. Sie sind nicht Ihr Job. Das gilt für alle Menschen. Lassen Sie die Unterscheidungen und Vorurteile fallen. Versuchen Sie, offen zu bleiben – auch am Arbeitsplatz.

PRAXIS

Eine Geschichte: Ein Mann erzählte der Frau, mit der er ausging, er sei unzufrieden mit seinem Job als Unternehmensberater und sehe sich gerade nach einer neuen Arbeit um. »Was tun Sie denn gerne?«, fragte sie.
»Snowboarden, Laufen und Campen«, antwortete er tiefernst.
»Dummerweise bezahlt mich niemand dafür.«
Verfangen Sie sich nicht in Ihrem kleinen Selbst, indem Sie sich durch das definieren, was Sie tun. Lassen Sie es weit werden!

RECHTE LEBENSFÜHRUNG

Wenn Sie ernsthaft Zen praktizieren wollen, fragen Sie sich vielleicht, ob der Beruf, den Sie ausüben, zum Gebot der rechten Lebensführung passt. Rechte Lebensführung bedeutet, dass Sie sich Ihre Wahlmöglichkeiten bewusst machen und sich dann fragen, ob das, was Sie tun, um Ihre Brötchen zu verdienen, etwas oder jemandem schadet. Falls Sie diese Frage mit Ja beantworten müssen, wäre der nächste Schritt, sich einen Beruf zu suchen, der anderen nicht schadet, sondern ihnen im Gegenteil sogar nützt. Rechte Lebensführung bedeutet, dass wir unserer Umgebung dienen, ob damit die unmittelbare Nachbarschaft gemeint ist oder die ganze Welt. Bestimmte Tätigkeitsfelder wird ein Zen-Praktizierender nach Möglichkeit meiden. Dazu gehören zum Beispiel:

- Herstellung und Verkauf von Waffen
- Tierversuche
- Arbeit auf Schlachthöfen
- Pelzhändler oder Kürschner
- Drogenhändler
- Croupier im Kasino
- Prostitution

Kapitel 14 – Praxis am Arbeitsplatz

Die Berufswahl

Heute, wo uns so viele Möglichkeiten offen stehen, ist es mitunter gar nicht so einfach, einen Beruf zu finden, der zum Gebot der rechten Lebensführung passt. Als Zen-Praktizierender möchten Sie vielleicht einen Beruf ausüben, der anderen nicht schadet und den Frieden fördert.

Der Kernpunkt rechter Lebensführung ist, mehr zu geben als man empfängt.
Natürlich wägen wir das nicht buchhalterisch gegeneinander ab. Es geht vielmehr um die Haltung, in der man für sich selbst und andere sorgt.
Wenn Sie anderen helfen und mit ihnen teilen wollen, werden diese ihrerseits Ihnen helfen und mit Ihnen teilen.

Claude Whitmeyer

Wenn Sie in einer großen Firma arbeiten, fällt es wohl eher schwer herauszufinden, ob diese irgendwo auf der Welt Schäden verursacht.

Vielleicht beutet sie Arbeiter in den Entwicklungsländern aus. Oder irgendwelche Stoffe, die im Produktionsprozess anfallen, vergiften die Umwelt. Sylvia Boorstein meint in ihrem Buch *It's Easier than you think* (dt. *Buddha oder die Lust am Alltäglichen):* »Bei Großkonzernen ist es schwierig festzustellen, ob jedes ihrer Produkte unschädlich ist. Wer weiß schon, was die Zulieferbetriebe meines Waschmittelherstellers sonst noch produzieren? [...] Für mich geht rechte Lebensführung ohnehin über solche Äußerlichkeiten hinaus. Meiner Ansicht nach geht es ebenso um unsere innere Haltung. Wenn wir zu unserer Arbeit eine gesunde Einstellung bewahren, dann trägt auch dies zu geistigem Frieden und seelischer Gesundheit bei. Unsere Lebensführung sollte von Selbstachtung getragen sein.«

Schließlich müssen Sie für sich selbst entscheiden, ob Sie sich mit Ihrer Tätigkeit wohl fühlen. Wenn Ihre innere Haltung stimmt, ist es vielleicht nicht so wichtig, was Sie tun, sondern wie Sie es tun.

Als praktizierender Buddhist hoffen Sie, irgendwann Erleuchtung zu finden. Sie streben also eine gelassene Existenz an. Negative Energie, die Sie etwa ausstrahlen – ob bei der Arbeit, beim Einkaufen oder zu Hause –, stört Ihre innere Ruhe und die der anderen. Diese Ruhelosigkeit geben Sie an Ihre Umwelt weiter.

Wenn Sie also einen Beruf wählen, müssen Sie entscheiden, ob Sie dabei Ihre Gelassenheit bewahren können und ob Sie anderen nicht schaden. Schaden Sie anderen, wenn Sie in einem Atomkraftwerk arbeiten? Können Sie einen Wald abholzen und dabei innere Gelassenheit zeigen? Können Sie Kosmetika an Tieren testen? Um rechte Lebens-

Kapitel 14 – Praxis am Arbeitsplatz

führung sicherzustellen, müssen Sie alles untersuchen, was Sie tun, und sich bemühen, Frieden und Güte in der Welt zu fördern. Dazu gehört natürlich auch Ihr Beruf.

FAKTEN

Mittlerweile gibt es sogar einen Preis für rechte Lebensführung, der jedes Jahr von der schwedischen Right Livelihood Foundation in Stockholm vergeben wird. Der Alternative Nobelpreis wurde 1980 eingeführt, um Menschen und Organisationen, die »herausragende Arbeit für unseren Planeten und seine Bewohner« geleistet haben, auszuzeichnen und zu unterstützen. Mittlerweile gibt es mehr als 100 Preisträger aus 84 verschiedenen Ländern.

Zen und Militär

Buddha war der Meinung, es gebe keine gerechten Kriege. Nichts auf der Welt kann rechtfertigen, die Waffe gegen einen anderen Menschen zu erheben. Sich gegenseitig zu bekämpfen ist unter allen Umständen falsch. Gewalt in jeder Form widerspricht den Lehren Buddhas und denen des Zen.

Vor diesem Hintergrund stellt sich natürlich die Frage: Ist eine militärische Laufbahn mit rechter Lebensführung vereinbar? Schließlich fördert man nicht unbedingt Mitgefühl und Liebe, wenn man kämpft. Sogar wenn er nur zur Selbstverteidigung unternommen wird, zielt der Kampf darauf ab, den anderen zu verletzen. Manchmal aber sind es gerade militärische Kräfte, die für Frieden sorgen können. Wäre dies dann rechte Lebensführung? Der Buddha lebte zu einer Zeit, als rechte Lebensführung vielleicht noch etwas leichter zu definieren war als heute. In unserer modernen Welt gibt es nun einmal viele Grenzbereiche.

LEERER GEIST

Im Zen sprechen wir davon, den Geist vom Selbst zu leeren. Doch ein leerer Geist ist bei den meisten beruflichen Tätigkeiten nicht eben ratsam. Wir haben Aufgaben zu erledigen und müssen mit anderen Menschen kommunizieren. Und trotzdem kann es sinnvoll sein, auch in der Arbeit den Geist zu leeren.

Damit ist kein enger Geist gemeint, sondern ein offener, weiter Geist.
Wenn Ihr Geist leer ist, ist er zu allem bereit. Er ist für alles offen.
Dem Anfänger-Geist bieten sich

Kapitel 14 – Praxis am Arbeitsplatz

> *tausend Möglichkeiten, dem Experten-Geist nur einige wenige.*
> Shunryu Suzuki
> *Zen-Mind, Beginner's Mind*

Wenn Sie Ihr Ich abgelegt haben, das sich ständig in alles einmischt, können Sie sich ganz auf die Aufgabe konzentrieren, die vor Ihnen liegt. Sie können tun, was nötig ist, statt lange darüber nachzudenken, was das sein könnte, und sich selbst und andere ständig zu verurteilen.

In der Arbeit aufgehen

Wie viel Zeit bringen Sie damit zu, über die Dinge nachzudenken, die Sie nicht gerne tun, statt sie einfach zu tun? Das ist die Aufschiebe-Taktik. Begegnen Sie ihr, indem Sie Tag für Tag zu der Aufgabe werden, die Sie erledigen müssen.

Lassen Sie sich hineinfallen. Achten Sie auf jeden einzelnen Aspekt Ihrer Tätigkeit. So können Sie beispielsweise achtsam tippen. Konzentrieren Sie sich auf das Dokument vor Ihren Augen, statt darüber nachzudenken, was Sie wohl auf der Internet-Seite finden werden, die Sie noch ansehen wollten, bevor Sie Mittagspause machen.

Natürlich fällt es uns mit bestimmten Aufgaben leichter, in der Arbeit aufzugehen. Bei körperlicher Arbeit zum Beispiel ist das Verschmelzen mit dem eigenen Tun einfacher, als wenn Sie mit endlosen Zahlenkolonnen zu tun haben. Wenn Sie körperliche Arbeit verrichten, streben wir zuerst nach Achtsamkeit. Danach kommt das, was Philip Kapleau in *The Three Pillars of Zen* »Absichtslosigkeit« nennt. Er schreibt: »Es geht dabei einfach nur um zwei Grade der Versenkung. Achtsamkeit ist ein Zustand, in dem man sich der Situation ganz bewusst ist und immer angemessen reagieren kann. Doch ist man sich dabei des Bewusstseins immer noch gewahr. Absichtslosigkeit dagegen oder Selbstversunkenheit, wie dieser Zustand vielfach auch genannt wird, ist so tiefe Versenkung, dass dabei nicht einmal mehr das Gewahrsein des Selbst vorhanden ist.« Wenn Sie voller Achtsamkeit (oder Absichtslosigkeit) arbeiten können, werden Sie Ihre Aufgabe genau so erledigen, wie es erforderlich ist. Sie sind weder zu schnell noch zu langsam. Alles ist genauso, wie es sein sollte.

PRAXIS: Häufig erledigen wir unsere Pflichten nur halbherzig. Wir sind nicht voll dabei. Viele Menschen tun den ganzen Tag über immer mehrere Dinge zur selben Zeit. Wir tippen einen Bericht und telefonieren ne-benher. Wir unterhalten uns mit Kollegen, während wir Akten einsortieren. Es ist besser, nur eine Sache zu tun, sich auf diese aber voll zu konzentrieren. Leeren Sie Ihren Geist von allen anderen Dingen.

Kapitel 14 – Praxis am Arbeitsplatz

Ganz im gegenwärtigen Moment zu leben schenkt uns eine unglaubliche Freiheit. All unsere Vorurteile verschwinden. Unser Geist öffnet sich, und wir verfügen über mehr Energie. Ihr Denken saugt Ihnen nicht alle Lebenskraft aus, während Sie versuchen, sich auf die Arbeit zu konzentrieren, obwohl Sie sich ständig fragen, was es wohl zum Abendessen geben wird.

Wenn Ihr Geist sich öffnet, wird Ihre Konzentration weiter. Sie werden feststellen, dass Sie Ihre Arbeit in ganz anderer Qualität erledigen als früher.

STRESS IM JOB

Nutzen Sie Ihre Zen-Praxis, um den Stress am Arbeitsplatz gering zu halten. Nehmen Sie sich jeden Tag ein wenig Zeit für eine kurze Meditation, wenn möglich mehrmals am Tag. Diese Pausen werden Sie beruhigen und erfrischen.

Die Zazen-Pause

Sie können Zazen sogar an Ihrem Schreibtisch im Großraumbüro üben. Setzen Sie sich einfach gerade hin und konzentrieren Sie sich auf Ihren Atem. Wenn Sie sich mit geschlossenen Augen unwohl fühlen, lassen Sie sie offen und richten Sie den Blick auf den Boden oder auf Ihren Schreibtisch. Zazen-Pausen sind für jede Tätigkeit geeignet.

Wenn Sie fünf Minuten Pause haben, können Sie ein paar Atemübungen machen, um Ihren flatternden Geist zu erfrischen und Spannungen abzubauen. Achten Sie beim Einatmen darauf, wie der Atem in Ihre Nasenlöcher einströmt, wie er die Kehle hinunterwandert in die Lungen, die sich langsam weiten. Stellen Sie sich vor, wie er über den Bauch in Ihr Hara weiterwandert. Dann kehrt er zurück, wird aus Hals und Nase ausgestoßen. Folgen Sie dem Atem bis zum Endpunkt und Sie werden dort einem gewissen offenen Raum begegnen. Wenn Sie diese Übung ein paar Minuten lang machen, löst sich der Stress von selbst auf.

Üben Sie so lange, bis der Stress fühlbar nachlässt und Ihr Gedankenstrom sich wieder in normalen Bahnen bewegt.

Wenn wir uns ins tägliche Drama verwickeln lassen, fangen unsere Gedanken an, sich zu überschlagen. Konzentrieren Sie sich auf die Pausen zwischen den einzelnen Gedanken, um diesen Teufelskreis zu durchbrechen. Lassen Sie sich nicht von Ihrem Ego aufpeitschen. Schließlich ist es nicht die Arbeit, die uns am Ende des Tages völlig erschöpft zurücklässt, sondern unser unausgesetztes Denken, das Unmengen Kraft kostet.

Kapitel 14 – Praxis am Arbeitsplatz

PRAXIS

Manchmal ist es ganz nützlich, etwas Lektüre eingesteckt zu haben. Ein paar Zeilen aus einem Zen-Buch oder die Erfahrungsberichte von anderen Zen-Praktizierenden können uns helfen, in unsere Mitte zurückzukehren. Es gibt heute wunderbare Meditationsbücher, Sammlungen von Weisheitssprüchen, die uns in einer stressigen Umgebung zum Ort der Ruhe werden können.

NUR DIE EINSTELLUNG ZÄHLT

Zen am Arbeitsplatz zu üben bedeutet, dass wir unsere Arbeit voller Mitgefühl und in einer Haltung des Dienens erledigen. Was können Sie tun, um an Ihrem Arbeitsplatz mehr Mitgefühl hervorzurufen? Wenn Sie die verschiedenen Schritte des Achtfachen Pfades üben, schaffen Sie damit eine innere Haltung, die Tag für Tag Früchte trägt.

Rechte Rede zum Beispiel sorgt dafür, dass wir keine unangemessen harten Worte verwenden oder unsere Kritik auf mitfühlende Weise vortragen. Wenn wir einen Konflikt am Arbeitsplatz nicht lösen können, tragen wir unsere Schwierigkeiten klar und gelassen vor und bleiben dabei vollkommen ruhig.

Rechte Anstrengung bedeutet, dass wir uns weder überarbeiten noch herumtrödeln, sondern das tun, was nötig ist, um unsere Arbeit richtig zu erledigen. Wir bemühen uns zu verstehen, was andere brauchen, um ihrerseits ihre Arbeit tun zu können, und versuchen dann, ihnen zu helfen.

Rechte Achtsamkeit und rechte Konzentration helfen uns, unsere Aufmerksamkeit ganz auf unser Tun zu richten und nicht herumzutrödeln. Wir verschwenden die Güter unserer Firma nicht, ob diese nun in Arbeitszeit, Geld oder Büromaterial bestehen mögen. Wir konzentrieren uns, sodass wir effizient arbeiten und unsere Zeit gut nutzen. Wir bemühen uns um eine dienende Einstellung und sind bereit, hart zu arbeiten.

Als Führungskraft machen wir uns unsere Verantwortung bewusst. Auch wenn wir unseren Mitarbeitern manchmal lieber freundschaftlich begegnen würden, müssen wir unsere Stellung so ausfüllen, dass dies zum Besten aller ist.

PRAXIS

Seine Arbeit achtsam zu tun und keine Unterscheidungen zu treffen bedeutet nicht, dass Sie in einer Stellung bleiben müssen, die Sie nicht mögen. Wenn Sie die Möglichkeit haben, etwas zu tun, was Ihnen besser gefällt und Ihr Leben einfacher macht, dann nur zu. Jeder Mensch will eine Arbeit, die ihm Spaß macht.

Kapitel 14 – Praxis am Arbeitsplatz

Unseren Kollegen begegnen wir mit Achtung, denn wir wissen, dass wir alle voneinander abhängig sind. Unser Teil der Arbeit vollzieht sich schließlich nicht abgetrennt vom Rest der Firma. Sie wird von anderen beeinflusst und dient ihrerseits anderen wieder als Grundlage. Wir erkennen, dass wir ein Teil des Ganzen sind, was uns zu Bescheidenheit veranlasst. Wenn wir den Achtfachen Pfad in der Arbeit und in jedem anderen Teil unseres Lebens üben, setzen wir unsere Zen-Praxis Tag für Tag um und machen sie dadurch noch stärker.

Manchen Menschen fällt es schwer, Mitgefühl und Güte im Büro zu üben. Vielleicht arbeiten Sie ja mit jemandem zusammen, den Sie nicht leiden können, und reagieren auf ihn immer mit Wut, Ungeduld oder harschen Urteilen. Doch Zen zu üben heißt, dass wir mit allen Wesen liebevoll umgehen. Als die Schriftstellerin Natalie Goldberg ihren Lehrer Dainin Katagiri fragte, was denn unter »allen fühlenden Wesen« zu verstehen sei, antwortete dieser: »Wir sollten sogar zum Stuhl, zur Luft, zum Papier und zur Straße freundlich sein. So weit und tolerant muss unser Geist werden.« Also fangen Sie ruhig bei den Kollegen an, die Sie zum Wahnsinn treiben. Das ist eine gute Vorübung für die Stühle.

Als eine Schülerin Thich Nhat Hanh fragte, wie sie ihre Arbeit achtsamer erledigen könne, gab er zurück:

»Ich versuche immer, den Weg zu finden, der am meisten Spaß macht. Es gibt viele verschiedene Arten, eine bestimmte Aufgabe auszuführen – doch am wohlsten fühle ich mich mit der, die mir am besten gefällt.«

GUTES BETRIEBSKLIMA

Für gutes Klima am Arbeitsplatz gelten im Wesentlichen dieselben Regeln wie für zu Hause. Wenn Sie Ihre Beziehungen zu anderen Menschen verbessern wollen, konzentrieren Sie sich auf sich selbst und auf das, was Sie für andere Menschen tun können. Das heißt nicht, dass Sie anderen Geschenke machen und sie bestechen müssen. Tun Sie einfach, was nötig ist, um die anstehenden Aufgaben angemessen zu erfüllen. Erledigen Sie nicht die Pflichten anderer Leute. Tüchtige Menschen laden sich häufig noch das Bündel der anderen auf. Natürlich ist es schön, anderen zu helfen, doch deren Arbeit zu erledigen ist meist nicht besonders hilfreich. Wenn Sie jemandem helfen, beschenken Sie sich selbst. Wenn Sie anderen die Möglichkeit nehmen, ihre Pflichten selbst zu tun, berauben Sie sie der Möglichkeit, sich selbst zu vergessen und etwas Nützliches zu tun.

Kapitel 14 – Praxis am Arbeitsplatz

Wenn wir Zen in jeden Aspekt unseres Lebens einfließen lassen, werden wir sehr bald feststellen, dass wir mit anderen Menschen plötzlich sehr viel besser auskommen. Wir entwickeln inneren Frieden, der es uns erlaubt, unserer Familie und unseren Kollegen mit Mitgefühl und Toleranz zu begegnen. Wir können uns besser konzentrieren und erledigen unsere Arbeit viel effizienter als vorher. Wir sind uns bewusst, dass wir mit allem verbunden sind, und kümmern uns um das Wohlergehen aller Menschen, die mit uns verbunden sind. Und wenn wir schlecht gelaunt sind, Schmerzen haben, Fehler machen oder unglücklich sind, wissen wir, dass wir mit Hilfe unserer Praxis jederzeit die Dinge wieder zurechtrücken können. Wir können immer auf unser Kissen zurückkehren und von vorn anfangen.

KAPITEL 15
SCHÖPFERISCH SEIN MIT ZEN

Seit den Zeiten des Buddha gehen
Zen und Kunst Hand in Hand. Viele
Zen-Lehrer sehen künstlerische Be-
tätigung als wesentlichen Teil der
Zen-Übung. In unserer Kreativität
drücken unsere wahre Natur und das
Band, das uns mit allem verbindet,
sich vollkommen aus. Kunst wird im
Zen betrieben, wie alle anderen
Aktivitäten – mit vollem Einsatz von
Körper und Geist.

KUNST ALS WEG

Kunst ist eine Art der Zen-Praxis. Wenn Sie zu Pinsel, Gartenschere, Stift oder anderen künstlerischen Ausdrucksmitteln greifen, eröffnet sich ein Weg, Ihr Ego fallen zu lassen und sich ganz in Ihr Tun zu versenken. Wir schneiden das alles unterscheidende Denken ab und werden zu dem, was wir schaffen, sodass es keinen Unterschied mehr gibt zwischen dem Künstler und seinem Werk.

FAKTEN

John Daido Loori ist Gründer und Vorsteher des Mountains and Rivers Zen-Ordens, der sowohl in den USA als auch in anderen Ländern Klöster unterhält. Dort praktiziert man die Acht Tore des Zen. Künstlerische Betätigung ist eines der Acht Tore. Die anderen sind: Zazen, Studium mit einem Lehrer, Studium der Traditionen des Zen, Zen-Liturgie, rechtes Tun, Körper-Meditation (wie zum Beispiel Bogenschießen) und Arbeits-Meditation.

Entdecken Sie Ihre kreative Seite

Viele Menschen glauben, keine schöpferische Ader zu haben. Allein der Gedanke an den Zeichenunterricht und unsere ungelenken kindlichen Produkte erfüllt uns schon mit Schrecken. Wir denken daran, wie wir über den Malsachen, dem Nähtisch, der Werkbank geschwitzt haben, wie wir uns bemüht haben, kochen oder tischlern zu lernen, und die Vorstellung, wir müssten irgendjemandem unsere Erzeugnisse zeigen, treibt uns den Angstschweiß auf die Stirn.

Aber stimmt es denn wirklich, dass Sie keine kreative Ader haben? Wir sind doch jeden Tag unseres Lebens schöpferisch tätig. Wir schmücken unser Heim, organisieren unseren Tag, kochen, ziehen uns an, kritzeln herum, schreiben E-Mails oder Briefe, singen im Auto und tun tausend andere Dinge, die höchst kreativ sind.

Unser ganzes Dasein ist ein Schöpfungsakt. Die Welt ist zum Bersten gefüllt mit Kreativität, jede Sekunde ist ein Energieschub. Schmetterlinge, Regenwürmer, Maden, Wasser, Luft, Donner, Regen, Menschen, Viren, Elektrizität ... alles um uns herum ist Manifestation kreativer Energie. Denkt die Blume etwa, sie könne keine Blüte hervorbringen? Glaubt die Sonne, sie könne den Himmel nicht erstrahlen lassen?

Irgendwo in Ihnen liegt Ihre Schöpferkraft verborgen. Lernen Sie, sie auszudrücken. Versuchen Sie es mit verschiedenen Mitteln, um die

Ausdrucksform zu finden, die Ihnen am meisten liegt. Zu den bekannten Formen der Zen-Kunst gehören Kalligrafie, Malerei, Bogenschießen, Gartenarbeit, Blumenstecken, Teezeremonie, Schwertkunst, Dichtung *(Haikus)*, Fotografie und vieles andere mehr. Aber lassen Sie sich von der Tradition nicht einschränken. Es gibt Tausende von Möglichkeiten, sich selbst kreativ auszudrücken. Wenn die kritischen Stimmen in Ihrem Kopf verstummen und Sie Ihr Ego fallen lassen, werden Sie sicher die passende finden.

Ich feiere mich selbst und singe mich selbst.
Was ich mir als Recht nehme,
sollst auch du dir nehmen,
denn jedes Atom in mir gehört auch Dir.

Walt Whitman:
Song of Myself

Achtsamkeitsübung

Sich künstlerisch zu betätigen ist eine Achtsamkeitsübung ersten Ranges. Zuerst ist unser Tun von der Technik beherrscht, die wir uns in Kunstkursen, im Einzelunterricht oder auf eigene Faust aneignen. Sobald wir aber die Technik gemeistert haben, streben wir danach, sie wieder loszulassen, sodass unser Ausdruck immer spontaner wird. Der Künstler bemüht sich, sein Ich abzustreifen und Kunst aus der Weite des Geistes heraus zu schaffen, zu der wir alle Zugang haben. Zen-Kunst strebt nach Einfachheit, wobei sie manchmal lieblich, manchmal äußerst spröde wirken kann. Einfachheit ist also nicht nur in der Gestaltung unseres Heims ein Anliegen, sondern auch in der Kunst.

Wenn Sie sich im Geiste des Zen an künstlerisches Schaffen machen, denken Sie nicht über das Ergebnis nach. Urteilen Sie nicht über Ihr Tun und lassen Sie Ihren inneren Kritiker gar nicht erst heiß laufen. In der Kunst geht es nicht um das Endprodukt, sondern um den Prozess des Schaffens. Jeder kann Blumen arrangieren. Nur wenn wir diese Tätigkeit voller Achtsamkeit vollführen und dabei die Schöpferkraft unserer Buddha-Natur ausdrücken, wird unser Gesteck zum Ausdruck unseres Zen. Lassen Sie einfach Ihren Geist zur Ruhe kommen und tun Sie, was Sie sich vorgenommen haben.

ZEN IM GARTEN

Vielleicht hatten Sie bereits Gelegenheit, auf Bildern oder in Wirklichkeit einen Zen-Garten zu betrachten. Oder Sie haben in einer Buchhandlung eines dieser hübschen Sets entdeckt, mit denen man einen Zen-Garten en miniature gestalten kann. Auch hier fällt sofort die verblüffende Einfachheit ins Auge. Zen-Gärten

Kapitel 15 – Schöpferisch sein mit Zen

sind nicht zum Bersten voll mit Blumen, Büschen, Statuen und bunten Glaskugeln. Sie sind einfach, beinahe abweisend und trotzdem schön.

In manchen Städten gibt es Zen-Gärten. Ihre Schlichtheit lässt den Geist zur Ruhe finden.

FRAGE

Warum besteht ein Zen-Garten aus Sand und Steinen?
Japanische Zen-Meister schufen ihre Gärten aus Sand und Felsbrocken. Der Sand wird immer wieder zu neuen Mustern geharkt, die jederzeit wieder zerstört werden können. Auf diese Weise wird die Vergänglichkeit aller Dinge augenfällig.

Garten-Ausrüstung

Gestalten Sie Ihren eigenen Zen-Garten zum Ausdruck Ihrer Kreativität. Folgende Dinge brauchen Sie dazu:

– Sand, Kies oder andere Steinchen
– Felsbrocken oder größere Steine
– Pflanzen, vor allem Immergrüne und Stauden
– eine Harke (Gabel oder Kamm)
– etwas, um die Erde zu glätten.

Jeder kann sich einen Zen-Garten schaffen, ob er nun mehrere Hektar Land besitzt oder nur zur Miete in einem Einzimmer-Appartement wohnt. Wählen Sie zuerst einen Platz aus, an dem Sie den Sand ausstreuen können. Das können sechs bis sieben Quadratmeter im Hinterhof sein oder der begrenzte Raum eines Backblechs oder einer Schuhschachtel. Statt Sand können Sie auch Kies oder andere kleine Steine benutzen. Fühlen Sie sich allerdings vom Schwung dieser Gärten angetan, ist Sand bei weitem das beste Ausdrucksmittel. Wenn Sie einen größeren Garten anlegen, können Sie die Grenzen mit alten Eisenbahnschienen, Ziegeln, Steinen oder anderen interessanten Dingen markieren. So gibt es beispielsweise Zen-Gärten, in denen alte Teller als »Grenzpfeiler« benutzt wurden, die man auf Flohmärkten eingesammelt hat. Wenn Sie keine Begrenzung wollen, dann schütten Sie den Sand nur in einer Ecke des Gartens aus und lassen Sie dann beide »Landschaften« ineinander wachsen.

Landschaftsgestaltung

Bevor Sie beginnen, müssen Sie den Untergrund entsprechend bearbeiten, um dort Ihren Sand- oder Kiesgarten auszulegen. Wenn Sie den

Sand einfach auf das Gras schütten, bohren die Halme sich früher oder später durch Ihr »Gemälde«. Bereiten Sie also den Untergrund entsprechend vor, ganz egal, wie Ihr Garten später aussehen soll. Sorgen Sie vor allem dafür, dass die Erde eben ist. Stampfen Sie sie nach Möglichkeit glatt. Wie das geht, erfahren Sie aus Büchern oder bei einer nahen Gärtnerei. Traditionell schnallt man sich dazu Holzbrettchen an die Füße, um achtsam Stück für Stück des Gartens in der angemessenen Weise zu bearbeiten.

PRAXIS Der Sand für Ihren Zen-Garten ist kein normaler Sand, sondern gemahlener Granit, der die verschiedensten Tönungen annehmen kann.

Bis Sie mit dem Untergrund fertig sind, können Sie sich ja schon mal um die Steine kümmern, die die Erhebungen Ihres Gartens bilden. Im Zen-Garten steht der Sand für Wasser. Deshalb ist es so wichtig, dass das Ausdrucksmedium den Eindruck der Bewegtheit vermitteln kann. Die Steine symbolisieren Berge oder Inseln. Benutzen Sie die Harke, um den Sand um die Felsen herum zu gestalten und dabei verschiedene Formen zu schaffen. Kies oder Steine lassen sich nicht so leicht in Form bringen wie Sand. Wenn Sie sie jedoch in geschwungenen Linien um die Steine herum harken, entsteht trotzdem der Eindruck von Bewegung.

Verteilen Sie also die Felsbrocken oder Steine im Garten und pflanzen Sie die Stauden an die vorgesehenen Stellen. Es gibt mittlerweile so viele schöne Bücher über Zen im Garten, dass Sie genügend Anregungen finden dürften.

Diese Gärten nennt man *Karesansui,* »trockene Gärten«. Einer der ältesten dieser japanischen Gärten, der Ryoanji, ist über 650 Jahre alt. Wenn Sie möchten, können Sie Ihren Garten auch mit Steinbrücken oder Laternen schmücken. Einen Miniatur-Garten beleben Sie am besten mit einem Bonsai oder einer anderen kleinwüchsigen Pflanze.

Spirituelle Erfahrung

Die Gestaltung eines Gartens ist eine wunderbare spirituelle Erfahrung. Sobald er fertig ist, nutzen Sie ihn natürlich am besten für Ihre Zen-Praxis. Sie können darin Zazen oder

Gehmeditation üben. Lassen Sie auch bei der Pflege Ihres Gartens Achtsamkeit walten. Säubern Sie ihn von Zweigen oder Blättern. Wenn Sie den Sand neu harken, konzentrieren Sie sich auf den Atem, sodass Sie in eine meditative Haltung hineingleiten, in der Ihr Denken zur Ruhe kommt und Sie zur Harke werden, zum Sand, zum Garten.

PRAXIS Wenn wir im Garten arbeiten, schaffen wir ein starkes Band zu unserer Umgebung. Wir verschmelzen mit den Zyklen des Lebens. Wir tauchen unsere Hände in die Erde, lassen unsere Ich-Vorstellungen los und spüren, welch tiefe Verbindung zur Energie des Planeten wir haben.

Natürlich muss Ihr Garten nicht nur aus Felsen und Sand bestehen. Er muss nicht einmal nüchtern anmuten. Lassen Sie Ihre Garten-Praxis von Ihrem wahren Selbst inspirieren. Feiern Sie die Fülle des Lebens, die Ihnen auf diese Weise entgegentritt.

Welche Art von Garten Sie schaffen, ist nicht entscheidend. Wichtig ist, dass Sie Ihre Gartenarbeit von Ihrem Zen leiten lassen.

Symbol der Vergänglichkeit

Der Garten weist uns deutlich auf die Natur der Vergänglichkeit hin. Wenn wir Zeit im Garten verbringen, wird der Wandel der Jahreszeiten augenfällig. Vielleicht bemerken wir, dass der Übergang von einem Stadium zum anderen nicht so eindeutig erfolgt, wie unser Denken dies suggeriert. Mitten im Winter schwellen die Blütenknospen der Bäume an und weisen auf den Frühling voraus. Im August, dem Höhepunkt des Sommers, lassen viele Bäume schon ihre Blätter fallen und verkünden den nahenden Herbst. Am Morgen der Winter-Tag-und-Nacht-Gleiche wachen wir nicht etwa auf und sagen uns: »O, da ist ja der Winter!« Vielleicht hat es ja im November schon geschneit. Oder es gibt ein paar ungewöhnlich warme Wochen im Februar. So ist der Wandel also das einzig Sichere, und die Vergänglichkeit tritt uns immer und überall entgegen.

Im Garten sind wir dem Naturgesetz der Vergänglichkeit sehr nahe: Wir sehen, wie die Blütenblätter fallen. Der Flieder blüht Anfang Mai, doch schon zwei Wochen später verfärbt sich die ganze Pracht dunkelbraun und fällt ab. Im Spätsommer blühen die Sonnenblumen, im Herbst die Chrysanthemen – ein ewiges

Kapitel 15 – Schöpferisch sein mit Zen

Werden und Vergehen. Der Rhythmus des Lebens hat etwas Tröstliches, weil wir über die Vergänglichkeit um uns herum meditieren können.

FAKTEN: Die Zen-Gärten in den Klöstern dienen der Meditation. Sie wurden angelegt, um die Mönche bei der Meditation zu unterstützen.

Ob Sie nun selbst einen Zen-Garten gestalten oder bereits einen Lieblingsgarten haben, der Garten ist in jedem Fall ein ausgezeichneter Ort zur Meditation. Nehmen Sie sich Zeit und üben Sie dort – oder in einem anderen Garten Ihrer Wahl – die Atem-Meditation. Verlieren Sie sich im Duft der Blumen und des frisch geschnittenen Grases. Hören Sie dem Gezwitscher der Vögel zu oder dem Klang der Windspiele. Lauschen Sie dem Rauschen der Bäume und fühlen Sie die sanft streichelnde Brise.

Wenn Sie sich auf Ihren Garten und die Erde darin konzentrieren, werden sich nach und nach kleine Erleuchtungserlebnisse einstellen, wenn Sie Ihr Ich vergessen und mit Ihrer Umgebung verschmelzen. Verlieren wir diese Verbindung zu unserer natürlichen Umgebung, verschenken wir eine Gelegenheit, uns vom Puls des Lebens anstecken zu lassen.

Jeder Mensch, der einen starken Draht zur Natur besitzt, weiß um die Vernetztheit allen Lebens, von der Erde über die Bäume bis hin zu den Vögeln am Himmel.

KALLIGRAFIE

Eine der bekanntesten Ausdrucksformen der Zen-Kunst ist die japanische Kalligrafie, die man auch *Zenga* nennt. Hier versucht der Übende, mit der Buddha-Natur eins zu werden, um der Erleuchtung vollkommenen Ausdruck zu verschaffen. Der richtige Pinselstrich kann nur aus dem absoluten Einssein mit der Welt entstehen. Eine gute Kalligrafie zeigt, dass der Künstler mit seinem Pinsel zu einer Einheit verschmolzen ist. Dann gibt es kein »Ich« und keinen Pinsel mehr, sondern nur noch den Akt selbst.

Die Wurzeln des Zenga

Die japanische Kalligrafie wird seit dem 7. Jahrhundert von Zen-Mönchen als Weg der Meditation gepflegt. Viele traditionelle Kalligrafien sind Koans. Eine der bekanntesten ist der schlichte offene Kreis, den man auch *Enso* nennt. (Er sieht aus wie ein großes O, das mit einem einzigen

Pinselstrich gezeichnet wird.) Enso fand während der Edo-Zeit im Japan des 18. Jahrhunderts großen Anklang. Das Zeichen steht für Erleuchtung, Leerheit und das Leben selbst.

PRAXIS

Wie in der Zen-Praxis, so muss der Übende auch in der Kalligrafie eins werden mit seinem Tun. Seine Kunst wird durch jahrelanges Training vervollkommnet.

Einheit und Präzision

Die Kalligrafie ist eine Kunst, die große Konzentration und Genauigkeit erfordert, was sie zum idealen Vehikel für die Zen-Praxis macht. Das geringste Zögern beim Erschaffen von Zeichen, Wörtern oder Bildern beeinträchtigt das Ergebnis. Ein Innehalten in der Bewegung und Tinte tropft vom Pinsel auf das Reispapier und ruiniert die gesamte Kalligrafie. Auf Grund dieser enormen Konzentration, die dazu erforderlich ist, wird die Kunst der Kalligrafie über Jahre studiert.

Wie subtil die Verbindung zwischen dem Kalligrafen und seiner Kunst ist, lässt sich am ehesten verstehen, wenn wir uns folgende Fragen stellen: Wo beginnt das Selbst und wo hört es auf? Ist die Träne, die aus unserem Auge rinnt, noch ein Teil unseres Selbst oder gehört sie schon zu dem Taschentuch, mit dem wir sie abwischen? Ist der Schweiß auf unserer Stirn Teil von uns? Oder gar unser Hut? Wohin verschwinden die Tränen, wenn unser Taschentuch trocknet? Wo ist die Grenze zwischen dem Ich und dem Nicht-Ich? Diese Fragen sind für alle Ausdrucksformen des Zen von Bedeutung, also auch für die Kalligrafie.

Die Grenze zwischen dem Künstler und seiner Kunst ist schwer zu definieren. In Wirklichkeit nämlich gibt es diese Grenze nicht – genauso wenig wie es eine Grenze zwischen der Luft, der Erde und uns selbst gibt. Alles ist voneinander abhängig. Sobald die Grenzen zwischen den Malutensilien, dem Malen und dem Selbst verschwunden sind, drückt die Kunst sich vollkommen aus.

Es ist eine Illusion, dass wir von allem getrennt sind. Sobald wir dies erkennen, sind wir bereit, schöpferisch tätig zu sein und das, was aus uns aufsteigt, kommen zu lassen.

Den Weg der Kalligrafie gehen

Wenn Sie sich für die Praxis der Kalligrafie interessieren, können Sie sich mit Hilfe Ihrer Buch- oder Kunsthandlung vor Ort informieren. Wollen Sie den Einstieg ganz alleine versuchen, dann besorgen Sie sich eines der vielen Bücher über Kalligrafie-Praxis, die mittlerweile überall erhältlich sind. Wenn Sie sich lieber einem Lehrer anvertrauen, fragen Sie in der Kunsthandlung oder der Volkshochschule nach. Vergessen Sie nie, dass es bei der Kalligrafie wie in der Meditation vor allem um die Praxis selbst geht. Künstler fallen gewöhnlich nicht vom Himmel. Bevor Sie tatsächlich mit Ihrem Pinsel verschmelzen können, vergehen unter Umständen Jahre.

Formen mit dem ganzen Körper und dem ganzen Geist zu sehen, Klänge mit dem ganzen Körper und dem ganzen Geist zu hören heißt, sie von innen heraus zu begreifen.

Dogen

DIE KUNST DES BLUMENSTECKENS

Auch die Gestaltung von Blumenarrangements ist einer der möglichen Zen-Wege. *Ikebana,* wie diese Kunst auch genannt wird, entwickelte sich über die Jahrhunderte weg in Japan. Heute wird Ikebana auf der ganzen Welt geübt. Die ersten schriftlichen Zeugnisse über die japanische Blumen-Kunst gehen auf das 15. Jahrhundert zurück, in dem die erste Ikebana-Schule gegründet wurde, wobei man allgemein annimmt, dass die Kunst des Blumenbindens wesentlich älter ist. Bevor der Künstler die technische Seite des Ikebana richtig meistert, können – wie bei der Kalligrafie bzw. beim Spielen von Musikinstrumenten – Jahre vergehen. Dies erstaunt die meisten Menschen. Blumen arrangieren kann doch schließlich jeder, oder?

Natürlich ist Ikebana weit mehr als die simple Anordnung von Blumen in Vasen, wie Sie oder ich sie vielleicht praktizieren. Beim Ikebana gibt es zahllose Techniken, Blumen zu einem Gesteck zu arrangieren. Anders als die westliche Floristik zielt Ikebana jedoch auf größtmögliche Schlichtheit des Ausdrucks ab. In der japanischen Blumenkunst werden nur wenige Blüten verwendet, da Blätter und Stiele mindestens ebenso wichtig sind. Der Gesamteindruck zählt, weshalb Blumen, Behälter und der Raum um das Gesteck gleichermaßen berücksichtigt werden.

Kapitel 15 – Schöpferisch sein mit Zen

PRAXIS

Die Erfahrung des Ikebana ist von Kontemplation, Achtung und Disziplin geprägt. Wenn Sie Blumen arrangieren, versuchen Sie damit, Form, Schönheit und Leben der Elemente auszudrücken, die Sie verwenden. Ikebana und Kalligrafie zählen zu den Körper-Meditationen. Wir folgen der Bewegung unserer Hände, die vollkommen im lebendigen Dialog mit den vorhandenen Elementen aufgehen.

Wie in allen anderen Kunstformen, so haben sich auch im Ikebana bestimmte Stile herausgebildet. Manche nutzen grundsätzlich nur niedrige Behälter, die von den Blüten überragt werden. Andere wiederum präsentieren die Blumen in hohen, engen Vasen in möglichst legerer Anordnung. Als Zen-Kunst setzt Ikebana ganz auf den lebendigen Austausch mit der Umgebung. Das bedeutet, dass wir für unsere Arrangements Elemente der aktuellen Jahreszeit benutzen und sie möglichst natürlich anordnen.

Wenn wir uns in der Kunst des Blumensteckens üben, tauchen wir in den gegenwärtigen Augenblick ein. Wir haben mit lebendigen Dingen zu tun: mit Blüten, mit den Pflanzen der Erde. Wir setzen die Blüten zum sie umgebenden Raum in Beziehung, was bedeutet, dass wir die unmittelbare Umgebung ebenso berücksichtigen wie unser Gefäß. Unsere Achtsamkeit bezieht sich also nicht nur auf die verwendeten Materialien, sondern auch auf die Umgebung, in der wir sie einsetzen. Wir streben in allem nach Harmonie.

DIE DICHTKUNST

Als Kinder haben wir alle sinnlose, kleine Reime gemacht. Doch wenn wir älter werden, wollen wir etwas darstellen, also lassen wir das mit den kleinen Reimen lieber sein. Das gilt für viele unserer spontanen Aktivitäten. Vielleicht lassen wir unserer spielerischen Natur noch freien Lauf, wenn wir mit unserem Partner oder mit engen Freunden beisammen sind, doch meist verstecken wir diese humorvollen, natürlichen Impulse sorgsam vor unserer Umwelt. Die wunderbare Welt unserer Kindertage, in der uns überall die Unendlichkeit entgegentrat, geht so nach und nach verloren.

Kinder haben die wunderbare Fähigkeit, tagelang nichts zu tun. Sie können einen ganzen Nachmittag nur mit einer Wasserschüssel und einem Stöckchen bewaffnet zubringen. Ein Bachlauf wird zum Zeitvertreib für den ganzen Sommer, ein paar Bäume werden zu ihrem ganz eigenen Reich.

Kinder lieben Haikus, weil sie so spontan und spielerisch sind. Diese

Kapitel 15 – Schöpferisch sein mit Zen

Art der Poesie begeistert sie, weil sie aus einem Moment tiefer Inspiration entsteht – wie alle Zen-Kunst.

Das Haiku

Anders als die Gedichte der westlichen Welt muss ein Haiku sich nicht reimen. Es folgt einem traditionellen Muster, nach dem fünf, sieben und wieder fünf Silben in drei Zeilen angeordnet sind. Da die Regeln des Haiku nicht so streng sind, ist diese Kunstform auch für Anfänger geeignet. Man kann dem oben beschriebenen Muster leicht folgen, auch wenn dies nicht unbedingt nötig ist. Wichtiger ist, dass wir nur so viele Worte verwenden, wie unbedingt nötig sind. Überflüssige Worte oder Metaphern sind tabu. Auch hier tritt der Dichter aus den engen Grenzen seines Ich heraus und verschmilzt mit dem großen Ganzen. Haiku-Dichtung ist letztlich eine Achtsamkeitsübung. Wenn Sie ein Haiku schreiben wollen, müssen Sie Ihren Geist für Ihre Umgebung öffnen – und das Empfangene niederschreiben. Sehr häufig geht es im Haiku um Naturmotive oder Alltagserlebnisse. Im Haiku gibt es, wie im Zen, kein Selbst. Gewöhnlich kennen diese Gedichte keinen Protagonisten. Auch Adjektive sind selten zu finden, da diese eine Form der Beurteilung darstellen und folglich auch eine Person suggerieren, die dieses Urteil fällt. Man würde beispielsweise nie von »schönen« Pflaumenblüten oder »laut« raschelnden Blättern sprechen.

FAKTEN: Gewöhnlich signalisiert ein Wort oder eine Zeile des Haiku, in welcher Jahreszeit es angesiedelt ist. Auf diese Weise entsteht ein Eindruck von Ort und Zeit. So stehen Pflaumenblüten für den Sommer, während fallende Blätter natürlich den Herbst andeuten.

Basho

Basho gilt als einer der Meister der Haiku-Dichtung. Er kam im Japan des 17. Jahrhunderts als Matsuo Munefusa zur Welt. Als junger Mann folgte Basho der Tradition der Samuraikrieger, bevor er sein Schwert endgültig niederlegte und stattdessen zur Feder des Dichters griff. »Basho« bedeutet »Bananenblätter«. Man gab ihm diesen Namen, weil er viele Jahre in einer Hütte aus Bananenblättern lebte. Hier eines seiner berühmtesten Haikus:

Ein uralter Teich ...
Der Sprung eines Frosches lässt
Wasser erklingen.

Kapitel 15 – Schöpferisch sein mit Zen

Dieses bildkräftige Haiku weist auf die Heiligkeit der kleinen Dinge hin wie den Klang von Wasser, den ein in einen Teich springender Frosch auslöst. Dies sind die unbeschreiblich schönen Momente des Lebens: die Bewegung des Frosches, der Klang des Wassers, der Teich als solcher. Haikus zollen den einfachen Dingen Achtung, die wir für selbstverständlich halten, die uns gleichwohl jedoch zu Tränen rühren können, wenn wir nur endlich erwachten.

FAKTEN

Haikus »ereignen sich«. Immer wenn Menschen über ihre Sinne mit der Welt in Verbindung stehen und innerlich darauf reagieren, entsteht ein Haiku-Erlebnis.

GRENZENLOSE SCHÖPFERKRAFT

Natürlich müssen Sie sich nicht auf eine der traditionellen Formen der Zen-Kunst beschränken. Sie müssen sich nicht für Kalligrafie, Ikebana, Gartenarbeit oder Dichtung entscheiden. Es gibt zahllose Wege, um der eigenen Kreativität Ausdruck zu verleihen. Versuchen Sie es doch mit einer der folgenden Möglichkeiten:

- Möbel restaurieren
- Häkeln oder Sticken
- Arbeiten mit Holz
- Korbflechten
- Musik
- Töpfern
- Malen (mit Wasser- oder Acrylfarben)
- Kreatives Schreiben
- Stricken

Belegen Sie einen Kurs an der Volkshochschule oder nehmen Sie Privatunterricht. Tun Sie etwas, was Sie wirklich interessiert. Verfallen Sie aber nicht in den Fehler, die Meisterung der Technik schon für künstlerischen Ausdruck zu halten. Wenn Sie Ihre künstlerische Tätigkeit mit Ihrem Zen inspirieren, werden die Grenzen zwischen Ihnen und Ihrem Werk sich auflösen. Kunst zeigt, wie sehr wir mit unserer Umwelt verbunden sind. Je intensiver Sie sich mit Ihrer kreativen Seite beschäftigen, desto besser werden Sie sich selbst und andere Menschen verstehen, desto klarer wird Ihnen die Welt, die Sie Tag für Tag umgibt.

Kapitel 15 – Schöpferisch sein mit Zen

Öffnen Sie Ihr Dharma-Auge

Wenn Sie etwas mit Ihrem ganzen Körper und Geist erfahren, verschwimmen die Grenzen zwischen Ihnen und der Umwelt. Ihr mit vorgefassten Meinungen und Urteilen angefüllter Geist löst sich auf. Sie werden zum künstlerischen Akt selbst – zum Pinsel, zur Harke, zur Blüte, zum Gedicht, zum Klang, zur Kunst. Das begriffliche System, mit dem Sie gewöhnlich die Welt interpretieren, existiert nicht mehr.

Wenn wir nicht verstehen, was damit gemeint ist, fahren wir einfach in unserer Praxis fort. In *Eight Gates of Zen* erzählt John Daido Loori, wie Dogen die Frage stellte: »Wie malst du den Frühling?« Malen wir den Frühling, wenn wir Blüten und Knospen auf die Leinwand bannen? Nein, sagt Dogen. »Wenn du den Frühling malst, dann skizziere keine Weiden, keine blühenden Pflaumen- oder Aprikosenbäume. Mal einfach nur den Frühling.« Wenn wir dies nicht können, müssen wir zu unserer Praxis zurückkehren und versuchen, unser Dharma-Auge zu öffnen, damit wir lernen, die Dinge so zu sehen, wie sie wirklich sind. Unsere Zen-Übung lehrt uns, wie wir die Welt in ihrer wahren Form erleben können – mit Körper, Herz und Geist.

Kapitel 15 – Schöpferisch sein mit Zen

KAPITEL 16
ZEN UND IHR KÖRPER: SPORT

Auf den ersten Blick scheinen das meditative Zen und sportliches Körpertraining nicht zusammenzupassen. Warum soll man sich auch in Form halten, wenn man doch nur herumsitzt? Doch für Zazen braucht man viel Energie, auch wenn es seinerseits wieder Unmengen von Energie freisetzt. Aus diesem Grund gibt es eine lange Tradition von Zen-Sportarten. Seit es Zen gibt, wurde es auch mit Sport verbunden.

ACHTEN SIE IHREN KÖRPER

In seinem schönen Buch *What Would Buddha Do* (dt. *Was würde Buddha tun*) stellt der Autor Franz Metcalf die Frage: »Was würde Buddha tun, um glücklich zu sein?« Zur Antwort greift er auf die Jataka-Erzählungen zurück, die von den früheren Existenzen Buddha Shakyamunis berichten. Diese Geschichten dienen der geistigen Erbauung und der Schulung des Charakters.

Strebe nach Gesundheit, der größten Gabe, und nach Tugend. Höre auf andere Menschen, lies gute Bücher und lerne daraus. Sei ehrlich. Zerbrich die Ketten des Leids der Anhaftung. Diese sechs Pfade führen zum höchsten Gut.

Wie wir sehen, nimmt Gesundheit in den Ratschlägen des Buddha die erste Stelle ein. Gesund zu sein ist auch für den Zen-Praktizierenden von oberster Wichtigkeit. Wir müssen auf unser kleines Selbst, das wir Tag für Tag mit uns herumschleppen, achten. Schließlich ist es unser Körper, der uns zum Kissen trägt und uns die Möglichkeit zum Praktizieren gibt.

PRAXIS: Verfallen Sie nicht in den Glauben, unser kleines Selbst sei nicht wichtig. Ohne unseren Körper und unseren Geist könnten wir nicht praktizieren. Daher bemühen wir uns, unseren Körper in Form zu halten und ihn zumindest so gut zu pflegen wie unser Auto.

Unglücklicherweise lassen wir unseren Autos heute oft mehr Aufmerksamkeit zukommen als unserem eigenen »Chassis«. Wir tanken den besten Kraftstoff und bringen unseren Wagen regelmäßig zur Wartung in die Werkstatt. Ölstand und Reifendruck werden öfter kontrolliert als unser Blutdruck. Meist ist das Auto öfter beim Mechaniker als wir beim Arzt.

Nehmen Sie sich Ihres Körpers an

Kümmern Sie sich um Ihren Körper. Ernähren Sie ihn gut. Das heißt, dass Sie ihn mit echten Lebens-Mitteln versorgen sollten und nicht mit Fertigprodukten, die aus künstlichen Farbstoffen, Konservierungsmitteln und chemischen Süßstoffen bestehen. Die meisten Nahrungsmittel, die wir heute im Supermarkt kaufen, wurden auf die eine oder andere Weise chemisch behandelt. Dazu kommt, dass wir häufig im Gehen essen – eine Tüte Kartoffelchips, einen Schokoriegel oder andere Dinge, die sich bequem aus der Hand futtern lassen. An jeder Ecke findet sich heute schon ein Fast-Food-Laden, dessen Neonreklamen uns dazu verlocken, uns weiterhin mit ungesunden Billignahrungsmitteln voll zu stopfen. Doch wie das Sprichwort so überdeutlich sagt: Du bist, was Du isst. Wir können nicht gesund bleiben, wenn wir uns nicht gesund ernähren.

PRAXIS

Misshandeln Sie Ihren Körper nicht mit Alkohol oder Drogen. Trainieren Sie Ihren Körper regelmäßig, damit er nicht vorzeitig altert. Sie müssen kein Spitzenathlet sein, um in Form zu bleiben, aber Sie können jeden Tag ein wenig spazieren gehen, 10 Minuten Stretching-Übungen machen oder ein anderes ruhiges Programm absolvieren wie beispielsweise Yoga. Pflegen Sie Ihren Körper, der Ihnen Tag für Tag solch unglaubliche Möglichkeiten schenkt.

Wenn Sie zuhause kochen, können Sie sicher sein, dass die verwendeten Zutaten frisch und gesund sind. Wenn Sie mit den Früchten der Erde umgehen, stellen Sie eine weitere Verbindung zu unserem Planeten her. Gehen Sie achtsam mit den Nährstoffen um, von denen Ihr Körper lebt. Ihren Wagen würden Sie ja auch nicht mit Billigbenzin betanken, oder? Ihr Körper verdient mindestens ebenso viel Aufmerksamkeit.

DER ZEN-SPORTLER

Wie kann Zen einem Sportler helfen? Dazu müssen wir uns erst einmal mit der Bedeutung des Wortes »Sportler« auseinander setzen. Wenn wir an »Sportler« denken, haben wir sofort jene Gestalten vor Augen, die Millionen Euro mit ihrem Einsatz verdienen. Oder zumindest die Olympioniken mit ihren durchtrainierten Körpern, die täglich stundenlang trainieren.

In Wirklichkeit aber kann sich jeder von uns zum Sportler entwickeln, ganz egal, wo er steht. Sie sind schon Sportler, wenn Sie zwei Mal pro Woche ins Aerobic gehen, wöchentlich drei Mal Hanteln stemmen oder regelmäßig Yoga üben. Ob Sie Profi oder Amateur sind, ist nicht wichtig. Achten Sie nur darauf, in Form zu sein. Zen wird Ihrem Training in jedem Fall gut tun.

Kapitel 16 – Zen und Ihr Körper: Sport

Konzentration

Im Zen lernen wir, wie wir unseren Geist ausrichten können. Wir konzentrieren uns zuerst auf den Atem und dann auf unser Koan. Wir richten unsere gesamte Existenz auf unser Koan aus. Wir lernen, mit zwanghaften Denkmustern umzugehen und uns längere Zeit nur auf eine Sache zu konzentrieren. Wir leben im gegenwärtigen Augenblick und lassen uns weder von Geräuschen noch von anderen Dingen dazu bringen, in Vergangenheit oder Zukunft auszuweichen.

Phil Jackson, der Basketball-Trainer der Chicago Bulls, der diese Mannschaft sechs Mal zum weltbesten Team machte und den Titel dann noch einmal mit den Los Angeles Lakers gewann, schrieb ein Buch über Zen und Basketball mit dem Titel: *Sacred Hoops: Spiritual Lessons of a Hardwood Warrior.* Jackson nutzte Zen im Rahmen des Leistungssports und lehrte seinen Spielern ein paar grundlegende Zen-Regeln.

Ich habe gelernt, dass man, um ein Sieger-Team zu schaffen, vor allem auf das Bedürfnis der Spieler setzen sollte, sich mit etwas zu verbinden, das größer ist als sie selbst.

Sogar für jene, die sich nicht als ‚spirituell' im traditionellen Sinn betrachten, ist die Schaffung eines erfolgreichen Teams ein im Wesentlichen ‚spiritueller' Akt.

Phil Jackson: Sacred Hoops

Jackson führte Vorstellungen wie Selbst-Losigkeit im Mannschaftsspiel, Reaktion im gegenwärtigen Augenblick sowie Mitgefühl in den Basketball ein. Er lehrte seine Spieler, zu denen Stars wie Michael Jordan, Scottie Pippen und Dennis Rodman gehörten, wie man sich weniger auf das eigene Ego konzentriert und das »Ich« zum »Wir« macht. Er zeigte ihnen, wie sie im Augenblick bleiben konnten, um zu handeln statt zu denken. Seine Spieler begriffen, wie man auch im allergrößten Chaos konzentriert bleiben konnte. Deshalb gewannen sie. Jackson leitete sein Team sozusagen spirituell und führte es von Sieg zu Sieg.

Der Ringer

Es gibt eine alte, sehr schöne Geschichte über Zen im sportlichen Wettkampf. Sie handelt von dem berühmten Ringer O-nami, dessen Name »Große Wellen« bedeutet:

O-nami war ein sehr starker Ringer, doch er war sehr scheu und hasste es, in der Öffentlichkeit aufzutreten. Zuhause warf er jeden auf die Matte, doch vor Publikum verlor er immer. Eines Tages begab er sich zu einem Zen-Meister, um dort Rat einzuholen.

Kapitel 16 – Zen und Ihr Körper: Sport

»Dein Name ist Große Wellen«, sagte der Zen-Meister. »Du wirst heute Nacht in diesem Kloster bleiben.« Der Zen-Meister befahl O-nami, zur großen Welle zu werden, »die alles hinwegschwemmt, was vor ihr ist, und alles verschlingt, was sich ihr in den Weg stellt.«

Dann würde er auch in der Öffentlichkeit keine Scheu mehr empfinden. Große Wellen saß die ganze Nacht im Tempel. Anfangs stellte er sich noch die Wellen vor, dann dachte er an andere Dinge. Schließlich aber fühlte er sich mehr und mehr wie eine echte Welle. Am Ende der Nacht waren die Wellen so groß geworden, dass der Raum mit ihnen angefüllt war wie der Ozean.

Als der Zen-Meister eintrat und O-nami lächeln sah, sagte er zu ihm: »Nun bist du zu den Wellen geworden. Nichts kann dich mehr stören.«

Und O-nami verließ das Kloster, um nie wieder besiegt zu werden.

PRAXIS

Zen hilft, Ihre Leistung zu steigern, ob Sie nun im Team spielen oder für sich allein Sport treiben, ob es sich um einen Wettkampf handelt oder ob Sie nur Ihre eigene Bestmarke hinter sich lassen wollen.

DER FLOW

Viele Sportler träumen davon, in den so genannten »Flow« einzutauchen. Wenn Sie je Laufen trainiert oder ernsthaft Leistungssport betrieben haben, kennen Sie das Gefühl vielleicht. Auch Zen-Praktizierende kennen es. Man wird plötzlich zu dem, was man tut und gibt sein Selbst dabei völlig auf. Für Sportler ist dies der Punkt, an dem sie ihre höchste Leistungsfähigkeit erreichen.

Den Höhepunkt erreichen

Wenn Sie in den Flow eintauchen, spielt alles perfekt zusammen: die Jahre des Trainings, die natürliche Begabung, Vertrauen, Energie und Konzentration. Für Sportler ist dies genau der Moment, den sie seit jeher anstreben. In diesem Augenblick entfaltet sich eine wahre Ekstase.

Sportler lassen ihre Bestmarken hinter sich. Sie erreichen Ziele, von denen sie nur geträumt haben. Sie werden eins mit ihrem Körper und ihrem Sport. Doch letztlich ist der Flow eine spirituelle Erfahrung. Für viele Sportler ist das psychologische Training heute ebenso wichtig wie die Vervollkommnung der eigenen Technik, Strategie- und Konditionsübungen. Immer mehr Athleten werden sich der Tatsache bewusst, dass ihre Leistung von ihrer mentalen Vorbereitung abhängt. Denn den Gipfelpunkt erreicht man nicht nur durch Training und Kondition.

Das Selbst aufgeben

Zen verhilft Sportlern zu mehr Konzentration und weniger »Ich«. Auf diese Weise schaffen sie den Eintritt in die Phase des Flows, bei der es letztlich darum geht, unser kleines Selbst fallen zu lassen. Wenn Sie zum Lauf werden, dann sind Sie auch der Pass, der Schuss. Sie werden zum Ball, zum Wurf, zur Bewegung auf die Ziellinie zu. Wenn wir das Ich loslassen, das uns wie ein Zwei-Tonnen-Anker zu Boden zieht, sind wir wirklich frei. Kehrt das Ich-Bewusstsein zurück, gleiten wir aus dem Flow und fallen in unser gewöhnliches Alltagsbewusstsein zurück, das auf alles in der Umgebung reagiert, auch auf Chaos und Ablenkung. Wir verlieren den Moment aus dem Auge und agieren auf unserem normalen Leistungsniveau.

Sie brauchen keinen Sportpsychologen zu engagieren, um den Flow zu erleben. Auch Zen kann Ihnen zu diesem Gipfelerlebnis verhelfen, sei es nun im Sport oder in anderen Bereichen Ihres Lebens. Wie wir unser Ich auf dem Meditationskissen hinter uns lassen, so können wir dies auch im Sport tun, ob es sich nun um Basketball oder Golf, Bogenschießen oder Bowling handelt.

Das Konzept des »Flow« hilft vielleicht auch den Menschen, die mit Zen-Praxis bislang eher wenig anfangen konnten, besser zu verstehen, worum es dabei geht. Im Westen, wo viele Menschen sich aktiv bzw. passiv mit Sport beschäftigen, lässt sich dieser Zustand, in dem das Selbst hinter dem Tun verschwindet, vor dem Hintergrund sportlicher Erfahrung am leichtesten begreifen. Man sollte sich dem Zen zwar nicht nur zuwenden, um die eigenen sportlichen Leistungen zu steigern. Wenn dies jedoch der einzige Weg ist, Sie zum Sitzen zu bewegen, dann ist auch das in Ordnung.

PRAXIS

Wenn Sie nicht so recht wissen, was Zen und Sport miteinander zu tun haben, dann machen Sie doch mal einen Ausflug in die Buchhandlung. Dort gibt es Titel wie: Zen im Sport, Sport und Zen, Psycho-Training im Kampf- und Budo-Sport und Die Kultur des Zen mit einem sehr guten Kapitel über Sport.

Kapitel 16 – Zen und Ihr Körper: Sport

ZEN IM WETTKAMPF

Der Wettkampf scheint dem Geist des Zen regelrecht entgegengesetzt. Zen ist eine friedvolle Übung, die auf die Überwindung des Ego abzielt. Wettkampfsportarten aber scheinen das Ego zu stärken und die Vorstellung von »wir hier« und »ihr dort« zu festigen, die dem Zen tatsächlich fremd ist. Doch letztlich hängt alles davon ab, wie wir an einen Wettkampf herangehen, ob wir nun im Team gegen eine andere Mannschaft kämpfen, uns gegen einen Gegner im Einzelkampf bewähren müssen oder gegen unsere persönlichen Leistungsgrenzen antreten.

Wenn Sie das, was Sie während Ihrer Zen-Übung gelernt haben, mit in den Wettkampf nehmen, versuchen Sie, mit Ihrem Tun eins zu werden, was auch immer von Ihnen verlangt wird. Wie das Beispiel von Phil Jackson und seinen Chicago Bulls zeigt, kann das heißen, dass Sie in vollkommener Harmonie mit Ihren Teamkollegen agieren oder in vollkommener Harmonie den Ball werfen, die Sehne des Bogens loslassen oder einen Pass schlagen. Wenn wir Zen in einer Gruppe praktizieren, sehen wir diese als unser Zen-Team. Wir strengen uns gemeinsam für unsere Praxis an oder machen das Zen-Zentrum zusammen sauber. Jeder übernimmt seinen kleinen Teil. Jede Rolle für sich genommen ist klein, doch wenn man alles zusammen betrachtet, sorgt unsere gemeinsame Aktivität dafür, dass das Zentrum sauber und effizient bleibt.

Im Mannschaftssport ist das nicht viel anders. Sie spielen ihre Rolle konzentriert und achtsam. Sie lassen sich ganz auf den Augenblick ein und setzen alle Kräfte von Körper und Geist für die Lösung der aktuellen Aufgabe ein. Wenn Sie rechter Verteidiger sind, spielen Sie nicht im Angriff. Ihr Ziel ist das Ziel des Teams, nicht das, was Sie für sich persönlich am liebsten erreichen würden. Statt das Ego weiter zu päppeln, stellen Mannschaftssportarten eine tolle Gelegenheit für weitere Zen-Praxis dar. Konzentrieren Sie sich nicht auf den Sieg, sondern auf das, was in jeder Sekunde zu tun ist. Seine Aufmerksamkeit aufs Gewinnen zu lenken, bedeutet, die Gegenwart zu verlassen und die Konzentration zu verlieren.

Wenn Sie etwas tun und Ihren Geist vertrauensvoll dieser Aufgabe zuwenden, wird die Qualität Ihres Geisteszustandes zu dieser Aktivität. Wenn Sie sich ganz auf die Qualität Ihres Seins konzentrieren, sind Sie für Ihre Aufgabe bereit.

Shunryu Suzuki:
Zen Mind, Beginner's Mind

Sobald die Idee zu gewinnen sich in Ihrem Geist breit macht, überdeckt das Ego alles und die Konzentration lässt nach.

Kapitel 16 – Zen und Ihr Körper: Sport

ZEN IN DEN KAMPFKÜNSTEN

Legende und Wirklichkeit

Auch die Kampfkünste scheinen mit Zen nicht viel gemein zu haben, ist doch deren offensichtliche Kriegermentalität dem Zen auf den ersten Blick fremd. Wenn wir an Kampfsport denken, fallen uns Kickboxen, Karate, Jackie Chan und Bruce Lee ein. Wir denken an durchgeschlagene Holzbretter, verletzte Menschen und den Geist der Samurai. Gibt es also Gemeinsamkeiten zwischen Zen und den Kampfkünsten? Sind diese beiden Kulturen sich überhaupt je begegnet?

Um die Mönche des Shaolin-Klosters war es schlecht bestellt. Sie aßen wenig und waren körperlich in schlechter Verfassung. Da sie Tag für Tag in Meditation saßen und keinerlei körperlichen Ausgleich hatten, waren sie schlaff, träge und dumpf geworden. Als Bodhidharma dort ankam, sah er mit einem Blick, was ihnen fehlte. Er ließ sie Kung Fu trainieren, bis aus ihnen kräftige, energiegeladene Praktizierende mit wachem Bewusstsein wurden.

FAKTEN

Die Kampfkünste scheinen zwar neben ihrer Aufgabe als unerschöpfliche Rohstoffquelle für die Kung-Fu-Film-Industrie eine eher kriegerische Kultur hervorzubringen, doch letztlich geht es in erster Linie um die Entwicklung von Disziplin und Bewusstheit sowie um die Verschmelzung mit dem, was man tut. Haben Sie je einen der drei Teile von *Karate Kid* gesehen, dann finden Sie darin eine zwar vereinfachte, doch letztlich sehr zutreffende Beschreibung der Ethik der Kampfkünste.

Mentales Training

Wenn Sie Kampfsport trainieren, versuchen Sie, in der Bewegung ganz aufzugehen. Das ist die Verbindung zum Zen. Im Karate, Tae Kwon Do, Tai Chi und vergleichbaren Disziplinen wird der Geist genauso geschult wie der Körper. Man investiert zwar viel Zeit ins körperliche Training, bei dem Tritte und Schläge geübt sowie die Kondition aufgebaut wird, doch am Ende wird der Bewegungsablauf zur meditativen Übung. Das geistige Training, das die Bewegungen zur zweiten Natur werden lässt, also Geist und Körper eint, ist wichtiger als der Aufbau von Muskeln.

Und so geschehen in den Studios noch Zeichen und Wunder. Wir wa-

Kapitel 16 – Zen und Ihr Körper: Sport

ren eines Tages zu einer Kung-Fu-Vorführung eingeladen, bei der eine unserer Freundinnen auftrat, eine kleine, leichtgewichtige Frau. Erstaunt sahen wir, wie sie mit bloßen Händen einen Ziegelstein durchschlug.

Wir wussten, dass da weder eine wundersame Mutation stattgefunden noch eine Erpressung für die nötige Durchschlagskraft gesorgt hatte. (Weder war sie plötzlich zum Hulk geworden, noch hielt man im Umkleideraum ihr Baby als Geisel fest, was den Adrenalinschub vielleicht hätte erklären können.) Geistiges Training und Schwung der Bewegung waren der Grund, dass sie den Ziegelstein mit – für uns – unglaublicher Leichtigkeit in zwei Teile schlug. (Auch wenn wir persönlich meinen, dass es hinterher vielleicht doch wehtat.)

Konzentration

Menschen, die sich in den Kampfkünsten üben, wissen, dass es letztlich um Einheit und den ungehemmten Fluss der Bewegung geht.

Die meisten Menschen denken, »Konzentration« bedeute, den Bereich seiner Aufmerksamkeit irgendwie zu verengen, sodass man außerhalb des »Scheinwerferkegels« quasi nichts mehr wahrnimmt. In dieser Vorstellung würden Sie, wenn Sie Klavier spielten, das Telefon nicht mehr hören. Doch das meinen wir nicht,

wenn wir im Zen von Konzentration sprechen. Wenn Sie bei einem Karatekampf sich in dieser Weise auf die Hände des Gegners konzentrieren, übersehen Sie vielleicht den Fußtritt, zu dem er gerade ausholt.

Wenn wir Zazen üben, verlieren wir unsere Umgebung nicht aus dem Auge, nur weil wir uns auf unseren Atem bzw. auf unser Koan konzentrieren. Wir sind uns ganz im Gegenteil unserer Umwelt vollkommen bewusst. Wir haben einen Grad an Konzentration erreicht, der uns erlaubt, uns in die Einheit aller Dinge einzufügen. Wir nehmen wahr, dass alles fließt – im ewigen Wechsel der Veränderung.

Wenn Sie sich auf einen isolierten Punkt konzentrieren, wie zum Beispiel die Hände Ihres Gegners beim Karate, verlieren Sie den Fluss der Dinge aus den Augen. Ignorieren Sie das Fließen, frieren Sie das Geschehen gleichsam ein. Frieren Sie aber etwas ein, um es für immer festzuhalten, verlieren Sie es auf ewig.

Der Samurai

Zum Training in den Kampfkünsten gehört immer auch die Meditation. Nur so entwickeln wir die erforderliche Konzentration, die uns zu guten Kämpfern werden lässt. Wir im Westen neigen zu der Ansicht, dass die

Ausbildung einer Kriegerklasse auch zur Lust an der Gewalt führen müsse, doch in Wirklichkeit ist der Geist der Samurai ganz anders beschaffen. Ein vollkommener Samurai übt sowohl körperliche als auch geistige Disziplin. Er lehnt alles ab, was dieser Disziplin schadet, wie zum Beispiel Alkohol. Ein Samurai übt sich in Meditation und Mitgefühl. Er will der Gemeinschaft dienen. Daher ist der Samurai offenen Geistes, inspiriert und friedfertig. Gewalt setzt er nur dann ein, wenn es keinen anderen Weg gibt.

Zen war ein lebendiger Bestandteil der Samurai-Kultur Japans. Die Samurai-Klasse zog aus der geistigen Disziplin des Zen großen Nutzen. Wenn Sie sich einen Krieger in der Schlacht vorstellen, wird sofort augenfällig, wie sehr er aus dem Augenblick heraus reagieren muss. Wollte er jeden Schlag taktisch vorausplanen, würde er wohl nicht lange am Leben bleiben.

Zen hilft dem Krieger, die fließende Natur der Wirklichkeit zu erkennen und sich spontan von ihr tragen zu lassen, eins mit seinem Tun und seiner Umgebung. Während also auf den ersten Blick Zen und der Weg des Samurai nichts gemein haben, gibt es doch Punkte, an denen sie harmonisch ineinander fließen.

So ist Zen-Praxis für einen Schüler der Kampfkünste ein unschätzbares Werkzeug, um in allen Aspekten seiner Disziplin Herausragendes zu leisten, sei es nun Karate oder Kung Fu, Tai Chi oder Aikido.

YOGA

Yoga ist ein Übungssystem, das die geistige, spirituelle und körperliche Gesundheit fördert. Es hat eine mehrtausendjährige Tradition. Angeblich stammt Yoga aus der Region um den Himalaya, also Nepal, Tibet und Indien. Dies ist letztlich dieselbe Gegend, in der vor 2500 Jahren der Buddhismus entstand. Das Yoga-System hat sich zwar aus hinduistischem Gedankengut entwickelt, verbreitete sich jedoch rasch in ganz Asien und wurde von anderen spirituellen Traditionen wie dem Taoismus und dem Buddhismus bereitwillig angenommen. Seit dieser Zeit ist Yoga eng mit buddhistischem Denken verbunden.

PRAXIS

Wenn Sie gerne Yoga lernen möchten, können Sie heute aus einer Vielzahl von Schulen wählen: Bhakti Yoga, Karma Yoga, Ashtanga Yoga, Jnana Yoga, Kundalini Yoga, Hatha Yoga, Power-Yoga und so weiter. Die im Westen bekannteste Form ist zweifellos das Hatha-Yoga.

Kapitel 16 – Zen und Ihr Körper: Sport

Die einzelnen Yoga-Schulen unterscheiden sich vor allem in ihrer Art der Praxis. So gibt es Traditionen, in denen man eine bestimmte Körperhaltung möglichst perfekt lernt, andere wiederum konzentrieren sich auf die Energiezentren im Körper. Wieder andere setzen auf Entspannung in der entsprechenden Stellung und auf die Schwerkraft, die uns hilft, diese Stellung einzunehmen.

Bewegung und Beweglichkeit

Yoga ist eine ausgezeichnete Übung, mit der wir unsere Zen-Praxis abrunden können. Zazen ist eine Sitzmeditation, Yoga eine Bewegungsmeditation. Bei beiden Übungsformen sind Bewusstheit und Konzentration entscheidend.

Wenn Sie eine Yoga-Stellung einnehmen, tun Sie dies voller Achtsamkeit. Sie konzentrieren sich auf den Körper und den Atem. Sie werden eins mit der Bewegung. Yoga ist keine reine Stretching-Übung zum Aufwärmen, sondern ein Programm, das ganzheitlich auf inneres Gleichgewicht abzielt.

Die Zen-Meditation wiederum hilft Ihnen, sich zu konzentrieren, sodass Ihre Yoga-Praxis intensiver wird.

Voll Liebe und Ehrerbietung verneigen wir uns vor der göttlichen inneren Sonne, dem strahlendsten

Licht aller Welten: Bitte erleuchte unseren Geist.

Rigveda

Ursprünglich dienten die Yoga-Übungen den Asketen zur Aufrechterhaltung ihrer Beweglichkeit und Körperkraft. Auf diese Weise stellten sie sicher, dass sie lange Zeit in der Lotushaltung sitzen konnten und lange gesund blieben, um ihre spirituellen Ziele zu verfolgen. Heute praktizieren wir Yoga, um fit und beweglich zu bleiben oder uns von unserem hektischen, stressgeladenen Lebensstil zu erholen. Yoga bringt uns dazu, einen Gang herunterzuschalten. Wie Zen geht es dabei um die Bewusstheit des Augenblicks.

Konzentration auf den Atem

Im Yoga ist die Konzentration auf den Atem ebenso wichtig wie im Zen. Sie atmen langsam und regelmäßig durch die Nase, während Sie sich Ihres Atems immer bewusst sind. Forcieren Sie Ihren Atem nicht. Atmen Sie nicht zu lange, zu laut oder auf andere Weise unnatürlich.

Als Anfänger fällt es uns manchmal schwer, natürlich zu atmen, wenn wir uns gleichzeitig darauf konzentrieren sollen. Wir fragen uns, wie wir das machen sollen, wenn wir unseren Atem gleichzeitig nicht beeinflussen sollen. Entspannen Sie sich! Dann

Kapitel 16 – Zen und Ihr Körper: Sport

kehrt Ihre Atmung schon bald zum normalen Rhythmus zurück.

Zen und Yoga setzen auf die Heilkraft des Atems. Wir können Geist, Herz und Körper heilen, wenn wir unseren Atem dort hinlenken, wo wir ihn brauchen. Wir atmen ein, halten den Atem dort und atmen aus. Immer und immer wieder. Wenn wir selbst langsamer werden, atmen wir auch ruhiger. Wenn wir auf natürliche Art und Weise länger und tiefer atmen, verlängern wir unser Leben, denn der Sauerstoff, den wir einatmen, reinigt unser Blut und befreit unser Herz und unseren Geist von Stress und Anspannung.

Atmen wir frei und tief, entspannt sich unser Körper. Damit löst sich unsere angespannte Körperhaltung, die wir fast den ganzen Tag einnehmen, solange wir nicht auf unseren Atem achten.

FAKTEN: Der Atem versorgt nicht nur Körper und Geist mit lebensnotwendigem Sauerstoff, sondern transportiert auch Giftstoffe ab. Er reinigt unser Blut, sobald der Sauerstoff durch die Gefäße fließt, uns entgiftet und gesund erhält.

Was bringt Yoga?

Richtiges Atmen, wie es im Zen und im Yoga gepflegt wird, bringt Körper und Geist folgende Vorteile:

– Die Haut wird strahlender. Sie entspannt sich, wodurch sich Falten und Krähenfüße zurückbilden.
– Wir verbrennen mehr Fett.
– Wir haben eine bessere Verdauung.
– Unser Nervensystem funktioniert besser.
– Das Herz wird entlastet.

Und natürlich gibt es noch mehr positive Punkte. Viele Menschen gehen von der Yoga-Übung zur Zen-Praxis über, weil ihnen durch Yoga erstmals die Vorteile der Meditation klar geworden sind. Yoga unterstützt Ihre Zen-Praxis, weil es Sie beweglich hält. Da Yoga und Zen in vielen Dingen (Bewusstheit, Atemmeditation, tägliche Praxis, gesunder Lebensstil und Disziplin) von ähnlichen Grundsätzen ausgehen, ergänzen sie sich ideal.

Als Zen-Praktizierende sind wir uns der Tatsache bewusst, dass der Körper unseren Geist beherbergt. Daher sind wir geneigt, diesem alten Haut- und Knochensack gebührende Aufmerksamkeit zu erweisen. Wenn wir nicht gesund sind, lässt unsere Zen-Praxis nach, was unser Leiden wiederum vergrößert.

Wir lernen, auf unseren Körper zu achten, ihn durch Training, gute Ernährung und Ruhephasen fit zu halten. Im Training üben wir mit Hingabe, Achtsamkeit und Energie.

Unsere gesteigerte Konzentrationsfähigkeit nützt uns auch beim Sport. Die Zen-Praxis schenkt Ihnen die nötige geistige Disziplin für Ihre körperlichen Aktivitäten, ob Sie nun ein Spitzensportler oder nur ein einfacher Yoga-Praktizierender, ein Freizeitkicker oder Sofa-Athlet sind.

Kapitel 16 – Zen und Ihr Körper: Sport

KAPITEL 17
RÜCKZUG VON DER WELT:
DAS SESSHIN

Wer heute im hektischen Chaos des modernen Lebens nach einer Auszeit sucht, hat die Wahl zwischen verschiedenen Rückzugsmöglichkeiten. Das Angebot ist groß: Kneipp-Kuren, religiöse Exerzitien, Schweige-Retreats, Öko-Seminare, Abenteuer-Trips, Yoga-Kurse und so weiter. Doch wer glaubt, eine Woche Meditation könnte ja mal ganz nett sein, wird in einem Sesshin vermutlich sein blaues Wunder erleben.

RETREAT

Bei einem Retreat zieht man sich für eine bestimmte Zeit von der Welt zurück. Zen-Retreats werden »Sesshin« genannt. Sesshins sind von unterschiedlicher Länge, von einem Wochenende bis zu einer Woche und mehr. Durchschnittlich dauert ein Sesshin zwischen fünf und sieben Tage. So ein Sesshin ist eine außergewöhnliche Erfahrung und steht ganz im Zeichen von Zazen. Überhaupt verbringt man den Großteil seiner Zeit in Meditation, oft bis zu zehn oder zwölf Stunden täglich. Das hört sich nicht nur radikal an – es ist radikal! Und aus gutem Grund, wie wir auf den folgenden Seiten erfahren werden.

Wenn Sie mit einem Koan arbeiten, machen Sie vielleicht keine großen Fortschritte – bis Sie zum Sesshin kommen. Die Anstrengung im Sesshin hilft Ihnen, sich tiefer in Ihr Koan zu versenken und es wirklich mit ganzem Einsatz zu sich zu rufen, da Sie von Ablenkungen frei sind und mit Ihrem Koan leben können. Im Sesshin erhalten wir die Möglichkeit, unser Herz wie eine Blüte zu öffnen und unser Alltags-Ich gehen zu lassen. Die wiederholte konzentrierte Zazen-Praxis lässt unser Ego immer kleiner werden, sodass sich unsere wahre Natur ungehindert entfalten kann. Die Wahrnehmung verändert sich. Wir öffnen uns für neue Erfahrungen. Mit offenem Herzen entdecken wir eine Welt, die wir in gewisser Weise vergessen haben.

Verschlossene Türen

Das Sesshin ist ein vollkommen sicherer Ort. Ihr Lehrer hat für Sie eine Umgebung geschaffen, in der Sie, ungestört von der Außenwelt, sich über Stunden und Tage der Meditation widmen können.

Die Möglichkeit zu ungestörter Praxis zu haben ist ein eher seltenes Geschenk. Solche Praxis fordert uns bis in die Tiefen unseres Seins. Wenn Sie sich dieser Erfahrung aussetzen, werden Sie sie nie mehr vergessen. Das Sesshin muss keineswegs in einem Kloster stattfinden, obwohl dies gewöhnlich der Fall ist. Es kann auch in einem Privathaus, einem Meditationszentrum, einem Retreathaus oder einem anderen Ort stattfinden, den der Lehrer für praktisch, sicher und nützlich befindet.

Sobald die Türen geschlossen sind, hat kein Außenstehender mehr Zugang, solange das Sesshin dauert. Dann ist der Ort nur noch den Teilnehmern des Sesshins vorbehalten, damit deren Praxis so konzentriert und ungestört wie nur möglich ablaufen kann. Die Mahlzeiten werden vom Koch zubereitet, Unterkunft und Badezimmer stehen bereit. Die Teilnehmer müssen sich um nichts

Kapitel 17 – Rückzug von der Zeit: das Sesshin

kümmern, außer sie erklären sich freiwillig bereit mitzuhelfen. Sobald die Türen sich schließen und das Sesshin beginnt, können Sie sich voll und ganz auf Ihre Praxis konzentrieren.

PRAXIS

Wenn Sie im Sesshin mit Ihrem Koan arbeiten, nehmen Sie es überall hin mit. Wenn Sie morgens erwachen, rufen Sie Ihr Koan zu sich, sobald Sie vollständig »präsent« sind. Werden Sie zu Ihrem Koan, ob Sie nun essen oder gehen. Werfen Sie sich mit Körper und Geist auf Ihr Koan. Rufen Sie aus ganzem Herzen nach ihm.

Zeit für die eigene Praxis zu haben ist ein besonders wertvolles, weil rares Geschenk. Nutzen Sie es. Sie sind im Sesshin vollkommen sicher. Lassen Sie los und tauchen Sie ganz in die Erfahrung ein.

VORBEREITUNG AUFS SESSHIN

Fragen Sie nach, ob Sie etwas Bestimmtes mitbringen sollten. Es gibt Sesshins, zu denen man Schlafsack und Handtücher mitbringen muss. Nehmen Sie außer den wirklich nötigen Sachen nur das absolute Minimum an persönlichen Dingen mit.

PRAXIS

Ein Sesshin ist ein Ort der Ruhe.
Lassen Sie also Disc-Man und MP3-Player zu Hause.

Im Sesshin versuchen wir, den kleinen Geist hinter uns zu lassen und ins größere Ganze einzutauchen. Bringen Sie also nichts mit, was Ihr Ego verstärkt und Sie wieder in Ihr altes Ich zurückschlüpfen lässt. Es hat also durchaus seinen Sinn, Make-Up, Lockenwickler, Parfüm und andere Schönheitsutensilien zuhause zu lassen. Weder Lippenstift noch Aftershave werden Ihnen im Sesshin von Nutzen sein. Ein (leiser) Haartrock-

Kapitel 17 – Rückzug von der Zeit: das Sesshin

ner allerdings ist manchmal nicht schlecht, wenn Sie nach dem Duschen nicht gerne mit nassem Kopf herumlaufen. Auch Lesestoff sollten Sie zuhause lassen, wenn es sich nicht um inspirierende Zeilen eines Zen-Meisters handelt. Ein Tagebuch hilft Ihnen, Ihre Erfahrungen festzuhalten.

Nehmen Sie nur mit, was Sie für ein paar Tage auswärts unbedingt benötigen. Bequeme Kleidung, möglichst dieselben Dinge, die Sie bei Ihrer täglichen Zen-Praxis tragen. Sinnvoll ist auch etwas Warmes zum Überziehen, denn Zen-Zentren und Klöster sind meist nicht besonders gut geheizt. Nehmen Sie Schuhe mit, aus denen Sie leicht herausschlüpfen können. Sie brauchen Schuhe, um vom Zendo zu den Schlafräumen zu gehen. Da Sie diese jedoch den ganzen Tag über an- und ausziehen müssen, sollten dazu keine größeren Verrichtungen erforderlich sein. Slipper, Clogs und Sandalen sind eine gute Wahl.

PRAXIS Denken Sie daran, Ihre Schuhe auszuziehen, bevor Sie ins Zendo gehen. Dort sind Schuhe nicht erlaubt.

Fragen Sie zur Sicherheit beim Organisator des Sesshins nach, aber im Normalfall müssen Sie Toilettenartikel wie Shampoo, Seife, Zahnpasta, Zahnbürste und so weiter selbst mitbringen. Ob Sie sich rasieren, bleibt Ihnen überlassen. Duschen können Sie täglich, aber auch weniger oft. Bringen Sie eine Wasserflasche mit, damit Sie immer etwas zu trinken haben.

Der Stundenplan

Wer noch nie im Sesshin war, findet den Stundenplan meist recht erschreckend (das gilt im Übrigen auch für erfahrene Teilnehmer). Die Vorstellung, stundenlang Zazen zu üben hat etwas Beängstigendes. Doch wir sitzen ja immer nur im Augenblick. Wenn wir die Sache so betrachten, fällt das Sitzen uns meist leichter.

Wie oft Sesshins stattfinden, liegt ganz an Ihrem Lehrer bzw. dem Zentrum. Vielleicht organisiert Ihr Zentrum des Öfteren Sesshins. Viele Klöster bieten einmal im Monat ein siebentägiges Sesshin an. Wie oft Sie an Sesshins teilnehmen, bleibt Ihnen überlassen. Da die meisten Menschen allerdings vor dem Problem stehen, zwischen Familie, Arbeit und Urlaub auch noch Zeit für ein Sesshin zu finden, sollten Sie sich vor allem nicht überlasten. Gehen Sie so oft, wie es Ihnen möglich ist. Gewöhnlich allerdings wünscht man sich nach einem Sesshin nur eines: sobald als möglich das Nächste zu machen!

Ein durchschnittlicher Tag im Sesshin könnte wie folgt ablaufen:

04:30 Uhr	Wecken
05:00 – 07:00 Uhr	Sutra-Praxis, Tee, morgendliches Zazen (mit Badezimmer-Pausen)
07:30 bis 08:00 Uhr	Frühstück
08:30 bis 10:00 Uhr	Putzen, Arbeitspraxis, Pause
10:00 bis 12:30 Uhr	Zazen und Belehrungen
12:30 bis 13:00 Uhr	Mittagessen
13:00 bis 13:30 Uhr	Aufräumen
13:30 bis 14:30 Uhr	Ruhepause
14:30 bis 15:30 Uhr	Zazen
15:30 bis 16:30 Uhr	Duschen und Ausruhen
16:30 bis 17:30 Uhr	Zazen und Sutra-Praxis
17:30 bis 18:00 Uhr	Abendessen
18:00 bis 18:30 Uhr	Aufräumen
18:30 bis 20:00 Uhr	Ruhepause
20:00 bis 23:00 Uhr	Zazen, Kinhin und Dokusan
23:00 Uhr	Schlafenszeit

Kapitel 17 – Rückzug von der Zeit: das Sesshin

Sesshin-Knigge

Wie Sie sehen, gibt es zahlreiche Pausen, in denen Sie auf die Toilette gehen oder etwas trinken können. Ihr Lehrer sagt Ihnen, wann Sie das Zendo verlassen können. Alle gehen zusammen. Stehen Sie also unter keinen Umständen einfach auf und verlassen den Meditationsraum. Im Sesshin agieren alle wie eine Einheit. Auf Individualität legt man im Sesshin keinen Wert!

Während der kurzen Pausen zwischen den Sitzungen sollten Sie nichts körperlich Anstrengendes unternehmen. Ruhen Sie sich aus. Machen Sie im Zendo keinen Lärm. Sie könnten andere bei der Praxis stören. Auch so leichte Geräusche wie Atmen können die flüchtigen Momente des Zazen beeinträchtigen. Verhalten Sie sich deshalb so ruhig wie möglich. Konzentrieren Sie sich ganz darauf, sich nicht zu bewegen. Sitzen Sie still und machen Sie sich klar, dass jeder im Raum Schmerzen empfindet. Den anderen geht es kein bisschen besser als Ihnen.

Ein Sesshin kann auf emotionaler wie körperlicher Ebene schmerzhaft sein. Gleichzeitig stellen sich jedoch auch Momente außerordentlicher Kraft und Schönheit ein. Im Sesshin erlebt man sein ganzes Leben in jedem Augenblick. Tun Sie einfach, was die anderen tun. Sitzen Sie Ihr Herz aus.

Seien Sie nett zu sich selbst. Behandeln Sie sich gut. Sie sind vielleicht nicht vollkommen, doch Sie sind alles, was Sie haben, um damit zu arbeiten. Wenn Sie werden wollen, was Sie wahrhaft sind, müssen Sie zuerst akzeptieren, was Sie jetzt im Augenblick sind.

Bhante Henepola Gunaratana: Mindfulness in Plain English

ERSCHÖPFUNG

Vielleicht sind Sie ja schon nach der Lektüre des Sesshin-Stundenplans völlig erschöpft. Oder Sie werden während der Sitzungen leicht schläfrig und können sich nicht vorstellen, wie Sie eine ganze Woche Zazen überstehen sollen. Jetzt fragen Sie sich bestimmt, wie Sie mit der unvermeidlich auftretenden Erschöpfung während eines Sesshins am besten umgehen sollen.

Nutzen Sie die Pausen

Die ersten Tage eines Sesshins sind gewöhnlich sehr anstrengend. Aber wie Sie vielleicht gesehen haben, gibt es auch eine Menge Pausen. Nutzen Sie diese weidlich aus. Gehen Sie in Ihren Schlafraum, legen Sie sich hin und halten Sie ein Nickerchen. Sie werden überrascht feststellen, dass

Kapitel 17 – Rückzug von der Zeit: das Sesshin

Sie sofort fest einschlafen. Stellen Sie sich den Wecker, und Sie werden kurz darauf erfrischt erwachen. Nehmen Sie auf gar keinen Fall Arbeit mit oder das dicke Buch, das Sie immer schon mal lesen wollten. Lassen Sie die Hoffnung, noch vor dem morgendlichen Zazen etwas zu tun, erst gar nicht aufkeimen. Schlafen Sie lieber.

Wenn die Tage vorübergehen, werden Sie erneut eine überraschende Feststellung machen: Wenn Sie sich jetzt in der Pause hinlegen, können Sie nicht mehr einschlafen. Keine Panik! Das ist nicht halb so schlimm, wie Sie glauben. Es geht Ihnen doch gut, oder? Also machen Sie sich keine Gedanken.

Wenn wir Zazen praktizieren, erschließen wir eine Energiequelle, die immer da ist, doch im Normalfall sind wir zu abgelenkt, um sie nutzen zu können. Diese Energie hält und trägt uns. Die Tage im Sesshin vergehen, und wir werden immer lebendiger. Um Mitternacht liegen wir mit offenen Augen im Bett und fragen uns, warum wir nicht schlafen können.

PRAXIS

Wir glauben, dass wir von körperlicher Arbeit wie Rasenmähen, Kochen und Saubermachen erschöpft sind. Wir führen die Erschöpfung auf die Anstrengung zurück. In Wirklichkeit sind wir erschöpft, weil unser Geist uns ständig auf Trab hält. Wenn wir einen Moment lang aufhören zu denken, wird uns erst klar, wie viel Energie Denken kostet!

DOKUSAN

Während des Sesshins treffen wir unseren Lehrer zu einem Gespräch unter vier Augen, das man Dokusan nennt. Beim Dokusan stellen wir unserem Lehrer Fragen hinsichtlich unserer Übung.

Die Schüler gehen während der Zazen-Sitzung in einen vom Zendo getrennt liegenden Raum, um den Lehrer zu treffen. Hier gibt es zwei Möglichkeiten: Der Jikijitsu kündet Dokusan an. Dann gehen alle Schüler, die mit dem Lehrer sprechen wollen, zu dem entsprechenden Raum und setzen sich in einer Reihe hin. Jeder wartet, bis er an der Reihe ist. In einigen Zen-Klöstern spurten die Schüler regelrecht zum Dokusan-Raum und versuchen, als Erste dort zu sein.

Die andere Möglichkeit ist, dass der Jikijitsu oder der Lehrer selbst (durch Verlassen des Raumes) den Beginn der Dokusan-Gespräche signalisiert. Dann verlässt ein Schüler nach dem anderen das Zendo und zwar in der Reihenfolge ihrer Position im Meditationsraum. Zum Dokusan-Gespräch zu gehen ist wirklich empfehlenswert, denn der Lehrer kann Sie wie kein anderer auf dem Weg unterstützen. Dokusan ist ein kostbares und seltenes Geschenk. Viele Schüler scheuen weder Kosten noch Mühe, um ein Gespräch mit dem Lehrer führen zu können.

PRAXIS Wie Dokusan praktiziert wird, unterscheidet sich von Kloster zu Kloster, von Zentrum zu Zentrum. Fragen Sie Ihren Lehrer oder andere Gruppenmitglieder um Rat, wenn Sie etwas wissen möchten. Da jede Gemeinschaft von Praktizierenden einzigartig ist, sind Unterschiede durchaus möglich.

Etikette beim Dokusan

Wenn Sie den Dokusan-Raum betreten, verbeugen Sie sich vor dem Lehrer und vor dem Altar, bevor Sie auf dem Kissen Platz nehmen, das vor dem Lehrer ruht. Sagen Sie dem Lehrer, welche Übung Sie machen bzw. mit welchem Koan Sie arbeiten. Ihr Lehrer hat unter Umständen Hunderte von Schülern und kann sich nicht an jeden Einzelnen erinnern. Wenn Sie an einem Koan arbeiten, wird er Sie um Ihre Darlegung bitten. Tun Sie, was immer Ihnen in diesem Moment einfällt. Koans können nicht mit dem Verstand beantwortet werden. Halten Sie also keine klugen Reden.

PRAXIS Die Zeit im Dokusan ist für alle Schüler wertvoll. Achten Sie das Recht der anderen Schüler auf Dokusan und trödeln Sie nicht auf dem Weg zum Kissen. Schließlich warten draußen noch andere Schüler.

Richtige Antworten beginnen höchst selten mit: »Ich denke ...« Wenn Sie so anfangen, können Sie beinahe sicher sein, dass Ihre Antwort in die falsche Richtung geht. Man hört mitunter seltsame Geräusche aus dem

Kapitel 17 – Rückzug von der Zeit: das Sesshin

Dokusan-Raum. Wenn Sie noch zu sehr an Ihrem Ich hängen, sind Sie gehemmt. Der grenzenlose Geist hat Sie nicht ergriffen, doch ist dies kein Grund zur Sorge. Kehren Sie auf Ihr Kissen zurück und nehmen Sie Ihre Praxis wieder auf. Wenn Sie eine unbefriedigende Antwort geben, läutet der Lehrer unter Umständen die Glocke. Das bedeutet, dass Ihre Zeit im Dokusan vorüber ist. Wenn Sie den Raum verlassen, verneigen Sie sich und gehen schnell hinaus, weil ja draußen die anderen Schüler warten.

Die Fragen

Wenn Sie mit der Praxis erst begonnen haben, sind Ihre Fragen vermutlich eher einfacher Natur. Das ist in Ordnung und wird sogar erwartet. Viele Schüler wollen wissen, welche Fragen sie dem Lehrer stellen dürfen. Was immer Sie auch fragen, Sie können sicher sein, dass alles, was Sie vorbringen, streng vertraulich behandelt wird. Die Beziehung zwischen Lehrer und Schüler ist einzigartig. Dementsprechend sollten Sie nicht mit anderen über Ihr Dokusan sprechen, da es dabei um absolut vertrauliche Hinweise geht. Sie können dem Lehrer Fragen zu wichtigen Lebensthemen stellen, die Ihnen seit langem auf den Nägeln brennen. Aber auch »abgeklärtere« Themen, wie die Frage nach der richtigen Sitzhaltung sind korrekt. Oder Sie erzählen Ihrem Lehrer, was während der Zazen-Übung passiert, und erneuern diese Information immer wieder. Ihr Lehrer wird Ihnen sagen, wenn Sie zu einer anderen Form der Praxis übergehen sollten.

Wie wir bereits erklärt haben, wirkt der Lehrer zu Anfang meist sehr liebevoll und hilfsbereit. Erst später wird er seine Unzufriedenheit und Strenge zeigen. Ihr Lehrer ist ein Spiegel: Versuchen Sie, sich darin zu erblicken.

FRAGE
Wie lange dauert so ein Dokusan?
Meist fällt das Dokusan kurz aus. Gewöhnlich haben Sie nicht mehr als ein paar Minuten, um mit dem Lehrer zu sprechen. Vielleicht sind es auch nur 30 Sekunden. Zehn Minuten wäre jedenfalls schon relativ lang.

KINHIN

Während eines Sesshins gibt es Pausen von der Zazen-Praxis. Häufig wird dabei Kinhin geübt, die Gehmeditation im Zen. Beim Kinhin gönnen wir unseren Beinen eine Pause, denn nach langen Zazen-Sitzungen werden sie meist recht steif. Wenn man beim Kinhin durch den Raum geht, lockern die Muskeln sich etwas. Der Druck aus der Sitzmeditation lässt nach.

Wie man Kinhin übt

Wenn es Zeit für Kinhin ist, erheben sich die Meditierenden von ihren Plätzen, verbeugen sich in Gassho vor dem Sitzkissen und gehen dann in einer langen Reihe durch das Zendo. Seien Sie vorsichtig beim Aufstehen, denn Ihre Beine könnten eingeschlafen oder steif sein. Lassen Sie sich von dem Kribbeln in den Beinen nicht irritieren. Nehmen Sie sich Zeit zum Aufstehen. Wenn Sie sich zu schnell erheben, fallen Sie unter Umständen hin.

Gehmeditation heißt, dass wir langsam und bewusst gehen. Im Normalfall machen wir einen Schritt pro Atemzug. Ihr Körper bleibt in der gleichen Haltung, in der Sie Zazen praktizieren: der Rücken gerade, das Kinn leicht angezogen, sodass der Nacken gerade bleibt, die Augen zu Boden gerichtet. Während des Gehens halten wir unsere Konzentration auf den Atem aufrecht. Sie halten die Hände vor der Brust, indem Sie die linke Hand zur Faust ballen und die rechte darüber legen, wie in Kapitel 13 beschrieben.

Wenn Sie an einem Koan arbeiten, setzen Sie Ihre Bemühungen während des Kinhin fort. Wenn Sie sich mit Mu beschäftigen, lassen Sie sich in Mu fallen. Wenn Sie Atemmeditation üben, zählen Sie weiter Ihre Atemzüge und fangen von vorne an, sobald Sie die Konzentration verlieren. Kinhin ist keine Ruhepause. Denken Sie also nicht darüber nach, wie Sie das Wohnzimmer streichen oder wo Sie Ferien machen.

Normalerweise dauert die Kinhin-Phase zwischen fünf und fünfzehn Minuten. Wenn Sie mit einer Gruppe gehen, was vermutlich während des Sesshin der Fall ist, gehen Sie im selben Rhythmus wie die anderen. Sie bewegen sich, als wären Sie eins mit den anderen.

Der Leiter der Meditation zeigt an, wann die Kinhin-Praxis vorüber ist. Kehren Sie zu Ihrem Kissen zurück, verbeugen Sie sich davor. Drehen Sie sich um und verneigen Sie sich zum Raum hin. Dann nehmen Sie Ihren Platz wieder ein.

ESSENSPRAXIS

Die Mahlzeiten während des Sesshin werden in der Gruppe eingenommen, was bedeutet, dass die Praxis sich dabei fortsetzt. Folgen Sie dem Beispiel der anderen. Respektieren Sie Ihre Nahrung, Ihre Tischgenossen und die Stille. Vermutlich nehmen Sie während des Sesshins drei Mahlzeiten ein. Zum Frühstück und zum

Kapitel 17 – Rückzug von der Zeit: das Sesshin

Mittagessen werden Gebete rezitiert. Normalerweise bekommen Sie die Texte ausgehändigt, Sie müssen sie also nicht vorher auswendig lernen.

FAKTEN

Hier ist eines der Gebete, das häufig zu Mittag rezitiert wird:
Vers zum Mittag
Die Gabe der drei verdienstvollen Handlungen (Gründlichkeit, Sauberkeit, Ehrlichkeit) und der Sechs Arten des Geschmacks (scharf, salzig, bitter, sauer, süß und mild) widmen wir allen Wesen: dem Buddha, den Dharma-Lehrern, allen Menschen, Tieren und Pflanzen dieser Welt. Sie alle preisen wir.

Ess-Sitten

Fragen Sie, ob mit Essstäbchen gegessen wird. Wenn Sie das nicht können, sagen Sie bitte vorher Bescheid. Die meisten Gruppen sind darauf eingestellt. Essen Sie nach Möglichkeit mit derselben Geschwindigkeit wie alle anderen. Sie möchten ja schließlich nicht, dass Ihre Schüssel noch fast voll ist und alle anderen auf Sie warten müssen, bis sie aufstehen dürfen. Beim Sesshin setzt die Gemeinschaft der Meditierenden sich zur selben Zeit hin und erhebt sich auch wieder gemeinsam. Das Essen wird zusammen eingenommen. Niemand wird gehen, bevor Sie fertig sind.

Normalerweise wird auf Sesshins vegetarisch gegessen. Koffein und Zucker kommen nicht auf den Tisch, weil sie die Praxis stören. Ein typisches Frühstück besteht aus Müsli, Obst, Brot und Butter. Zum Mittagessen gibt es meist Vollreis mit Gemüse. Essen Sie genug, um bei Kräften zu bleiben. Wir essen, um unsere Praxis zu stützen. Zu wenig ist genauso schädlich wie zu viel. Als Zen-Buddhisten beschreiten wir den Mittleren Weg, was bedeutet, dass wir uns in allen Dingen um Mäßigung bemühen. Nach den Mahlzeiten wird gewöhnlich aufgeräumt. Schließlich folgt eine Ruhephase, sodass Sie genug Zeit zum Verdauen haben und während des Zazen nicht in die Schläfrigkeit verfallen, die sich gewöhnlich nach Mahlzeiten einstellt.

ARBEITSPRAXIS

Während eines Sesshin nehmen Sie auch an der so genannten »Arbeitspraxis« teil. Die Gemeinschaft der Meditierenden ist dafür verantwortlich, dass der Altar in Ordnung ist und Küche, Badezimmer, Flure, Schlafsäle und vor allem das Zendo sauber sind. Sie werden vielleicht zur

Kapitel 17 – Rückzug von der Zeit: das Sesshin

Gartenarbeit eingeteilt, müssen die Flure fegen oder die Fenster putzen. Was auch immer Sie als Aufgabe zugeteilt bekommen, erledigen Sie sie achtsam und konzentriert.

In der Arbeit aufgehen

Wenn Sie arbeiten, denken Sie nicht daran, wie Sie möglichst schnell fertig werden. Verschmelzen Sie mit Ihrem Tun statt an die nächste Ruhepause oder ans Abendessen zu denken. Wir wollen schließlich im Augenblick leben. Im Sesshin haben wir die Möglichkeit, ohne Wenn und Aber in der Arbeit aufzugehen. Die Arbeit dehnt sich vor uns und hinter uns aus. Die Arbeit ist alles, was uns bewusst ist. Wir schrubben den Fußboden, putzen die Fenster, wischen die Tische – gründlich und achtsam. Denn wenn wir so genannte »niedere Arbeiten« verrichten, konzentriert unser Geist sich nur zu gern auf das Ende derselben.

Zu begreifen, wer wir in diesem Augenblick sind, ist das beste Mittel, um alles Leiden zu beseitigen.
Darin liegt das Herz jeder spirituellen Praxis.

Kalu Rinpoche:
Luminous Mind

Im Zen kennen wir keinen Unterschied zwischen »niederen« und »höheren« Tätigkeiten. Was im Augenblick da ist, ist alles, was ist. Wir treten mit unserem ganzen Wesen in den Augenblick ein und freuen uns daran. Vergangenheit und Zukunft verblassen, bis nur noch der gegenwärtige Moment vorhanden ist. Die gesamte Welt ruht in diesem Augenblick, in dem wir das Fenster putzen. Unsere Hand, die den Lappen über das Glas führt ... mehr ist da nicht. Wenn wir dies im Sesshin erfolgreich üben, können wir die Praxis unter Umständen mit nach Hause nehmen. Dann werden wir auf höchst lebendige Weise waschen, kochen und uns um unsere Lieben kümmern.

WAS DAS SESSHIN BRINGT

Seit Jahrhunderten begeben Zen-Praktizierende sich ins Sesshin. Die Gelegenheit zu einem Sesshin zu haben ist ein Privileg. Anfangs mag die Aussicht auf ein Sesshin vielleicht eher abschreckend wirken, mit der Zeit jedoch werden Sie Ihrem nächsten Sesshin eifrig und freudig entgegensehen.

Die Einheit des Sangha

Im Sesshin tun Sie, was die anderen tun. Wenn die anderen Teilnehmer Zazen üben, üben auch Sie Zazen.

Kapitel 17 – Rückzug von der Zeit: das Sesshin

Wenn der Sangha ruht, ruhen auch Sie. Das bedeutet, dass Sie nicht während der Ruheperioden aufräumen oder essen. Während der Zazen-Sitzungen halten Sie sich im Zendo auf und bleiben nicht im Bett liegen, um sich auszuruhen. Bleiben Sie Teil der Gemeinschaft. Handeln Sie als Gruppe. Im Sesshin ist kein Platz für Ihre Individualität.

Ein Sesshin stellt Ihnen einen Raum zur Verfügung, in dem Sie sich völlig sicher fühlen können. Das ist eine wunderbare Gelegenheit, die wir nicht verpassen sollten. Wir sind frei von Ablenkungen und können uns ganz auf unsere Praxis konzentrieren.

Wir können uns selbst entdecken, während die Welt mehr und mehr zurückweicht. Wir können Antworten auf jene Fragen suchen, die uns seit jeher umtreiben. Wir sitzen mit den anderen Mitgliedern der Gemeinschaft und empfinden jedem gegenüber Mitgefühl. Wie tapfer doch jeder Einzelne ist, dass er sich der Übung aussetzt und in sein eigenes Herz sieht, während er um Antwort auf die tiefsten Lebensfragen ringt. Ein Sesshin ist wunderbar und gleichzeitig schwierig, denn es legt offen, wer wir sind. Trotzdem werden wir es nie bedauern, uns auf dieses Abenteuer eingelassen zu haben.

Kapitel 17 – Rückzug von der Zeit: das Sesshin

KAPITEL 18
ZEN HEUTE: WESTLICHE ZEN-MEISTER

Seit Zen seinen Weg zu westlichen
Ufern gefunden hat, hatten und haben wir das unendliche Glück, ausgezeichnete Lehrer kennen zu lernen.
Jeder der hier Vorgestellten hat die
Welt auf seine Weise geprägt – ob im
mündlichen Vortrag oder durch das
geschriebene Wort. Ihr Einfluss machte sich zum Teil bis in die kleinsten
Dörfer bemerkbar. Leider haben
wir viel zu wenig Platz, um all jene,
die dem Zen im Westen zu einem eigenen Gesicht verholfen haben, vor-
zustellen, und müssen uns auf einige wenige beschränken.

PHILIP KAPLEAU

Philip Kapleau gründete 1966 das Zen-Meditationszentrum in Rochester im Staat New York. Er ist als Autor wohl bekannt und hat das Bewusstsein der Menschen im Westen entscheidend für Zen geöffnet. Das Zen-Zentrum in Rochester hat mittlerweile Ableger überall auf der Welt, vor allem in den USA, in Kanada und Europa. Am bekanntesten ist wohl Kapleaus Werk *Die drei Pfeiler des Zen*. Dieses Buch führte zahllose Menschen im Westen ins Zen ein. Kapleau ermutigte sie, sich von ihrem bequemen Platz auf dem Sofa zu erheben und selbst Zen zu praktizieren, anstatt nur darüber zu lesen. Er wurde nicht müde, die Wichtigkeit der unmittelbaren Erfahrung zu betonen.

Seine Zeit als Gerichtsreporter

Als junger Mann studierte Kapleau Jura und wurde Gerichtsreporter in Connecticut. Nach dem 2. Weltkrieg beorderte man ihn nach Nürnberg, wo er über die Nazi-Kriegsverbrecher-Prozesse berichtete. Dort drängte sich ihm der starke Eindruck auf, dass die Deutschen ihre Verbrechen nicht wirklich bereuten, was ihn zutiefst erschütterte.

Als man ihn danach nach Japan schickte, um über die Nachkriegswirren des Landes zu berichten, beeindruckte ihn die völlig andere Art des Umgangs mit der jüngsten Geschichte, den die Japaner an den Tag legten. Diese bereuen ihre Taten und glaubten, dass sie für die Grausamkeiten, die sie während des Krieges begangen hatten, bezahlen mussten.

Die Japaner waren überzeugt, dass ihr Karma sie unweigerlich einholen würde. Kapleau war tief beeindruckt und verließ Japan mit dem lebhaften Wunsch, mehr über den Buddhismus zu erfahren. Diese Neugier sollte sich in den kommenden Jahren noch verstärken.

FAKTEN: Philip Kapleau hat viele ausgezeichnete Bücher geschrieben: *Die drei Pfeiler des Zen, Erleuchtung nicht ausgeschlossen, Der vierte Pfeiler des Zen, Das Zen-Buch vom Leben und vom Sterben, Zen: Merging of East and West.*

Als er in die USA zurückkehrte, ließ ihn seine Beobachtung, wie unterschiedlich Deutsche und Japaner mit ihren Kriegsverbrechen umgingen, nicht mehr los. Obwohl er beruflich erfolgreich war, wurde Kapleau de-

Kapitel 18 – Zen heute: westliche Zen-Meister

pressiv. Er litt unter Unzufriedenheit und Angstzuständen. Der materielle Erfolg bedeutete ihm nichts.

Begegnung mit Zen

Da er weder Frieden noch Glück gefunden hatte, suchte Kapleau eines Tages D. T. Suzuki auf, den er in Japan kennen gelernt hatte. Das theoretische Studium des Buddhismus half ihm nicht weiter. Langsam wurde ihm bewusst, dass er Zen erfahren musste, statt sich nur intellektuell damit auseinander zu setzen. Also entschied er sich, seinen Beruf aufzugeben und in Japan Zen zu üben. Es folgten 13 Jahre formeller Zen-Schulung. Er »vollendete« seine Ausbildung unter Zen-Meister Yasutani, bevor er 1966 in die Vereinigten Staaten zurückkehrte.

Yasutani und Kapleau waren jedoch hinsichtlich des Lehrens verschiedener Auffassung. Diese Meinungsverschiedenheiten vertieften sich sogar noch, als Kapleau nach Amerika zurückkehrte. So erhielt Kapleau von Yasutani Roshi zwar die Lehrerlaubnis *(inka-shomei)*, doch nie die volle Dharma-Übertragung *(hassu)*. Trotzdem widmete sich Kapleau eifrig der Aufgabe, Zen im Westen bekannt zu machen. Einige seiner Entscheidungen traf er gegen den Willen seines Lehrers, so zum Beispiel die Übersetzung des Herz-Sutras ins Englische, damit die Sutra-Praxis in der Mutter-

sprache erfolgen konnte. Dieser Akt beendete ihre Beziehung.

Das Rochester Zen-Zentrum

In der Konsequenz hat das Rochester Zen-Zentrum keinerlei Verbindung nach Japan. Viele Menschen betrachten diesen Bruch mit der Überlieferungslinie als Manko. Da Kapleau nie die volle Dharma-Übertragung erhalten hat, halten ihn einige Praktizierende für nicht ausreichend qualifiziert.

Nichtsdestotrotz beherbergt das Rochester Zen-Zentrum eine blühende Gemeinschaft von etwa 600 Praktizierenden. Es ist eines der größten und am meisten geachteten Zentren im Westen. Gruppen, die sich ihm zurechnen, gibt es in Deutschland, Mexiko und natürlich in den Vereinigten Staaten. Es bietet tägliche Meditationssitzungen ebenso an wie längere Übungs-Programme und Workshops für Anfänger. Kapleau und sein Dharma-Nachfolger Bodhin Kjolhede haben Zazen in Amerika bekannt gemacht und das Gesicht des heutigen westlichen Zen entscheidend mitgeprägt.

BERNIE GLASSMAN

Bernard Tetsugen Glassman ist einer der provozierendsten Zen-Lehrer Amerikas. Er wurde als Kind osteuropäischer Einwanderer in Brighton Beach vor den Toren New Yorks geboren. Man erzog ihn im jüdischen Glauben vor sozialistisch gefärbtem Hintergrund. Glassman wurde Luftfahrtingenieur und legte seinen Ph.D., das amerikanische Äquivalent des Doktortitels, in Angewandter Mathematik ab. 1967 wurde er Schüler des Zen-Meisters Taizen Maezumi Roshi, des Begründers des *Zen Center of Los Angeles*. Neun Jahre später erhielt er die Dharma-Übertragung.

Engagierter Buddhismus

Bernie Glassman wurde zum energischen Verfechter des Engagierten Buddhismus. So gründete er 1982 die Greyston-Bäckerei in New York. Sein Traum war es, ein Geschäft zu eröffnen, das den Mitgliedern seines Sangha erlaubte, sich auf ihre Praxis zu konzentrieren und trotzdem etwas zu tun, was die Ziele des Engagierten Buddhismus förderte.

Also baute er in Yonkers, einem der berüchtigsten Viertel von New York, ein Geschäft auf, in dem er neben Mitgliedern der buddhistischen Gemeinschaft Obdachlose und ehemalige Drogensüchtige beschäftigte.

Die Bäckerei, die mittlerweile zum profitablen Großprojekt geworden ist, liefert nicht nur an Feinkostläden in Manhattan, sondern auch an zahlreiche Suppenküchen für Obdachlose. Viele Menschen haben dort nicht nur Arbeit, sondern auch eine solide Ausbildung erhalten, die es ihnen erlaubte, nach ein paar Jahren ihren eigenen Weg zu gehen. Heute sind in der Bäckerei 65 Menschen beschäftigt und der Jahresumsatz beläuft sich auf 3,5 Millionen Dollar.

Der große Erfolg der Bäckerei erlaubte es Glassman, 1993 eine Stiftung zu gründen, die Bedürftigen hilft. Die Profite aus der Bäckerei werden dazu verwendet, deren Gründungsgedanken in größerem Maßstab umzusetzen.

Die Stiftung hilft Obdachlosen, Wohnung und Arbeit zu finden. Sie bietet Kinderbetreuung für ihre Beschäftigten und bringt Arbeitslose in Lohn und Brot, indem sie ihnen grundlegende berufliche Kenntnisse vermittelt. Daneben engagiert sie sich in der häuslichen und stationären Pflege für Aidskranke. Möglich wurde dieser große Erfolg durch die Kooperation mit der Eiskremkette *Ben & Jerry's*.

FAKTEN: Für einige der berühmten, mit Schokoladenkeksen vermischten Eissorten von Ben & Jerry's liefert Greyston etwa 2 Millionen Pfund Brownies jährlich. Da beide Firmen sich für soziale Belange einsetzten, passen sie wunderbar zusammen.

Kapitel 18 – Zen heute: westliche Zen-Meister

Der Peacemaker-Orden

Sobald die Greyston-Bäckerei gut lief, machte Roshi Glassman sich zusammen mit Roshi Sandra Holmes daran, einen neuen Orden für Zen-Praktizierende zu gründen, die sich aktiv in der Friedensarbeit betätigen wollten. Heute ist der Peacemaker-Orden eine internationale Organisation, in der Menschen aller Glaubensrichtungen sich für den Frieden engagieren. Der Orden wird in seiner Arbeit von Organisationen aus allen Ländern und Weltreligionen unterstützt: *Greyston Mandala* in New York, dem *Prison Dharma Network* in Boulder, dem *Upaya Studienzentrum* in Santa Fe, von *StadtRaum* in Deutschland, *Mexico City Village* in Mexiko, *La Rete d'Indra* in Italien und vom *Shanti Relief Committee* in Japan.

ROBERT AITKEN

Robert Aitken kam in Pennsylvania zur Welt, ging aber noch als Junge mit seinen Eltern nach Hawaii, wo er bis heute lebt. 1935 begann er, an der Universität von Hawaii englische Literatur zu studieren. Schon damals interessierte er sich für Friedensarbeit.

1940 ging er zur Luftwaffe und wurde zunächst auf den Midway-Inseln im Nordwesten von Hawaii stationiert. Danach verbrachte er fünf Monate auf der Pazifikinsel Guam. Kurz nach seiner Ankunft trat Amerika in den 2. Weltkrieg ein. Guam fiel und Aitken verbrachte den Rest des Krieges in japanischer Gefangenschaft. Im Kriegsgefangenenlager lernte er den Zen-Buddhismus kennen und schätzen.

Krieg und Bombenangriffe, die Millionen Menschen Heim und Leben kosteten, hatten Aitkens pazifistische Neigungen nur verstärkt. Nach Amerika zurückgekehrt, setzte er seine Studien der japanischen Sprache und Kultur fort und legte 1950 seinen Master in Japankunde ab. Dieses Mal ging er freiwillig nach Japan, wo er ein Jahr lang Zazen unter Nakagawa Soen Roshi übte, seines Zeichens Lehrer, Dichter und Kämpfer für den Frieden. 1974 erhielt Aitken die Erlaubnis, selbst Zen zu unterrichten. 1985 wurde er von Yamada Ko'un Roshi, dem Abt des Sanbo Kyodan in Kamakura, zu seinem Nachfolger ernannt.

1959 gründeten Robert Aitken und seine spätere Frau Anne Hopkins Aitken den *Diamond Sangha*, ein Zentrum für Zen-Buddhismus in Honolulu auf Hawaii. Heute umfasst der Diamond Sangha mehrere Zen-Zentren auf der ganzen Welt, unter anderem in Argentinien, Australien, Neuseeland und den Vereinigten Staaten. 1978 schuf Aitken die *Buddhist Peace Fellowship*, eine buddhistische Organisation für den Frieden.

Kapitel 18 – Zen heute: westliche Zen-Meister

FAKTEN Die *Buddhist Peace Fellowship* hat sich zum Ziel gesetzt, Frieden und Freiheit auf individueller und gesellschaftlicher Ebene zu fördern sowie Menschen und Gruppen in die Weisheit des Mitgefühls einzuweisen.

Seit jeher interessierte Robert Aitken sich sehr für Haiku-Dichtung. Eines seiner bekanntesten Bücher ist daher *Basho's Haiku and Zen*. In Deutsch sind von ihm erhältlich: *Zen-Meister Rabe, Zen als Lebenspraxis, Arbeit als Weg* und *Ethik des Zen*.

RICHARD BAKER

Im Dezember 1971 ernannte Shunryu Suzuki, einer der beliebtesten Zen-Lehrer im Westen, Richard Baker Roshi zu seinem Dharma-Nachfolger. Gleichzeitig wurde er als offizieller Leiter des *San Francisco Zen Centers* eingesetzt, des ersten Zen-Klosters in den Vereinigten Staaten. Suzuki hatte dieses Zentrum gegründet, Baker war also der zweite Abt nach ihm und wurde zu einer der umstrittensten Figuren des westlichen Zen.

Der mächtige Abt

Richard Baker, der in Harvard studiert hatte, diente dem Zentrum von 1971 bis 1983. Von 1968 bis 1971 hatte er Zen in Japan in den Klöstern Antaiji, Eiheiji und Daitokuji geübt. Als Abt vollbrachte er einige großartige Leistungen. So war er für den Kauf des *Tassajara Zen Mountain Center* und der *Green Gulch Farm* verantwortlich. Das Tassajara Center wurde für Zen-Buddhisten in den Vereinigten Staaten eine wichtige Anlaufstelle. Es rief Programme zur Gefangenen- und zur Obdachlosenhilfe ins Leben, die mit den Erlösen aus den biologisch-organisch bewirtschafteten Anbauflächen finanziert wurden. Baker schuf die finanziellen Grundlagen für das Zentrum, indem er nach dem Muster von Glassmans Bäckerei das *Greens Restaurant* in Fort Masson und die Tassajara-Bäckerei in San Francisco gründete. So machte er aus dem einfachen Zen-Zentrum eine finanziell gut ausgestattete Organisation mit mehreren Millionen Dollar Umsatz und enormem Ansehen in der Öffentlichkeit.

Der Skandal und die Nachwehen

Bakers Ende als Abt des San Francisco Zen Centers kam 1983. Auf der

Kapitel 18 – Zen heute: westliche Zen-Meister

Peace Conference in Tassajara zwang man ihn zurückzutreten, da sich viele Mitglieder seiner Sangha über sexuelle Belästigung beklagten und das Zentrum immer stärker in finanzielle Schwierigkeiten geriet. Baker trat zurück und verließ das Zentrum. Das Kloster schraubte seine geschäftlichen Aktivitäten zurück und ordnete die Leitung neu. Nun gab es eine Gruppe von Äbten, die wiederum von einem Rat der Sangha überwacht wurden.

Richard Baker hat für das San Francisco Zen Center und die Praxis vieler Zen-Schüler sehr viel getan. Deutlich zeigte er die Verbindung zwischen Zen und Yoga auf und setzte sich immer für soziale Belange ein.

Interessanterweise wandten sich nicht alle Schüler von ihm ab, als er zurücktreten musste. Einige halfen ihm, an anderer Stelle wieder Fuß zu fassen und ein neues Leben zu beginnen.

PRAXIS

Dies sollte uns lehren, dass Zen-Meister, Äbte und Lehrer aller Art immer noch Menschen sind, die Zen praktizieren. Sex- und Finanzskandale erschüttern die Zen-Welt genauso wie die traditionellen Kirchen. Auch die Erleuchtung schützt nicht vor menschlichem Versagen. Das heißt nicht, dass dieser Meister als Zen-Lehrer unfähig sein muss.

Heute ist Richard Baker Gründer und Leiter der Dharma Sangha-Zentren in den Vereinigten Staaten und Deutschland. Er lebt im Dharma Sangha's Crestone Mountain Zen Center in Crestone im Bundesstaat Colorado. In Deutschland betreibt der *Dharma Sangha* ein Studienzentrum im Schwarzwald.

CHARLOTTE JOKO BECK

Charlotte Joko Beck nahm in den 1960er-Jahren ihr Zen-Studium bei Hakuun Yasutani Roshi und Soen Nakagawa Roshi auf. 1983 wurde sie dritte Dharma-Nachfolgerin von Hakuyu Maezumi Roshi, dem Gründer des *Zen Center of Los Angeles*. Heute ist sie Hauptlehrerin des *San Diego Zen Center* in Kalifornien, wo sie gemeinsam mit Elizabeth Hamilton Unterweisungen erteilt.

Ordinary Mind School of Zen

Charlotte Joko Beck und ihre Dharma-Nachfolger haben die *Ordinary Mind School of Zen* gegründet. Zen-Meister wie Robert Aitken sprechen von ihr nur in den höchsten Tönen.

Kapitel 18 – Zen heute: westliche Zen-Meister

(»Ich vertraue ihr vollkommen und lerne ständig von ihr.«)

Die Ordinary Mind School versucht, den Weg des Erwachens, wie ihn Charlotte Joko Beck gelehrt hat, zu fördern. Es bestehen keinerlei Verbindungen zu anderen Zen-Schulen oder religiösen Traditionen, was nicht bedeutet, dass für die Mitglieder der Ordinary Mind School die individuelle Mitgliedschaft in anderen Gruppen ausgeschlossen ist. Innerhalb der Ordinary Mind School gibt es keine Hierarchie von Dharma-Nachfolgern.

Webseite der Ordinary Mind School of Zen (www.bayzen.org)

Der *Ordinary Mind School* zufolge ist der Weg des Erwachens universell. Daher können Methoden und Mittel der einzelnen Dharma-Lehrer individuell verschieden sein. Jeder Dharma-Nachfolger der Schule kann die Struktur der von ihm bzw. ihr geleiteten Gruppen nach seinen Vorstellungen prägen, um damit die Praxis weitestgehend zu fördern.

Die Dharma-Nachfolger sehen sich weiterhin als Lernende, weil die Qualität ihrer Lehre von der Qualität ihrer Praxis abhängt. Als immer noch Lernende sind die Lehrer sich der Offenheit der Praxis bewusst. Die Weisheit des Absoluten manifestiert sich im Alltag, in unserem Leben. Ein wichtiges Merkmal dieser Schule

ist die Tatsache, dass die Qualität der Lehre ständig überprüft und verbessert wird, um eine umfassende Praxis auf allen Ebenen des Lebens möglich zu machen.

Die *Ordinary Mind School* hat in den Vereinigten Staaten zahlreiche Schüler. Mittlerweile gibt es auch einen europäischen Zweig, der sich im Internet wie folgt vorstellt:

Der europäische Ordinary Mind Zen-Sangha ist offen für all diejenigen, die Zen im Alltag praktizieren wollen. Diese Praxis beruht auf dem Wissen, dass wahre Befreiung untrennbar mit unserem alltäglichen Handeln verbunden ist. Durch unsere Übung versuchen wir unser Gewahrsein auf alle Bereiche des Lebens auszudehnen.

Dazu gehören unser Arbeitsplatz genauso wie unsere häusliche Situation, unsere Liebesbeziehungen sowie die zu Freunden, Verwandten und Kollegen.

Webseite der europäischen Ordinary Mind School (www.ordinarymindzen.org)

Charlotte Joko Beck hat drei Bücher geschrieben, die alle ins Deutsche übersetzt wurden: *Einfach Zen, Zen im Alltag* und *Zen*. Sie ist als Zen-Lehrerin im Westen sehr beliebt, weil sie ihren eigenen Stil ins Zendo einbringt und aus ihren persönlichen Erfahrungen eine eigene Schule geschaffen hat. Ihr Ansatz hat Zen im Westen eine neue Richtung gegeben, was ihr allerorten viel Respekt einträgt.

JOAN HALIFAX

Joan Halifax, Ph.D., ist Gründerin und Roshi des *Upaya Zen Center* in Santa Fe im amerikanischen Bundesstaat New Mexico. Sie ist buddhistische Lehrerin, Anthropologin und auch als Autorin sehr bekannt. Darüber hinaus hat sie an verschiedenen renommierten Universitäten und anderen Institutionen in den Vereinigten Staaten gelehrt.

FAKTEN Joan Halifax hat viele Bücher geschrieben. Ins Deutsche übersetzt wurden: *Die Begegnung mit dem Tod* (zusammen mit Stanislaus Grof), *Die andere Wirklichkeit der Schamanen* sowie *Schamanen: Zauberer, Medizinmänner, Heiler*. Darüber hinaus sind von ihr erschienen: *The Fruitful Darkness, Simplicity in the Complex: A Buddhist Life in America* und *Being with Dying*.

Halifax ist seit den 1960er-Jahren praktizierende Buddhistin. Im Jahr 1976 wurde sie von Zen-Meister Seung Sahn, dem Gründer und Lehrer des *Dharma Zen Center* in Los Angeles, formell ordiniert. 1990 erhielt sie von Zen-Meister Thich Nhat Hanh die »Lampen-Übertragung«. Mit Roshi Bernie Glassman und Sensei Jishu Holmes gehört sie zu den Gründungsmitgliedern des *Zen Peacemaker Ordens*. Doch vor allem wurde Joan Halifax durch ihren unermüdlichen Einsatz für die Belange Sterbender bekannt. Tatsächlich werden im von ihr geleiteten *Upaya Zen Center* verschiedene Programme für Sterbende und ihre Angehörigen angeboten. Darüber hinaus gibt es noch ein Projekt für Gefangenenhilfe und den *Kailash Education Fund*.

Leben mit Sterbenden

Das Programm *Being with Dying* wurde entwickelt, um Angehörige des Pflegepersonals bei ihrer Arbeit mit Sterbenden zu unterstützen. Hier geht es vor allem darum, die Beziehung zwischen Lebenden und Sterbenden zu verbessern.

Alle, die beruflich mit der Pflege Sterbender zu tun haben, erfahren hier einen neuen Blick auf das Ende des Lebens, was ihnen hilft, besser auf die Bedürfnisse Sterbender eingehen zu können. Man setzt sich mit allen kulturellen und psychologischen Aspekten des Sterbens auseinander, gibt Kurse in Trauerarbeit und zeigt, dass das Sterben sich auch im Rahmen der Gemeinschaft vollziehen kann. Statt nur auf die medikamentöse und körperliche Seite des Sterbens einzugehen, versucht man, dem Pflegepersonal praktische Hilfestellung beim täglichen emotionalen Umgang mit dem Tod zu leisten.

Nach diesen Kursen gehen die Pflegekräfte mit einer veränderten Einstellung zurück in ihr Arbeitsumfeld und regen auch ihre Kollegen zum Umdenken an. Diese außergewöhnlichen Seminare sind nicht nur für Zen-Buddhisten gedacht. Jedermann ist eingeladen, Achtsamkeit, Mitgefühl und Aufrichtigkeit zu praktizieren. Für Pflegepersonal und schwer Erkrankte bietet das Upaya-Zentrum außerdem Wochen des Rückzugs an.

Partner-Programm und Gefangenenhilfe

Über das Partner-Programm können schwer kranke Menschen geeignete Pflegestellen für sich herausfinden. Es besteht eine enge Zusammenarbeit mit Hospizen und Ärzten. Die Gefangenenhilfe hingegen bemüht sich, Gefängnisinsassen die Achtsamkeitsmeditation zu vermitteln. Dies dient vor allem der Stressbewältigung hinter Gefängnismauern. Der *Kailash Education Fund* wiederum

hat sich zum Ziel gesetzt, armen Kindern in Nepal zu einer Ausbildung zu verhelfen.

JOHN DAIDO LOORI

John Daido Loori ist Dharma-Nachfolger von Hakuyu Taizen Maezumi Roshi in der Tradition der White-Plum-Linie (siehe Madeline Ko-i Bastis). Er ist der momentane Abt des *Zen Mountain Monastery* in Mount Tremper im Staat New York, das sich vor der malerischen Szenerie der Catskill Mountains angesiedelt hat. Als Leiter von *Dharma Communications* hat er Zen in den Cyberspace gebracht. Außerdem ist er Gründer und Leiter des Mountains and Rivers-Ordens, in dem viele Praxis-Zentren und -Gruppen organisiert sind. Folgende Bücher sind von ihm erschienen: *The Eight Gates of Zen, Two Arrows Meeting in Mid-Air: The Zen-Koan, Invoking Reality, Celebrating Everyday Life* und *Making Love with Light.*

Die Acht Tore des Zen

John Daido Loori lehrt die Acht Tore des Zen, die er in seinem Buch *The Eight Gates of Zen* erläutert: »Unter den Acht Toren und den Zehn Stufen versteht man die ununterbrochene Praxis, wie sie in Dogens Sutra

Kapitel 18 – Zen heute: westliche Zen-Meister

von den Bergen und Flüssen [Kapitel 39 des Shobogenzo, A.d.Ü.] dargelegt wird, eine Praxis, die Körper und Geist, Zeit und Raum ganz erfüllt.« Die Acht Tore des Zen sind:

1. Zazen
2. Studium mit einem Lehrer
3. Studium der Traditionen des Zen
4. Zen-Liturgie
5. rechtes Tun
6. künstlerische Betätigung
7. Körper-Meditation (wie zum Beispiel Bogenschießen) und
8. Arbeits-Meditation.

FRAGE *Was versteht man unter der »White-Plum-Linie«?*
Diese Überlieferungslinie umfasst alle Zen-Lehrer, die ihre Übertragung von Hakuyu Taizen Maezumi erhalten haben, einem der einflussreichsten Zen-Meister der Moderne. Taizen Maezumi wurde von Vertretern verschiedener Schulen des Soto- und Rinzai-Zen zum Dharma-Nachfolger ernannt. John Loori, Joan Halifax und Bernie Glassman sind Lehrer der White-Plum-Linie.

John Daido Loori ist Naturwissenschaftler und interessiert sich schon seit den 1950er-Jahren für Computer. Kein Wunder also, dass er maßgeblich daran beteiligt war, Zen im Cyberspace breiten Raum zu sichern. Auf der Webseite des Zen Mountain Monastery (www.zen-mtn.org) kann man älteren Klosterangehörigen Fragen stellen. Für all jene, die keinen Zugang zu einem Zentrum oder Kloster haben, gibt es eine Online-Einführung ins Zen. Der »Cybermönch« hat ein offenes Ohr für Ihre Dharma-Fragen und *Dharma Communications,* der »weltliche Arm« des Zen Mountain Monastery, wendet sich mit Hilfe modernster Medien an all jene, die aus irgendwelchen Gründen nicht mobil sind. Zeitschriften, Kataloge, Videos, Audiobänder, Bücher und interaktive Multimedia-CD-Roms sind dort erhältlich. In seinem Online-Shop verkauft das Kloster alles, was der Zen-Praktizierende so braucht.

MADELINE KO-I BASTIS

Ehrwürden Madeline Ko-i Bastis ist Zen-Lehrerin in der White-Plum-Linie. 1993 wurde sie von Roshi Peter Muryo Matthiessen als Dharma-Nachfolgerin eingesetzt. Madeline Ko-i Bastis war die erste Zen-Buddhistin, die zur offiziellen Seelsorgerin eines Krankenhauses berufen wurde. Unermüdlich arbeitet sie für Kranke und Hilfsbedürftige.

Das Peaceful-Dwelling-Projekt

Madeline Ko-i Bastis ist Gründerin und Leiterin des *Peaceful-Dwelling-Projektes*, das auch als »Retreat ohne Mauern« bekannt ist. Bei diesem Projekt geht es um den therapeutischen Einsatz von Meditation für spirituelle, emotionale und körperliche Heilprozesse. Es werden vor allem Rückzugswochen mit spiritueller Begleitung für Menschen mit lebensbedrohlichen Krankheiten sowie für deren Angehörige und Pfleger angeboten. Einen kranken Menschen zu pflegen kostet unendlich viel Kraft. Meist vernachlässigen die Pflegenden ihre eigenen Bedürfnisse – sowohl auf spiritueller wie auf körperlicher Ebene. *Peaceful Dwelling* will zeigen, wie man trotzdem bei guter Gesundheit bleibt. Auch für kirchliche und »weltliche« Angehörige von Pflegeberufen gibt es Seminare und Retreats. Großer Wert wird dabei auf die Meditation als alternative Heilquelle gelegt.

Praktische Erfahrung mit Pflege

Madeline Ko-i Bastis arbeitet von New York aus, wo das Peaceful-Dwelling-Projekt seinen Sitz hat. Dort nimmt sie Menschen auf, die mit Krebs oder Aids kämpfen. Ihr Haus ist offen für geschlagene Frauen, Menschen mit schweren psychischen Störungen, Suchtkranke, bedürftige Teenager, Alzheimer-Patienten und Menschen auf Entzug. Sie hat zwei Bücher veröffentlicht: *Peaceful Dwelling: Meditations for Healing and Living* und *Heart of Forgiveness: A Practical Path to Healing*. Häufig spricht sie auch auf Konferenzen über ihre Arbeit.

KAPITEL 19
ACHTSAM SEIN

Im Geist des Zen zu leben heißt, ein Leben in Achtsamkeit zu führen. Wenn wir Achtsamkeit üben, bemühen wir uns darum, den ganzen Tag wach und bewusst zu erleben. Wir denken und fühlen, versuchen aber, uns an unsere Gedanken und Gefühle nicht zu klammern. Achtsamkeit bedeutet, dass wir uns sowohl der Vorgänge in der Außen- als auch in der Innenwelt gewahr sind. Achtsamkeit bedeutet, dass wir die Dinge geschehen lassen, ohne sie begrifflich einzuordnen und zu beurteilen – nur reines Gewahrsein.

ACHTSAMKEIT

Am Anfang der Zen-Übung steht der Atem. Zunächst einmal werden wir uns unserer Atemzüge gewahr. Wir spüren uns einatmen, wir spüren uns ausatmen. Wir atmen ein. Wir atmen aus. Immer und immer wieder. Wir bleiben bei unserem Atem und beobachten aufmerksam jedes Ein- und Ausatmen.

Wenn wir dies regelmäßig üben, wird Achtsamkeit zu einem normalen Bestandteil unseres Alltags. Wir bemühen uns, jeden Moment bewusst zu erleben. Wir sind uns unseres Tuns gewahr. Wenn wir essen, essen wir. Wenn wir putzen, putzen wir. Das ist Achtsamkeit.

Achtsamkeit versus Konzentration

Achtsamkeit bedeutet nicht, dass wir uns nur noch auf den Abwasch konzentrieren und alles andere darüber in den Hintergrund tritt, bis wir nur noch das Wasser und die Teller im Blick haben. Achtsamkeit heißt, dass wir uns der gesamten Umgebung bewusst sind. Wir lassen uns ganz auf den Augenblick ein, wobei unser Bewusstsein weit wird und alles umfasst, was sich um uns herum ereignet.

Wenn wir versuchen, einen Knoten in einer Schnur zu lösen, konzentrieren wir uns. Wir haben nur noch Augen für den Knoten – unsere Finger,

unser Atem, die kühle Luft und der Sonnenstrahl am nahen Fenster sind vollständig aus unserem Blickfeld gewichen.

Konzentration und Achtsamkeit sind nicht dasselbe, wirken jedoch sinnvoll zusammen. Wenn Ihre Meditationspraxis funktionieren soll, brauchen Sie beides: die Kraft der Konzentration und die der Achtsamkeit.

Konzentration erlaubt uns, unsere Aufmerksamkeit auf eine einzige Sache zu richten. Achtsamkeit sorgt dafür, dass wir uns des verengten Blickfelds bewusst werden und unsere Aufmerksamkeit zum Punkt der Sammlung zurückholen, wenn sie abzuschweifen droht. Konzentration ohne Achtsamkeit ist keine erfolgreiche Meditation. Erst die Achtsamkeit macht möglich, dass wir unserer davoneilenden Aufmerksamkeit folgen können.

Achtsamkeit ist der Teil von Ihnen, der bemerkt: »Die Tür ist offen, ein Vogel singt.«, während Sie sich weiterhin auf das Objekt Ihrer Aufmerksamkeit konzentrieren, sei dies nun Ihr gegenwärtiges Tun, Ihr Koan oder Ihr Atem.

Wenn wir achtsam sind, konzentrieren wir uns. Doch wenn wir uns konzentrieren, dann geschieht dies nicht immer voller Achtsamkeit. Wir können den Knoten in der Schnur natürlich auch auf achtsame Weise entwirren. Doch die meisten Men-

Kapitel 19 – Achtsam sein

schen konzentrieren sich ohne Achtsamkeit. Wir schließen alles weg, was uns erlauben würde, achtsam zu sein. Wir lassen die Welt draußen.

Sag Ja zur Welt

Eine Übung in Achtsamkeit heißt, dass wir offen sind und nichts ausschließen. Achtsamkeit sorgt dafür, dass wir uns unserer Verbundenheit mit dem Rest der Welt gewahr werden. Wir spüren, dass wir ein Teil der Welt sind und nicht von ihr getrennt leben. Vielleicht kennen Sie ja dieses Gefühl des Getrenntseins, weil Sie fast den ganzen Tag in diesem Zustand verbringen.

Wie war das, als Sie kürzlich gebeten wurden, einem anderen Menschen einen Gefallen zu tun oder einen Teil Ihrer Zeit zu opfern? Wie haben Sie reagiert? Hätten Sie sich am liebsten sofort zurückgezogen? Oder dachten Sie, dass Sie diesem Menschen ja gerne geholfen hätten, wenn Sie nur genug Zeit hätten? Oder hatten Sie gleich das Gefühl, dass dies Ihren ohnehin schon dicht gedrängten Stundenplan noch enger machen würde? Waren Sie angespannt und fühlten sich sofort schrecklich müde?

Das kostbarste Geschenk, das wir anderen machen können, ist unsere Gegenwart.
Wenn Achtsamkeit unsere Lieben
umfängt, blühen sie auf wie Rosen.

Thich Nhat Hanh

Vielleicht reagieren Sie ja auch in der beschriebenen Weise, wenn jemand Sie um etwas bittet, was Zeit kostet. Viele Menschen teilen Zeit in kleine Portionen ein, die sie eifersüchtig hüten. Da gibt es die Zeit zum Duschen, die Zeit für den Haushalt, die Zeit für den Weg zur Arbeit, die Zeit für den Partner, für Arbeit, Küche und so weiter. Am Ende des Tages bleibt vielleicht noch ein bisschen Zeit für sich selbst übrig. Möglicherweise haben Sie davon sehr wenig, weil Sie den ganzen Tag Ihre Zeit anderen »opfern«. Wenn Sie sich in Achtsamkeit üben, gehört der ganze Tag wieder Ihnen allein – für »Opfer« irgendwelcher Art ist dann kein Raum mehr.

Sie können lernen, jeden Augenblick Ihres Lebens zu leben, statt den Teil Ihrer Zeit als »verloren« zu betrachten, den Sie für die Anforderungen des Lebens aufwenden müssen.

THICH NHAT HANH

Zen-Meister Thich Nhat Hanh ist für sein unermüdliches Eintreten für den Weltfrieden ebenso bekannt wie für seine Achtsamkeitspraxis. Achtsamkeit ist ein Begriff, den man öfter

Kapitel 19 – Achtsam sein

im Zusammenhang mit frühbuddhistischen Schulen hört, wo »Einsichtsmeditation« geübt wird, als im Zen. Thich Nhat Hanh jedoch legte in seiner Zen-Praxis immer großen Wert auf Achtsamkeit.

Wer ist Thich Nhat Hanh?

Der Vietnamese Thich Nhat Hanh (von Schülern und Freunden auch »Thay«, der »Lehrer«, genannt) ist Dichter, Gelehrter, buddhistischer Mönch und Vorkämpfer für den Frieden. Während des Vietnamkriegs wurde er für seine Friedensaktivitäten weltweit bekannt. Noch zu Kriegszeiten gründete er in Frankreich die *Unified Buddhist Church*.

Der Thay wurde 1926 geboren. Bereits mit 16 Jahren war er buddhistischer Mönch. Als der Vietnamkrieg ausbrach, arbeitete er unermüdlich für den Frieden, was letztlich dazu führte, dass er sein Heimatland verlassen musste, weil er sowohl der kommunistischen als auch der nichtkommunistischen Seite zu unbequem war. So wurde er im Alter von 40 Jahren zum Heimatlosen. Er reiste in die Vereinigten Staaten, um sich dort für den Frieden in Vietnam einzusetzen. Er sprach für alle buddhistischen Mönche und schließlich führten seine Bemühungen dazu, dass zwischen Nordvietnam und den Vereinigten Staaten Gespräche aufgenommen wurden, die schließlich zum Friedensvertrag führten. Bis weit in die 1970er-Jahre hinein half der Thay Bürgern aus Vietnam, der Unterdrückung in ihrem Heimatland zu entfliehen. So ist er noch heute in ganz Vietnam unerwünscht und darf nicht einreisen, da er als Bedrohung für den Status quo betrachtet wird.

FAKTEN: Die lebenslangen Bemühungen des Thay um Frieden veranlassten Martin Luther King jr., ihn 1967 für den Nobelpreis vorzuschlagen, und sicherten ihm in Ost und West eine treue Gemeinde von Freunden und Schülern.

Sein Leben heute

Heute lebt der Thay im *Plum Village* in Frankreich, einem Zentrum, das er im Südwesten des Landes gegründet hat und das vielen Mönchen und Nonnen ein Heim bietet. Jahr für Jahr kommen Tausende Besucher dorthin, um mit dem Thay zu praktizieren. Auch seine Zentren in Deutschland (siehe Anhang C) besucht er regelmäßig.

Seine Lehre

Die Praxis Thich Nhat Hanhs ist einzigartig. Sie schließt niemanden aus und heißt alle mit offenen Armen willkommen. In seinem Buch *Meditationen zu »Lebendiger Buddha, lebendiger Christus«* schreibt er über die Ähnlichkeiten zwischen diesen beiden Gestalten und verwischt so die harten Grenzen, welche religiöse Intoleranz gewöhnlich zwischen Christentum und Buddhismus zieht. Er sagt uns, dass der Geist von Jesus und Buddhas nicht im Namen liegt. Man findet ihn auch nicht, wenn man als religiöse Übung die Namen beider anruft. Der Geist Jesu und Buddhas könne nur gefunden werden, indem wir ihren Taten nacheifern. Wir müssen selbst zum lebendigen Buddha und zum lebendigen Christus werden. Beide Männer zeigten uns durch ihr eigenes Beispiel, wie wir leben sollen.

Diese offene Herangehensweise zieht viele Menschen aus dem Westen an, die sich mit Eifer an die vom Thay propagierten Achtsamkeitsübungen machen. Es heißt, auf seinem Altar in Plum Village stünden sowohl eine Buddha- als auch eine Christus-Figur. Er setzt also Tag für Tag um, was er lehrt.

FAKTEN

Thich Nhat Hanh hat darüber hinaus die Van Hanh Buddhist University in Saigon gegründet sowie die School for Youths of Social Services in Vietnam.

1998 verwurzelte sich die Lehre des Thay tief in Amerika, als er dort das Maple Forest Monastery in Woodstock (im amerikanischen Bundesstaat Vermont) und das Green Mountain Dharma Center für Nonnen in Hartland-Four-Corners (ebenfalls in Vermont) gründete.

1999 wurde das deutsche *Intersein – Haus Maitreya* im Bayerischen Wald gegründet. Die Kontaktadresse finden Sie in Anhang C.

DAS WUNDER DER ACHTSAMKEIT

Der Thay hat über 75 Bücher geschrieben. Eines der schönsten ist *Wunder der Achtsamkeit*. Die Geschichten und Übungen in diesem Führer zur Achtsamkeitsmeditation sind leicht verständlich und können von jedermann und jedefrau umgesetzt werden. Daher ist es für Einsteiger genauso wertvoll wie für den erfahrenen Praktizierenden.

Kapitel 19 – Achtsam sein

Zum Atem zurückkehren

In *Wunder der Achtsamkeit* ermahnt Thich Nhat Hanh uns, immer und immer wieder zum Atem zurückzukehren, wenn der Geist sich in seinen tausend Gedanken verliert. Seiner Ansicht nach ist Achtsamkeit recht einfach, solange man allein durch die Landschaft spaziert und seine Aufmerksamkeit auf den Atem richtet, doch sobald nur ein Freund dazukommt, wird die Praxis schon schwieriger. Sowie wir denken: »Ach, würde er doch nur aufhören zu reden, damit ich mich konzentrieren kann«, haben wir unsere Achtsamkeit schon verloren, meint der Thay. Verändern wir aber unsere Haltung, sodass wir dem anderen in Achtsamkeit begegnen, im vollen Bewusstsein dessen, dass wir zusammen dahinschreiten und miteinander sprechen, können wir immer noch auf unseren Atem achten.

PRAXIS: Wir können nicht achtsam sein, wenn Verwirrung oder Angst uns in ihren Fängen halten. Dann müssen wir uns von neuem auf unsere Mitte konzentrieren. Nutzen Sie den Atem, um ins Gewahrsein der Situation zurückzugleiten.

Nur so können wir achtsam und lebendig bleiben. Wenn wir uns an den Gedanken klammern, der andere möge doch aufhören zu reden, katapultieren wir uns aus der gegenwärtigen Situation hinaus und verlieren unsere Achtsamkeit. Doch wenn wir nicht im Augenblick leben, sind wir tot. Wir verpassen den Augenblick, den einzigen Zeitpunkt, in dem Leben möglich ist.

In *Wunder der Achtsamkeit* finden sich zahlreiche Übungen, die uns helfen, den gegenwärtigen Augenblick zu erleben. Thich Nhat Hanh zeigt uns, wie wir uns mit unserem Atem anfreunden können. Wenn Sie lernen, sich richtig auf Ihren Atem zu konzentrieren, können Sie auch achtsam sein.

ACHTSAMKEIT TAG FÜR TAG

Achtsamkeit können wir auch außerhalb des Meditationsraumes üben. Schließlich können wir ja nicht von unserer morgendlichen Meditation aufstehen und genauso chaotisch, hektisch und zornig weiterleben wie bisher. Achtsamkeit ist etwas, das gut zu unserem Alltag passt. Duschen Sie so, dass Ihre Gedanken bei Ihrem Tun sind, so, als hinge Ihr Leben von dieser Dusche ab. Ihr Leben *ist* diese Dusche. Das ist alles, was Sie haben: dieser Augenblick, hier und jetzt.

Wenn Sie frühstücken, dann tun Sie das voller Aufmerksamkeit mit Körper und Geist. Denken Sie nicht über den kommenden Tag nach, über die Besprechung um zehn Uhr, den Friseurtermin mittags und das Abendessen mit Freunden um sieben Uhr abends.

Essen Sie und schmecken Sie, was Sie auf der Zunge haben. Horchen Sie, was rund um Sie geschieht. Öffnen Sie die Augen für das frühe Licht des Tages. Üben Sie diese Art der Achtsamkeit bei jeder Gelegenheit.

Entspannen Sie Ihre Muskeln

Nehmen Sie sich jeden Tag ein bisschen Zeit, um Ihren Atem kennen zu lernen. Am besten ziehen Sie sich dazu in einen Raum zurück, in dem Sie nicht gestört werden.

Legen Sie sich rücklings auf eine Decke auf dem Fussboden. Dann entspannen Sie bewusst jeden Muskel in Ihrem Körper. Beginnen Sie bei den Füßen. Konzentrieren Sie sich auf Ihre Füße und entspannen Sie die Muskeln dort, bis Sie das Gefühl haben, Ihre Füße sind etwas weniger angespannt als zuvor.

Dann gehen Sie weiter zu den Knöcheln und Unterschenkeln. Spannen Sie Ihre Waden an und lassen Sie dann los, während Sie gleichzeitig tief einatmen. Beim Ausatmen spüren Sie, wie Ihre Waden sich entspannen. Wandern Sie nun aufmerksam weiter zu den Knien. Machen Sie sich die Anspannung in Ihrem Körper bewusst und lassen Sie sie los, wenn Sie ausatmen.

Gehen Sie nicht zum nächsten Körperteil weiter, bevor Sie in den Muskeln, mit denen Sie gerade arbeiten, ein Gefühl der Entspannung verspüren.

PRAXIS: Kehren Sie tagsüber immer wieder zu Ihrem Atem zurück. Konzentrieren Sie sich auf den Atem, wenn Sie abwaschen, tippen, rechnen, bohren, schrauben oder sonst was tun. Der Atem führt Sie direkt zur Achtsamkeit, zur lebendigen Erfahrung des Augenblicks.

Kapitel 19 – Achtsam sein

Konzentration auf den Atem

Gehen Sie auf diese Weise Ihren gesamten Körper durch, bis Sie beim Kopf angekommen sind. Wenn Kopf, Schultern und Nacken ganz entspannt sind, richten Sie Ihre Aufmerksamkeit auf den Atem.

Atmen Sie ganz natürlich ein. Fühlen Sie, wohin Ihr Atem wandert. Er geht durch die Nasenhöhlen in die Luftröhre und dann in die Lungen. Atmen Sie ein paar Minuten lang ganz normal und beobachten Sie, wie der Atem aus- und einströmt. Dann atmen Sie tief ein. Spüren Sie, wie Ihr Brustkorb sich beim Einatmen hebt, beim Ausatmen senkt. Legen Sie die Hand auf den Oberbauch und fühlen Sie nach, wie Ihr Körper sich beim Atmen bewegt. Ihr Atem ist also keineswegs nur mit Nase und Lungen in Kontakt. Beobachten Sie, wie Sie einatmen. Beobachten Sie, wie Sie ausatmen. Spüren Sie dem Rhythmus des normalen Atmens nach. Atmen Sie dann wieder tiefer. Tun Sie dies Tag für Tag, bis Sie sich mit Ihrem natürlichen Atemrhythmus wohl fühlen. Wir achten so selten auf den grundlegenden Rhythmus unseres Lebens. Jeder Atemzug gilt uns als selbstverständlich.

PRAXIS

Machen Sie langsam! Sie können nicht jeden Moment Ihres Lebens genießen, wenn Sie sich abhetzen, um die Welt zu retten. Atmen Sie tief durch und werden Sie langsamer.

Bewegungsmeditation

Nach der Konzentration auf den Atem ist eine Bewegungsmeditation sinnvoll. Dazu gehört zum Beispiel das meditative Gehen (Kinhin), aber auch körperliche Übungen, die uns Achtsamkeit ermöglichen, wie zum Beispiel Yoga. Achten Sie auch während der Bewegungen immer auf Ihren Atem. Wenn Sie Gehmeditation üben, dann atmen Sie ein und machen Sie einen Schritt. Und dann atmen Sie aus und tun den nächsten Schritt. Richten Sie Ihre Aufmerksamkeit auf den Atem und die Bewegungen Ihres Körpers. Machen Sie diese Übung mindestens zehn Minuten lang, damit Sie tatsächlich in Achtsamkeit eintauchen. Auch Yoga ist eine fantastische Bewegungsmeditation. Konzentrieren Sie sich auch hier auf den Atem, während Sie die entsprechenden Stellungen einnehmen. Werden Sie eins mit den Haltungen und gleiten Sie geschmeidig von einer Position in die andere. Zuerst machen wir Atemübungen, dann atmen wir achtsam weiter und setzen uns in Bewegung. Auf diese Weise schaffen wir den Übergang zu unserem normalen Tagesablauf, in den wir unsere Achtsamkeit mitnehmen.

DEN AUGENBLICK LEBEN

Wenn Sie merken, dass Sie in Zukunfts- oder Vergangenheitsträumen schwelgen, kehren Sie zum Atem und mit ihm zum gegenwärtigen Moment zurück. Dies ist das Wesentliche an der Achtsamkeit, dem Kernstück des Zen. Sie können Ihr Leben immer nur jetzt leben. Alles andere heißt, nicht zu leben. Versäumen Sie die Augenblicke Ihres Lebens nicht, denn sie sind kostbar und schön. Jeder Moment ist ein Wunder. Erwachen Sie zum Wunder des Lebens – atmen Sie ein und atmen Sie aus.

Meditation über wechselseitige Verbundenheit

Wenn Sie Ihre Aufmerksamkeit auf den Atem richten, werden Sie sich der wechselseitigen Verbundenheit mit Ihrer Umwelt gewahr – unserer Vernetztheit mit allem um uns herum.

Ohne den Sauerstoff, die Atmosphäre, die Pflanzen auf der Erde könnten Sie gar nicht atmen. Ihre Existenz ist von so vielen Faktoren abhängig. Jeder Atemzug wird so zur Meditation über Verbundenheit. Und wenn Sie erst merken, dass Sie mit der ganzen Welt verknüpft sind, beginnen Sie zu erwachen.

Mit Achtsamkeit getan wird all unser Tun zu einem Akt der Poesie, der Malerei.

Thich Nhat Hanh

Viele Menschen im Westen leben gerne in der Welt der Ideen. Sie glauben, wenn sie nur die richtige Erklärung für alles finden könnten, dann hätten sie auch die Antworten auf die Fragen, die sie seit jeher beschäftigen. Achtsamkeit zu praktizieren bedeutet, die Welt der Ideen und Meinungen aufzugeben, weil sie uns nicht zu einem erwachten Leben führen wird. Sie werden nicht zum Erwachen finden, wenn Sie ständig über abhängiges Entstehen nachsinnen oder hundert buddhistische Bücher lesen. Wenn Sie Teller waschen und dies achtsam tun, sind Sie auf dem Weg zur Erleuchtung. Wenn Sie merken, dass es im Leben um das Waschen der Teller geht, ums Naseputzen, Anziehen und Körperpflege, dann sind Sie auf dem richtigen Weg zu mehr Gewahrsein. Wenn Sie sich an Konzepten festhalten, werden Sie nie einen Blick in Ihre wahre Natur

Kapitel 19 – Achtsam sein

tun. Also duschen Sie, essen Sie und saugen Sie im Wohnzimmer Staub. Das ist das Leben.

ACHTSAMKEIT UND FRIEDEN

Viele von uns sehnen sich nach dem Weltfrieden. Wenn wir die Zukunft betrachten, wird uns mitunter Angst und Bange. Die Welt scheint aus den Fugen, die Menschen ebenso. Wenn wir eine Zeitung lesen, steht dort, dass wir Grund haben, uns vor der klimatischen Zerstörung dieses Planeten zu fürchten. Wir lesen über Aufstände, Terror, Kriege, Hungersnöte. Wir sehen die entsetzten Gesichter von Kindern, Witwen und Soldaten auf den Titelbildern unserer Zeitschriften.

Was können wir tun, um den Frieden in der Welt zu stärken? Ist die Hoffnung auf eine friedliche Welt denn ein reines Hirngespinst? Vielleicht fühlen Sie sich ja angesichts dieser negativen Aussichten manchmal sehr hilflos und haben die Vorstellung vom Frieden ohnehin als nicht durchsetzbar aufgegeben. Doch Frieden ist möglich. Er muss nur in unseren Herzen beginnen, wie Konfuzius sagt:

Wenn wir die Dinge genau untersuchen, erlangen wir rechte Einsicht.
Wenn wir rechte Einsicht erlangt

haben, wird unser Wille unerschütterlich.
Wenn der Wille unerschütterlich ist, findet das Herz seinen Weg.
Wenn das Herz seinen Weg findet, kehrt Ordnung in unser persönliches Leben ein.
Wenn Ordnung in unser persönliches Leben einkehrt, pflanzt sie sich in unser Familienleben fort.
Wenn das Familienleben in Ordnung ist, dann kehrt auch die rechte Ordnung in unserem Land ein.
Wenn unser Land von der rechten Ordnung geprägt ist, herrscht Frieden in der Welt.

Als der Dalai Lama 1989 den Friedensnobelpreis überreicht bekam, sagte er etwas ganz Ähnliches:

Die Verantwortung [für den Frieden] liegt nicht nur bei den Führern unserer Länder oder bei jenen, die wir dafür ausersehen haben. Sie liegt bei uns ganz persönlich.
Der Friede beginnt in jedem von uns. Wenn wir inneren Frieden besitzen, reagieren wir friedlich auf unsere Umgebung.
Wenn die Gemeinschaft, in der wir leben, vom Frieden geprägt ist, kann dieser sich auf andere Gemeinschaften übertragen. Auf diese Weise setzt sich das fort.
Wenn wir anderen mit Liebe und Mitgefühl begegnen, fühlen diese sich geliebt und umsorgt.

Kapitel 19 – Achtsam sein

Doch auch in uns entsteht dadurch Glück und innerer Friede. Und für die Entwicklung von Liebe und Mitgefühl gibt es Methoden.

Frieden praktizieren

Andere Menschen können wir nicht ändern, nur uns selbst. Auch wenn wir an der Möglichkeit verzweifeln, dass die Welt je zum Frieden finden mag, so können wir uns doch selbst um Frieden bemühen.

Wie soll Frieden zwischen Staaten entstehen, wenn wir ihn nicht einmal in unserem Heim schaffen können? Wir selbst schaffen es nicht, nur einen Tag friedlich mit unserer Familie zu verbringen, weshalb also sollten Länder, die einen völlig unterschiedlichen kulturellen Hintergrund haben, es besser machen?

Schieben Sie Ihre Vorurteile, Ihre festen Ansichten und Ihre Verzweiflung einfach mal beiseite und versuchen Sie, die Idee des Friedens praktisch umzusetzen. Nehmen Sie sich nach Möglichkeit nicht zu viel vor.

Wenn Sie nämlich Ihre Meinung absolut nicht ändern wollen, ist dies der beste Weg zu beweisen, dass Sie ja Recht haben. Beginnen Sie mit Ihrer Meditationspraxis. Versuchen Sie, den Frieden in Ihrem Herzen zu finden – wenigstens 20 Minuten täglich.

Praktizieren Sie schon monate- und jahrelang, dann bemühen Sie sich, Ihre Praxis aus dem stillen Kämmerchen heraus und in Ihr Wohnzimmer zu holen. Hören Sie zu statt zu reden, zeigen Sie Verständnis, statt sich darüber zu beschweren, dass Sie nicht verstanden werden. Wenn jemand auf Sie wütend ist, hören Sie zu, was er zu sagen hat, statt sofort in Verteidigungsstellung zu gehen. Üben Sie sich in Liebe, Mitgefühl und Frieden. Statt Ihren Hund anzubrüllen, weil er am Tisch bettelt, loben Sie ihn, wenn er das nicht tut. Üben Sie sich in Toleranz. Identifizieren Sie sich mit anderen, statt sich mit ihnen zu vergleichen. Erkennen Sie, wie sehr Sie anderen Menschen ähnlich sind, statt ewig die Unterschiede zu betonen.

PRAXIS Der Weg zu einem friedvollen Heim führt über ein friedvolles Herz. Dies aber finden Sie nur, wenn Sie nach Mitgefühl und Liebe streben.

Bevor Sie von anderen Frieden erwarten können, sollten Sie sich darum bemühen, ihn in Ihrem Herzen und Ihrem Geist zu finden. Wenn Sie in der Arbeit Ihre Zunge nicht im Zaum halten können, wie können Sie dann nach Weltfrieden streben? Wirken Sie in Ihrer Umgebung als Botschafter des Friedens, statt dies von anderen zu erwarten. Richten Sie den Blick auf sich selbst. Lernen Sie sich und Ihr Herz besser kennen. Sie werden überrascht sein, welchen Schatz an Liebe und Mitgefühl Sie finden werden – in Ihnen, nicht außerhalb.

heit aufbringen, um wütenden Menschen zuzuhören. Wenn wir dem Zorn unser Ohr nicht leihen, machen wir ihn nur noch stärker. Wenn andere Menschen Zorn, Angst und Terror in der Welt verbreiten, müssen wir ihnen nicht zustimmen, aber wir können uns anhören, was diesen Menschen wichtig ist, woher ihr Leiden rührt.

Allerdings ist dies nicht möglich, wenn wir nicht zuerst Frieden in unserem eigenen Herzen geschaffen haben. Sie müssen Frieden praktizieren, wenn Sie für den Frieden eintreten.

Leiden akzeptieren

Thich Nhat Hanh hat seine Botschaft vom Frieden, der beim Einzelnen beginnt, Menschen in aller Welt vermittelt. Er weiß, dass aufmerksames Zuhören, Mitgefühl und liebevolle Rede dazu beitragen, Frieden zu schaffen, wo immer wir auch sind.

Wenn wir jedoch Frieden wollen, dann müssen wir auch bereit sein, die Tatsache des Leids zu akzeptieren. Wir dürfen den Leidenden nicht den Rücken drehen, weil das Leid schwer zu ertragen ist. Wenn Sie täglich Zen praktizieren, werden Sie die Kraft haben, den Schrecken des Krieges und anderen negativen Erfahrungen, die so viele Menschen betreffen, die Stirn zu bieten. Sie werden genügend Geduld, Mitgefühl und Offen-

Sitzen für den Frieden

Wir leben in einer Welt, in der unsere Meditationspraxis wichtiger ist denn je. Es geht dabei um Leben und Tod – unser Leben und unseren Tod. Zen ist eine Pforte zu mehr Liebe und Mitgefühl – und zwar sowohl in unserem Heim als auch in der Welt. Achtsamkeit zu üben ist harte Arbeit. Es ist schwer, sich jeden Morgen zu erheben und Zazen zu üben. Es ist schwer, präsent zu bleiben, wenn die ganze Welt unsere Aufmerksamkeit auf sich ziehen will. Machen Sie sich selbst ein Geschenk und werden Sie langsamer. Und machen Sie der Welt ein Geschenk: Sitzen Sie für den Frieden. Für alle fühlenden Wesen. Für sich selbst. Nur sitzen!

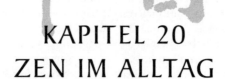

KAPITEL 20
ZEN IM ALLTAG

Zen ist ein Lebensstil. Wenn Sie täglich nur 25 Minuten Zazen üben, werden Sie schon bald die ersten Veränderungen bemerken. Ob Sie nun bewusst auch im Alltag praktizieren oder einfach nur Ihre Übung machen und zusehen, wie die Achtsamkeit langsam in Ihren Tag hineinwächst, das Leben im Geist des Zen wird Sie erfassen und verändern. Üben Sie nur einfach weiter.

EIN TAG IM LEBEN EINES ZEN-PRAKTIZIERENDEN

Werfen wir doch einmal einen Blick auf den typischen Tagesablauf eines Zen-Praktizierenden, der immer wieder versucht, die Bewusstheit aus seiner Praxis in den Alltag einfließen zu lassen. Welche Möglichkeiten haben wir, stets neu in den Augenblick einzutauchen? Wie können wir als Zen-Schüler Achtsamkeit in unser Leben einbringen?

Nehmen wir einmal an, dieser Schüler sind Sie. Sie haben einen Ort, an dem Sie praktizieren können. Sie haben eine Gruppe gefunden, mit der Sie sich jeden Donnerstag zum Üben treffen, und bemühen sich, auch tatsächlich regelmäßig zu kommen. Der Leiter dieser Gruppe ist Zen-Meister. Sie haben also auch jemanden gefunden, der Ihnen auf dem Pfad der Praxis weiterhelfen kann.

Wie sieht also Ihr »normaler« Tagesablauf aus, wenn wir annehmen, dass Sie zur Arbeit gehen und entweder mit Freunden oder der Familie zusammen wohnen.

AM MORGEN

Stehen Sie morgens gleich nach dem Erwachen auf. Lassen Sie nicht viel Zeit zwischen Erwachen und Aufstehen verstreichen. Wenn Sie aufwachen, erheben Sie sich, und der Tag beginnt. Wir finden, das ist die beste Art aufzustehen. Wenn wir nicht gleich aus den Kissen schlüpfen, schlafen wir vielleicht wieder ein. Wenn Sie dies eine Zeit lang so praktizieren, wird es Ihnen ohnehin selbstverständlich. Sie werden fröhlich aus dem Bett springen, sobald der Wecker klingelt. Haben Sie das Bett erst einmal verlassen, wirkt das Meditationskissen gleich sehr viel einladender.

PRAXIS Ein Bekannter erzählte uns einmal, dass er am Morgen zuallererst sein Bett mache. Wenn also der ganze Tag schrecklich werden sollte, so hat er zumindest eine vernünftige Sache getan. Dies ist ein guter Trick, den Sie auch für Ihre Zen-Praxis anwenden können.

Kapitel 20 – Zen im Alltag

Beginnen Sie Ihren Tag mit Zazen

Häufig erweisen unsere Pläne für den Tag sich als völlig unrealistisch, und schon fressen unvorhergesehene Zwischenfälle, Probleme im Beruf oder hilfsbedürftige Freunde die Zeit auf, die wir fürs Zazen reserviert hatten. Wenn Sie schon ohne regelmäßige Übung Schwierigkeiten mit Ihrem Terminplan haben, stehen Sie eine halbe Stunde früher auf, um Zeit für die Praxis zu finden.

Jacky war eine ausgesprochene Nachteule, bis sie anfing, Zen zu praktizieren. Von diesem Moment an stand sie regelmäßig um fünf Uhr morgens auf, um vor der Arbeit noch zu meditieren. Hatte das irgendwelche Folgen? Verpasste sie etwas, weil sie so früh aufstand? Wenn Sie eine halbe Stunde früher aufstehen, müssen Sie vermutlich auch eine halbe Stunde früher zu Bett gehen. Na und? Was versäumen Sie dadurch?

Viele von uns versäumen ohnehin nur die Late-Night-Shows im Fernsehen, und wenn wir uns mal überlegen, was wichtiger ist, die Erleuchtung oder der Fernseher, sollte die Antwort eigentlich ziemlich klar ausfallen. Heute ist es für Jacky kein Problem mehr, früh aufzustehen. Und sie hat sich nie darüber beschwert, die letzte halbe Stunde ihrer Lieblingsshow oder die Spätnachrichten zu verpassen.

PRAXIS — Wie lange Ihre tägliche Zen-Sitzung sein soll, liegt ganz an Ihnen. 25 Minuten sind eine gute Wahl, doch auch weniger oder mehr ist in Ordnung.

Wenn Sie Zazen üben, bevor Sie aus dem Haus gehen, überreichen Sie sich selbst eine echte Morgengabe: 25 Minuten der Stille nur für Sie. Nun können Sie den Tag mit friedvollem Geist beginnen, statt Ihr Gehirn gleich am Morgen mit Sorgen voll zu pumpen. Wenn Sie während der Sitzung merken, dass ein Gedanke immer und immer wiederkehrt, machen Sie sich diesen Gedanken bewusst. Vielleicht gibt es ja etwas, womit Sie sich auseinander setzen müssen. Kehren Sie immer wieder zu Ihrem Atem zurück.

Wenn Sie wach werden, stehen Sie auf, gehen unter die Dusche und folgen Ihrer morgendlichen Routine. Dann legen Sie bequeme Kleidung an und setzen sich zum täglichen Zazen. Oder Sie gehen gleich nach dem Aufstehen zum Kissen. Es gibt

Kapitel 20 – Zen im Alltag

keinen eindeutig »richtigen« Weg, wie Sie Ihre tägliche Zen-Übung beginnen sollten. Wichtig ist nur, dass Sie täglich üben. Was auch immer dann tagsüber geschehen mag, Sie haben den Tag wenigstens auf positive Weise begonnen und etwas Tolles für sich selbst getan.

Es gibt nur einen richtigen Zeitpunkt zum Erwachen. Jetzt.

Buddha Shakyamuni

DAS FRÜHSTÜCK UND ANDERE MAHLZEITEN

Nehmen wir einmal an, Sie frühstücken, bevor Sie das Haus verlassen. Essen Sie auf achtsame Weise? Nehmen Sie sich ausreichend Zeit, um Ihre Mahlzeiten zuzubereiten, empfinden Sie Dankbarkeit für das, was Ihnen ermöglicht, Ihre Praxis weiterzuführen?

Viele Menschen essen, während sie schon auf dem Sprung sind. Fast Food ist ja so bequem. Wir schnappen uns einfach etwas, was man gut aus der Hand essen kann, und schon sind wir unterwegs.

Nun, das tut zumindest dem Umsatz der Apotheken gut, denn immer mehr Menschen kaufen immer mehr Mittel gegen Sodbrennen und Magendrücken.

Sich gesund essen

Essen ist Teil Ihrer Zen-Praxis. Bemühen Sie sich, sich achtsam zu ernähren. Achten Sie darauf, was Sie essen. Vielleicht bekommen Sie auf Milchprodukte Verdauungsprobleme. Wie fühlen Sie sich nach welchen Mahlzeiten? Wenn Sie herausfinden, was Ihnen schadet, wissen Sie, wie Sie sich gesund essen können.

Denken Sie beim Essen: »Ich bin dankbar für das, was mich nährt.« Richten Sie Ihr Augenmerk auf die Bewegung Ihrer Kiefer beim Kauen. Was geschieht, wenn Sie schlucken? Weiten Sie Ihre Aufmerksamkeit auf die Nahrung aus, die Sie essen. Wo kommt Sie her? Fühlen Sie, wie Sie durch die Nahrung mit der Erde verbunden sind, die sie hervorgebracht hat.

Wenn Sie auf diese Weise achtsam essen, werden Sie bald feststellen, dass ein Frühstück in Achtsamkeit keineswegs Unmengen Zeit kostet. Die morgendliche Mahlzeit muss ja kein extravagantes Fünf-Gänge-Menü werden. Es geht einfach nur darum, dass Sie das, was Sie essen, bewusst verzehren, sei es nun eine Schüssel Müsli, ein Toast mit Marmelade oder weich gekochte Eier. Essen Sie bedächtig, behutsam und achtsam.

Kapitel 20 – Zen im Alltag

PRAXIS Behandeln Sie Ihren Körper gut. Dann werden Sie sich besser konzentrieren können, weil Ihr Geist klarer ist. Achten Sie darauf, was Sie essen und wie Sie essen, dann werden Sie bald feststellen, welche Nahrungsmittel Ihnen gut tun und welche nicht.

Aufräumen

Nach dem Essen räumen Sie auf. Sie waschen das Geschirr und bewahren die Reste der Mahlzeit sorgfältig auf. Achten Sie auf das Wasser, das Ihnen über die Hand läuft. Wie fühlt es sich an? Ist es weich oder hart, heiß oder kalt? Betrachten Sie das Geschirr in der Hand. Hat es eine glatte oder raue Oberfläche? Welchen Laut hören Sie, wenn Sie das Geschirr in den Schrank stellen? Horchen Sie auf das Geräusch Ihrer Schritte auf dem Fußboden. Spüren Sie, wie Ihre Arme wippen, während Sie durchs Haus gehen. Achten Sie auf Ihren Atem. Atmen Sie ein, atmen Sie aus.

Während Sie diese Zeilen lesen, schießt Ihnen garantiert ein Gedanke durch den Kopf: »Ich habe nicht genügend Zeit, achtsam zu essen und danach auch noch achtsam abzuwaschen.« Aber kostet das wirklich so viel mehr Zeit, als Ihnen am Morgen zur Verfügung steht? Vielleicht spülen Sie ja ohnehin Ihre Müslischüssel aus. Wenn das so ist, machen Sie einfach damit weiter. Nur auf achtsame Weise.

DER WEG ZUR ARBEIT

Auch der Weg zur Arbeit verschafft uns zahllose Momente, in denen wir präsent sein können. Ein Verkehrsstau zum Beispiel ist eine wunderbare Möglichkeit zum Praktizieren. Gerade hatten Sie es noch so eilig, zur Arbeit zu kommen, und jetzt halten Sie plötzlich inne und richten Ihre Aufmerksamkeit erneut auf den Augenblick. Die meisten Menschen ärgern sich, wenn sie irgendwo in der Schlange stehen. Sie haben das Gefühl, Zeit »zu verlieren«. Im Zen aber bemühen wir uns ohnehin um Bedächtigkeit.

PRAXIS Ein Verkehrsstau ist eine tolle Gelegenheit, die Aufmerksamkeit auf den Atem zu richten und unsere Achtsamkeit auf unsere Umgebung auszudehnen, unsere Hände auf dem Lenkrad, unsere Füße in den Schuhen.

Kapitel 20 – Zen im Alltag

Wenn Sie pendeln müssen, nehmen Sie die Gelegenheit wahr, im Zug oder in der U-Bahn zu praktizieren. Meist eilen wir im Sauseschritt durch unser Leben und verpassen eine Unzahl jener Momente, die den Tag ausmachen.

Wir urteilen über die Verwendung unserer Zeit und sagen: »*Diese* Zeit habe ich sinnvoll genützt, aber *jene* habe ich verschwendet.« Doch Zeit ist einfach nur Zeit, nichts weiter. Es gibt keine guten oder schlechten Zeiten. Alles ruht im Augenblick. Ein Sterbender weiß das. Er spürt ganz bewusst jeden Moment, den er noch lebt. Wie viele Menschen, die sich einer lebensbedrohlichen Krankheit ausgesetzt sehen, berichten, sie hätten sich nie im Leben so lebendig gefühlt? Der Augenblick kristallisiert gleichsam. Er unterscheidet sich deutlich von dem Moment davor.

Ein Verkehrsstau, ein Stoppschild, ein Fußgänger, der vor unserem Wagen die Straße überquert ... bei all diesen Gelegenheiten sagt die Welt uns: Wach AUF! Achte auf den Augenblick. Die Welt will, dass wir aufwachen. Die ganze Welt versucht, uns zum sofortigen Erwachen zu ermutigen. Lassen Sie diese kostbaren Momente nicht ungenutzt vorübergehen. Leben Sie sie.

Ständig zu unterscheiden zwischen Dingen, die wir mögen, und anderen, die wir nicht mögen, ... das ist die Krankheit des Geistes.

Seung Sahn

IN DER ARBEIT

Wie Shunryu Suzuki meinte: »Zen ist kein neues und aufregendes Spielzeug. Es geht einfach darum, sich voll auf den Alltag zu konzentrieren.« Wenn wir Zen in unsere Arbeit einbringen, erledigen wir dieselben Dinge wie immer. Wir erfüllen immer noch unsere Stellung, doch versuchen wir, dies achtsam zu tun. Gerade im Beruf passiert es leicht, dass wir uns so sehr in alle Anforderungen verwickeln, dass wir jeden Ansatz zur Achtsamkeit vergessen. Der Stress, dem wir ausgesetzt sind, verwirrt uns und schon ist unser innerer Friede verschwunden.

Ein Augenblick der Praxis

Versuchen Sie, das Tempo zu drosseln. Legen Sie buchstäblich eine Atempause ein, um Ihre Aufmerksamkeit wieder auf den gegenwärtigen Augenblick zu richten. Setzen Sie sich zwei Minuten lang an einem ruhigen Ort hin und atmen Sie durch. Nehmen Sie wieder Verbindung zum Rhythmus Ihres Lebens auf. Nehmen Sie ein inspirierendes Buch mit zur Arbeit. Manchmal sind ein oder zwei schöne Verse schon genug, um uns wieder aufzurichten.

PRAXIS

Wenn Sie ein Meditationsbuch, einen Kalender oder eine Webseite lesen, um die Aufmerksamkeit zurück auf Ihre Praxis zu lenken, sollten Sie im Hinterkopf behalten, dass auch diese Dinge letztlich aus der Welt der Begriffe stammen. Doch im Zen geht es nicht um Begriffe und Ideen. Sie können solche Dinge problemlos benutzen, um sich wieder auf die Praxis zu konzentrieren, doch über ein paar kluge Worte nachzudenken ist nicht dasselbe wie die Wirklichkeit jenseits der Worte zu erleben.

Es gibt viele Zen-Bücher, die uns inspirieren, eines davon ist die Anekdoten-Sammlung von Paul Reps und Nyogen Senzaki: *Ohne Worte, ohne Schweigen: 101 Zen-Geschichten*. Auch Zen-Kalender gibt es. Und für Internet-Begeisterte gibt es unter www.dailyzen.com eine sehr schöne Webseite mit täglich neuen Zen-Sprüchen in englischer Sprache.

Vorgefasste Meinungen aufgeben

Zen-Meister laufen nicht herum wie aufgescheuchte Hühner und versuchen, alles zugleich zu erledigen. Alles, was sie anpacken, tun sie mit vollkommener Konzentration, langsam und entschlossen. In *Zen Keys* (dt. *Schlüssel zum Zen*) schreibt Thich Nhat Hanh:»In der Zen-Erfahrung gibt es kein Objekt der Erfahrung mehr.« Das bedeutet, dass wir im Zen unsere bereits gemachten Erfahrungen loslassen.

Wenn wir einen Bleistift sehen, erleben wir ihn so, wie er jetzt ist. Wir denken nicht an den Bleistift »als solchen«. Dieser Bleistift hat einen pinkfarbenen Radierer am einen Ende, er ist gelb und hat eine dunkle Spitze. Er ist leicht und ziemlich zerbrechlich.

PRAXIS

Wenn wir Zen praktizieren, geben wir unsere vorgefassten Meinungen auf. Versuchen Sie, den Augenblick zu leben und so Ihren Tag zu erfahren. Lassen Sie sich nicht in Ihre Vorstellungen verwickeln, mit denen Sie den Tag zu beurteilen versuchen. Bleiben Sie bei dem, was jetzt im Augenblick geschieht.

Kapitel 20 – Zen im Alltag

FEIERABEND

Es ist nie zu spät, um den Tag von vorne anzufangen. Wenn Ihnen der Tag zu entgleiten droht, was häufig genug geschieht, kehren Sie zuhause zu Ihrer Mitte zurück. Zünden Sie ein Räucherstäbchen an, setzen Sie sich auf Ihr Kissen und atmen Sie. Bereiten Sie achtsam das Abendessen zu oder machen Sie Ihr Heim mit besonderer Aufmerksamkeit sauber. Ihr Zuhause ist Ihre Oase, in der Sie immer und immer wieder auf den Augenblick zurückkommen können. Wir verfangen uns viel zu oft in den Einzelheiten des Lebens. Das meiste davon ist die Energie nicht wert, die wir hineinstecken. Entspannen Sie sich. Genießen Sie es, ein Teil des großen Ganzen zu sein. Machen Sie sich klar, dass Sie nur ein winzig kleines Rädchen sind, das trotz allem seine Bedeutung hat.

Sie sind wie die Welle im Ozean. Für kurze Zeit sind Sie sichtbar. Dann werden Sie wieder eins mit dem Meer.

Eins mit der Natur werden

Wenn Sie zu Hause sind, setzen Sie sich ruhig hin und betrachten den Himmel. Der Himmel ist erwacht. Er weiß nicht, dass er wach ist, und doch ist er es. Betrachten Sie die Wolken, die Bäume, die Erde unter Ihren Füßen. Werden Sie still, werden Sie ein Teil der Natur. Spüren Sie, dass Sie der Welle im Ozean ähneln – kurze Zeit sichtbar und doch eins mit dem Wasser des Meeres.

Verschwenden Sie nicht eine Minute Ihrer Zeit. Sie sind lebendig und können erwachen. Dies ist Ihre Gelegenheit. Verpassen Sie sie nicht. Konzentrieren Sie all Ihre Energie auf das Erwachen.

Eins nach dem anderen

Achten Sie darauf, wie Sie mit Ihrer Zeit umgehen. Sehen Sie fern, während Sie lesen? Putzen Sie während des Telefonats mit Ihrer Freundin? Füllen Sie Ihre Überweisungen aus, während Sie Musik hören? Ist Ihr Geist ständig bemüht, zwei Herren zugleich zu dienen? Treten Sie auf die Bremse. Tun Sie eins nach dem anderen. Alles, was Sie tun, verdient Ihre ungeteilte Aufmerksamkeit. Konzentrieren Sie sich.

Zuhören

Sie haben den ganzen Tag mit Menschen zu tun. Wie können Sie Zen in Ihre Beziehung einbringen? Hören Sie anderen Menschen zu. Respektieren Sie sie. Seien Sie einfach nett und freundlich. Wenn Sie nach Hause kommen, dann sprechen Sie vermutlich – zumindest am Telefon –

Kapitel 20 – Zen im Alltag

mit jemandem über Ihren Tag. Wenn diese Person dann ihrerseits über ihre Erfahrungen sprechen möchte, hören Sie Ihr aufmerksam zu. Gehen Sie auf andere so ein, als würden Sie Ihnen die kostbarsten Informationen überbringen. Schenken Sie jedem Menschen Achtung und Aufmerksamkeit. Seien Sie freundlich und »da«. Das ist für Sie selbst und andere das größte Geschenk.

Zen in der Ruhe

Am Ende des Tages ziehen wir uns zurück. Gehen Sie ebenso zu Bett, wie Sie aufgestanden sind. Schlafen Sie, als wäre dies Ihr letzter Schlaf. Wenn wir den Mittleren Weg beschreiten, streben wir nach Gesundheit und Wohlbefinden. Sie sollten sich also genug Ruhe gönnen. Bleiben Sie nicht zu lange wach. Setzen Sie einen Zeitpunkt fest, der Ihnen ausreichend Schlaf erlaubt, und gehen Sie um diese Zeit dann auch zu Bett. Wenn Sie Zen praktizieren, werden Sie ohnehin besser schlafen, weil Ihr Geist ruhiger und klarer ist.

darin zum Experten werden. Sie können Kinder bekommen, einen tollen Urlaub machen oder Reichtum ansammeln. Sie können Haustiere halten, Ski fahren, eine eigene Firma aufbauen. Vielleicht haben Sie viele dieser Dinge schon getan. Vielleicht sind Sie reicher, als Sie sich je erträumt haben. Aber wie lautet die Antwort, wenn Sie sich am Ende des Tages fragen, ob Sie glücklich sind?

Vielleicht glauben Sie ja, dieser »typische« Tag im Leben eines Zen-Praktizierenden sei viel zu einfach gewesen. »Das Leben ist doch nicht nur das!«, mögen Sie ausrufen. »So viele seiner Möglichkeiten haben wir noch nicht einmal ansatzweise gestreift.«

Was zum Beispiel, wenn Sie Ihren Job verlieren? Sitzen Sie. Oder Ihre Partnerin Sie verlässt? Sitzen Sie. Was, wenn Sie herausfinden, dass Sie todkrank sind? Auch dann sitzen Sie. Und wenn Ihr Haus von einem Blitz getroffen wird? Sie sitzen. Und wenn Ihnen ein Fingernagel abbricht? Sie sitzen. Sehen Sie, worauf das alles hinausläuft?

AM ABEND

Morgens aufzuwachen ist wunderbar. Sie können Ihr Leben mit vielerlei Dingen zubringen. Sie können sich ein Fachgebiet aussuchen und

PRAXIS

Wenn Sie sich entscheiden, Ihr Leben im Geist des Zen zu führen, werden Sie auf viele Dinge verzichten. Vielleicht verzichten Sie auf Geld, Zeit, Ferien, Zeit für die Familie, Besitz, Erfolg und was dergleichen mehr ist. Doch wenn Sie Zen praktizieren, werden Sie trotzdem glücklich sein. In der Einfachheit liegt alle Schönheit.

Ryokan

Es gibt eine wunderbare Geschichte über Meister Ryokan. Dieser lebte ein sehr einfaches Leben in einer schäbigen Hütte am Fuß eines großen Berges. Eines Abends, als Ryokan spazieren war, kam ein Dieb in die Hütte in der Hoffnung, dort etwas stehlen zu können. Leider war dort nichts, was einen Diebstahl gelohnt hätte.

Ryokan kam zurück und entdeckte den Dieb. »Du bist wahrscheinlich weit gelaufen, um zu mir zu kommen«, sagte er zu dem Dieb. »Daher sollst du nicht mit leeren Händen fortgehen. Bitte nimm meine Kleider als Geschenk an.«

Der Dieb war zuerst verwirrt, dann aber nahm er die Kleider und machte sich davon. Ryokan saß ganz nackt unter den Sternen und betrachtete den Mond. »Armer Mann«, sagte er, »ich wünschte, ich könnte ihm diesen wunderbaren Mond geben.«

Zen lässt uns den Mond schauen. Jeder Tag ist ein Mysterium an Schönheit. Jeder Schritt auf der Erde ist vollkommen. Jeder Augenblick umgibt uns mit Wundern. Im Zen geht es ums Erwachen. Es geht nicht ums Wachsein oder ums Wachbleiben, sondern darum, wie wir aufwachen können. Es geht nicht darum, die Erleuchtung zu erreichen, sondern sie zu erkennen – immer und immer wieder. Wir erwachen ständig. Wir streben danach aufzuwachen.

EINE KRANKHEIT NAMENS ISOLATION

Wenn Sie Zazen üben, werden Sie – hoffentlich – Stück für Stück erwachen. Das Leben wird sich von innen heraus wandeln. Sie werden erkennen, dass wir alle miteinander verbunden sind. Dies ist die Natur des »Interseins«, wie Thich Nhat Hanh das nennt. Sie werden die Welt der Begriffe verlassen und das Reich der Erfahrung betreten. Wie Bernie Glassman in seinem Buch *Bearing Witness* (dt. *Zeugnis ablegen*) schreibt: »Wenn aus einer Wunde an meinem rechten Bein Blut rinnt, sagen meine Hände auch nicht: ›O, das tut mir aber Leid. Doch das Bein kann sich auch um sich selbst kümmern. Wir haben ein-

Kapitel 20 – Zen im Alltag

fach zu viel zu tun.‹ ... Genau das aber geschieht in unserer Gesellschaft. Und der Grund dafür ist eine Krankheit, die man Isolation nennt. Wir sehen nicht, dass Hände, Beine, Füße, Kopf und Haare zu einem Körper gehören. Daher nehmen wir uns ihrer nicht an und leiden selbst. Wenn wir die Einheit allen Lebens nicht erkennen, tragen wir nicht ausreichend Sorge für das Ganze und dies verursacht Leiden.«

Die Einheit allen Lebens

Wenn Sie sich im Zen üben, werden Sie die Einheit allen Lebens erkennen. Dazu sind nur drei Dinge nötig: großer Glaube, großer Zweifel und große Entschlossenheit. Eines jedenfalls können wir Ihnen versichern: Zen zu praktizieren ist keine Zeitverschwendung. Das Schlimmste, was Ihnen dabei passieren kann, ist, dass Sie ein wenig ruhiger und sehr viel zufriedener sein werden. Doch Zen lernt man nicht aus Büchern. Wenn Sie Zen praktizieren wollen, müssen Sie sitzen. Erheben Sie sich also vom Sofa und lassen Sie sich auf Ihrem Meditationskissen nieder. Wir wissen, dass Sie dazu durchaus in der Lage sind. Andere haben damit auch nicht weniger Probleme als Sie. Niemand hat je behauptet, dass Zen einfach und leicht sei. Und wenn Sie glauben, Sie wüssten über Zen Bescheid, weil Sie jetzt ein Buch darüber gelesen haben, dann täuschen Sie sich. Zen ist Ihre Erfahrung. Zen kann nicht auf den Seiten eines Buches eingefangen werden. Dies ist das Wesen des Zen. Stehen Sie auf und legen Sie los: Üben Sie Zen gleich jetzt.

Wie das alte Zen-Wort sagt: Es ist nie zu spät, um nichts zu tun.

Zen zu erforschen heißt, das Selbst zu erforschen. Das Selbst zu erforschen heißt, es zu vergessen. Das Selbst zu vergessen heißt, von den zehntausend Dingen erleuchtet zu werden.

Dogen

ANHANG A:
GLOSSAR

Achtfacher Pfad:
der Pfad zur Erleuchtung, beste-
hend aus: Rechtem Verständnis,
Rechtem Denken, Rechtem
Sprechen, Rechtem Handeln,
Rechter Lebensführung, Rechter
Anstrengung, Rechter Acht-
samkeit, Rechter Konzentration.

Achtsamkeit:
sich der Dinge so bewusst zu sein,
wie sie tatsächlich sind und geschehen; im Augenblick zu leben.

Asket:
ein Mensch, der glaubt, dass er
durch extreme Entbehrungen und
Verzicht auf weltliche Vergnügun-
gen Erleuchtung erlangt; aus diesem Grund unterziehen Asketen
sich strengen Übungen, die auf
Hunger, Armut und Selbstkasteiung beruhen.

Birmanische Haltung:
anders als bei der Lotus-Haltung
bleiben dabei beide Knöchel und
Füße auf dem Boden.

Bodhibaum:
ein Feigenbaum, der traditionell als
Baum der Weisen gilt.

Bodhisattva:
ein Mensch, der bereits Erleuchtung erlangt hat oder an der
Schwelle zur Erleuchtung steht,
diese Erfahrung jedoch zurück-
stellt und in den Kreislauf von
Geburt und Tod zurückkehrt, um
alle fühlenden Wesen zu retten.

Brahmanen:
Priester, höchste Kaste in Indien;
ihr Merkmal ist die Liebe zur
Weisheit; der Brahmanenstand ist
erblich.

Buddha:
der vollkommen Erwachte; aus
dem Sanskritstamm *budh* abgelei-
tet; wörtlich: »erwachen«.

Buddha-Natur:
unsere wahre Natur, unsere ursprüngliche Natur, bevor wir zu
dem wurden, was wir heute sind.
Die Buddha-Natur in uns gibt uns
erst die Möglichkeit, zur Erleuchtung zu erwachen.

Ch'an:
wörtlich »Meditation«; eine buddhistische Tradition, die Bodhidharma im 6. Jahrhundert u. Z. nach China brachte; in Japan als Zen bekannt.

Daikensho:
Erleuchtung.

Dharma:
der »Pfad«, die Lehren des Buddha. Das, was ist und sein sollte. Dharma ist alles: Wahrheit, Lehren, alle Dinge und Seinsweisen, seien sie nun bedingt oder nichtbedingt, Natur, Moral, Ethik, das, was uns hilft, Nirwana zu erlangen, alles, was tugendhaft und »rechtens« ist.

Dhyana:
Sanskritbegriff für »Meditation«.

Dokusan:
unter vier Augen stattfindendes Gespräch mit dem Zen-Lehrer.

Drei Juwelen:
Buddha, Dharma und Sangha.

Duhkha:
Unzufriedenheit, Leiden, Krankheit, Qual des Lebens; der Zustand, der durch unser allzu starkes Anhaften, unser nicht zu stillendes Begehren entsteht.

Fünf Häuser des Zen:
die verschiedenen Zen-Schulen: die Guiyang-Schule, die Kaodong-Schule, die Linji-Schule, die Yünmen-Schule, die Fayen-Schule.

Fünf Regeln sittlichen Verhaltens:
buddhistische Regeln zur Lebensführung, die folgende Punkte umfassen: keine Zerstörung von Leben, nicht stehlen, kein sexuelles Fehlverhalten, nicht lügen, keine Rauschmittel zu sich nehmen.

Gassho:
das Aneinanderlegen der Handflächen in einer Geste der Verehrung.

Geist als Affe:
die Funktionsweise unseres Geistes, der ständig von einem Thema zum anderen springt, wie ein Affe von Baum zu Baum hüpft. Wenn unser Geist so agiert, ist er unkonzentriert, fahrig, sodass keinerlei Gelassenheit aufkommt.

Haiku:
eine japanische Gedichtform, die drei Zeilen zu je fünf, sieben und wieder fünf Silben umfasst und meist auf Naturmotive oder Alltagsgegenstände zurückgreift, um die Haiku-Erfahrung zu vermitteln.

Halblotus-Sitz:
Meditationshaltung, in der man
mit gekreuzten Beinen sitzt. Ein
Fuß ruht auf dem Oberschenkel
des anderen Beines, der Zweite
liegt – anders als beim Lotus-Sitz –
unter dem Oberschenkel des anderen Beines.

Karma:
eine Kraft, die durch unsere
Handlungen bzw. Absichten
hervorgerufen wird und unser
Leben prägt. Positive Absichten
führen zu positiven Erfahrungen,
negative Absichten führen zu
vermehrten Schwierigkeiten.

Kensho:
»kleinere« Erleuchtungserfahrung,
die sich von der vollkommenen
Erleuchtung des Daikensho bzw.
Satori unterscheidet.

Kinhin:
Gehmeditation aus der Zen-Praxis.

Koan:
Fragen, die auf rationale Weise
nicht beantwortet werden können.
Wenn man sein Koan löst, rückt
man der Erleuchtung einen Schritt
näher. Das im Westen bekannteste
Koan ist das »Klatschen der einen
Hand«.

Lotus-Sitz:
Meditationshaltung, bei der man
mit gekreuzten Beinen sitzt. Die

Füße ruhen dabei jeweils auf dem
Oberschenkel des anderen Beines.

Mantra:
ein Mantra ist eine Silbenabfolge
mit bestimmter Bedeutung, die
man zum Zweck der Meditation
ständig wiederholt.

Meditationsmatte:
die Matte, auf der das Meditationskissen platziert wird, damit der
Übende nicht mit den Knien den
harten Boden berührt.

Mittlerer Weg:
der friedvolle Weg zwischen den
Extremen, der weder extremes
Leid noch extremes Vergnügen
bringt. Der Mittlere Weg ist der
Pfad zur Erleuchtung.

Mu:
nichts, Nicht-Ding, Nicht-Sein;
das berühmteste Zen-Koan.

Nirwana:
die Beendigung des Leids durch
Aufgabe des Begehrens; Nirwana
ist kein von uns getrennter Ort, es
liegt in uns. Es ist der Raum in der
Mitte unseres Seins.

Parinirwana:
die Erfahrung von Nirwana,
begleitet vom vollkommenen
Erlöschen des körperlichen Selbst.
Als der Buddha starb, erlangte er
das Parinirwana.

Prajna:
Sanskritbegriff für »Weisheit«.

Prana:
Sanskritbegriff für »Atem«,
»Lebenskraft«.

Rad des Dharma:
das Rad steht für den buddhistischen Zyklus von Geburt und
Wiedergeburt. Das Rad wird meist
mit acht Speichen dargestellt, die
für den Achtfachen Pfad stehen.

Rinzai-Schule:
Tradition des Zen-Buddhismus,
die das Koan zum wesentlichen
Mittel der Praxis erhoben hat.

Roshi:
Titel eines Zen-Meisters, unter
dem die Schüler üben müssen,
wenn sie Erleuchtung erlangen
wollen. Der Begriff stammt aus
dem Japanischen und bedeutet
wörtlich »verehrungswürdiger
Meister«.

Samadhi:
ein besonders tiefer meditativer
Bewusstseinszustand.

Samsara:
die potenziell endlose Wiederholung von Geburt, Tod und
durch Karma verursachtem Leiden.

Sangha: die Gemeinschaft der
Praktizierenden. Traditionell war

mit Sangha im Buddhismus die
Gemeinschaft der Mönche bzw.
Nonnen gemeint. Heute bezieht
dieser Begriff sich auf alle, die den
Lehren des Buddha folgen.

Satori:
Erleuchtung.

Seiza:
Meditationshaltung, bei der der
Übende auf seinem Kissen sitzt
und mit den Knien den Boden berührt. Dabei ruht das Hauptgewicht des Körpers auf dem Kissen.

Sesshin:
tageweiser (oder längerer) Rückzug von der Welt mit dem Ziel,
sich intensiv im Zazen zu üben.

Shikantaza:
»nur sitzen«; Übung, bei der man
Zazen übt, ohne die Atemzüge zu
zählen oder sich auf etwas anderes
zu konzentrieren.

Shunyata:
Leerheit.

Soto-Schule:
Tradition des Zen-Buddhismus,
die in der Hauptsache Sitz-Meditation übt.

Sutra:
Lehrrede des Buddha, Dialoge mit
seinen Schülern.

Teisho:
der Lehrer stellt den Schülern
seine Sicht der Lehre vor. Häufig
haben diese Teishos ein oder mehrere Koans zum Thema.

Vier Edle Wahrheiten:
das Herzstück von Buddhas Leh-
ren: Das Leben ist voller Leiden
bzw. Duhkha. Die Wurzel des
Leidens ist unser Begehren. Dieses
Begehren kann beendet werden.
Der Weg zur Auslöschung des
Begehrens (und damit des
Leidens) ist der Achtfache Pfad.

Zafu:
das runde Meditationskissen.

Zazen:
Sitz-Meditation, bei der der Üben-
de sich vollkommen auf seinen
Geist und Körper konzentriert.

Zen:
buddhistische Tradition, die die
Sitzmeditation zur wichtigsten
Praxis erhoben hat, wobei es darum
geht, direkte Einsicht in die eigene
Buddha-Natur zu gewinnen.

Zendo:
Meditationshalle für Zen-
Meditation.

ANHANG B: QUELLEN UND LESEEMPFEHLUNGEN

Aitken, Robert:
Zen-Meister Rabe.
Berlin 2003
Ders.:
Zen als Lebenspraxis.
München 2003
Ders.:
Arbeit als Weg.
Frankfurt a. M. 1996
Ders.:
Ethik des Zen.
München 1996

Armstrong, Karen:
Buddha.
New York 2001

Bartok, Josh:
*Daily Wisdom: 365 Buddhist
Inspirations.*
Massachusetts 2001

Batchelor, Stephen:
Buddhismus für Ungläubige.
Frankfurt a. M. 1998
Ders.:
Verse aus der Mitte.
Berlin 2002

Bhante Henepola Gunaratana:
Mindfulness in Plain English.
Boston 2002

Boorstein, Sylvia:
*It's Easier Than You Think.
The Buddhist Way to Happiness.*
San Francisco 1997
(dt. *Buddha oder die Lust am
Alltäglichen.* München 1998)

Chadwick, David:
*Shunryu Suzuki oder die Kunst,
ein Zen-Meister zu werden.*
Bern-München 2000

Cleary, Thomas:
The Five Houses of Zen.
Massachusetts 1997

Coleman, James William,
The New Buddhism.
Oxford 2001

Daido Loori, John:
The Eight Gates of Zen.
New York 1992

Ferguson, Andy:
Zen's Chinese Heritage.
Massachusetts 2000

Gach, Gary: *The Complete
Idiot's Guide to Understanding
Buddhism.*
New York 2002

Glassman, Bernard /
Fields, Rick:
Instructions to the Cook.
A Zen Master's Lesson in Living
a Life That Matters.
New York 1996
(dt. *Anweisungen für den Koch.*
München 1999)
Ders.:
Bearing Witness. A Zen Master's
Lesson in Making Peace.
New York 1998.
(dt. *Zeugnis ablegen. Buddhismus*
als engagiertes Leben. Berlin 2001)

Habito, Ruben:
Healing Breath.
New York 1993

Halifax, Joan /
Grof, Stanislaus:
Die Begegnung mit dem Tod.
Stuttgart 2000
Dies.:
Die andere Wirklichkeit der
Schamanen.
Freiburg i. Br. 1999
Dies.:
Schamanen. Zauberer, Medizin-
männer, Heiler.
Frankfurt a. M. 1983

Huber, Cheri:
There Is Nothing Wrong With
You. Regardless Of What You Were
Taught To Believe.
Keep It Simple Books 2001
(dt. *Nichts an dir ist verkehrt.*
München 2004)

Jackson, Philip:
Sacred Hoops: Spiritual Lessons
of a Hard Wood Warrior.
New York 1996

Johnsen, Linda:
Teach Yourself Yoga in 24 Hours.
New York 2002

Joko Beck, Charlotte:
Einfach Zen.
München 1996
Dies.:
Zen im Alltag.
München 2000
Dies.:
Zen.
München 2002

Juniper, Andrew:
Wabi Sabi. Edle Einfachheit als
höchste Tugend.
München 2003

Kapleau, Philip:
Das Zen-Buch vom Leben und
vom Sterben.
Bern 2001
Ders.:
Der Vierte Pfeiler des Zen.
Bern 1997
Ders.:
The Three Pillars of Zen. Teaching,
Practice and Enlightenment.
New York 1965, 2000.
(dt. *Die drei Pfeiler des Zen.*
München 2004)

Kübler-Ross, Elisabeth:
Interviews mit Sterbenden.
München 2001

Loori, John Daido:
The Eight Gates of Zen.
Boston 2002

Maezumi, Taizen:
*Der verschleierte Mond der
Erleuchtung.*
Bern 1981

McClain, Gary:
*The Complete Idiot's Guide to
Zen Living.*
New York 2001

Metcalf, Franz:
*What Would Buddha Do?
1001 Answers to Workplace
Dilemmas.*
Berkeley, California 1999, 2002
(dt. *Was würde Buddha tun –
101 Lösungen für die großen und
kleinen Probleme des Lebens.*
Bern 2001)

O'Halloran, Maura:
*Im Herzen der Stille:
Briefe und Tagebücher einer Zen-
Schülerin.*
Frankfurt a. M. 2002

Pine, Red:
Bodhidharmas Lehre des Zen.
Berlin 1990

Pirsig, Robert M.:
*Zen und die Kunst ein Motorrad
zu warten.*
Frankfurt am Main 1978

Rahula, Walpola:
Was der Buddha lehrt.
Bern 1982

Reps, Paul /
Senzaki, Nyogen:
*Zen Flesh, Zen Bones.
A Collection of Zen and Pre-Zen
Writings.* Boston 1975.
(dt. *Ohne Worte, ohne Schweigen:
101 Zen-Geschichten.* Bern 1976)

Roloff Jana /
Roloff Dietrich:
*Zen in einer Schale Tee. Einführung
in die japanische Teezeremonie.*
München 2003

Sherry Chayat, Roko:
*Subtle Sounds: The Zen Teaching
of Maurine Stuart.*
Massachusetts 1996

Smith, Jean:
*Dem Lauf des Wassers folgen –
Zen-Meditationen.*
München 2001
Dies.:
*Everyday Mind: 366 Reflections
on the Buddhist Path.*
New York 1997
Dies.:
Radiant Mind.
New York 1999

Snelling, John:
Buddhismus: ein Handbuch für
den westlichen Leser.
München 1991

Suzuki, D. T.:
Awakening of Faith in the
Mahayana: The Principle and
Practice of Mahayana Buddhism.
Fremont 2003
Ders.:
Die große Befreiung: Einführung in
den Zen-Buddhismus, mit einer
Einführung von C. G. Jung.
Bern, München, Wien 1999
Ders.:
Manual of Zen Buddhism.
New York 1987
Ders.:
Zazen.
Bern 1990
Ders.:
Zen Buddhism: Selected Writings of
D. T. Suzuki. Hrsg. von W. Barrett.
New York 1956
Ders.:
Leben aus Zen.
Frankfurt a. M. 2003

Suzuki, Shunryu:
Zen Mind, Beginner's Mind.
New York 1970
(dt. *Zen-Geist, Anfänger-Geist,*
Berlin 2001)
Ders.:
Seid wie reine Seide und scharfer
Stahl. Das geistige Vermächtnis
des großen Zen-Meisters.
München 2003

Thich Nhat Hanh:
Blooming of a Lotus.
Guided Meditation Exercises for
Healing and Transformation.
Boston 1993.
(dt. *Das Erblühen des Lotos.*
Berlin 2000)
Ders.:
Meditationen zu »Lebendiger
Buddha, lebendiger Christus«.
München 2001
Ders.:
Wunder der Achtsamkeit.
Berlin (10) 2001
Ders.:
Zen Keys. A Guide to Zen Practice.
New York 1974.
(dt. *Schlüssel zum Zen.*
Freiburg 1997)

Watts, Alan:
Zen: Tradition und lebendiger Weg.
Rheinberg 1981

Zenkei Shibayama:
Zu den Quellen des Zen – Die
berühmten Koans des Meisters
Mumon, mit Einführung und
Kommentar.
München 1986

ANHANG C: ZEN-ZENTREN IN DEUTSCHLAND

Wenn Sie eine Meditationsgruppe suchen, dann tun Sie dies am besten mit Hilfe der *Deutschen Buddhistischen Union*. Anfragen sind jederzeit willkommen.

DBU-Geschäftsstelle
Amalienstr. 71
80799 München
Tel. (07 00) 28 33 42 33
Fax (0 89) 28 10 53
Webseite: www.buddhismus-deutschland.de

Dharma Sangha Europa
(Baker Roshi)
Buddhistisches Studienzentrum
Gemeinnützige GmbH im
Johanneshof
Quellenweg 4
D-79737 Herrischried-Großherrischwand
Tel. (0 77 64) 2 26
Fax (0 77 64) 66 14
Bürozeiten: 10 bis 12 Uhr
Webseite: www.dharma-sangha.de
Email: johanneshof@dharma-sangha.de

John Daido Loori
Webseite des Zen Mountain
Monastery: www.zen-mtn.org

Thich Nhat Hanh
Webseite: www.plumvillage.de
sowie www.intersein.de
Kontakt in Deutschland:
Intersein Haus Maitreya
Unterkashof 2 ⅓
D-94545 Hohenau
Tel. (0 85 58) 92 02 52
Fax (0 85 58) 92 04 34
Webseite: www.intersein-zentrum.de

Jeden Tag ein Zen-Gedanke
www.dailyzen.com

DANK

Wir danken Eric Hall, unserem Lektor, für den guten Rat und die Unterstützung, die er uns zuteil werden ließ. Und Kurt Spellmeyer, der uns den Weg zeigte und uns verstehen half, dass wir ihn selbst gehen müssten. Ganz besonderer Dank gilt Alex Fernandez und Michael Flynn, die so vieles überhaupt erst möglich gemacht haben.